JN217710

臨界点の政治学

有賀　誠　著
Makoto Ariga

晃洋書房

ໃຫ້ ເອົາປື້ມນີ້ຄືນໄປ

ລາວຈະ ພູມໃຈສະເໝ

ປັວຊູທີ່ປະໄວ້ . ອຸ່ນທີ່ປະໄວ້

ຫົ້ມນິຍົມ . ກັບສິ່ງຄົນນິຍົມ.

はしがき

本書は,『臨界点の政治学』と題されている. おそらくは聞き慣れない題なので, 少し説明が必要だろう.「臨界点」という言葉は, 辞書的な定義では,「液体と蒸気との共存状態がなくなって, 連続的に変化するようになる点」を意味している. 本書では, その意味を転用し, 何らかの体系(「リベラリズム」,「法」,「正戦論」)の完結性が揺らぎだす地点を指し示すものとして用いている.

かつてC. シュミットは,「例外状況」においてこそ, 政治の本質が露わになると述べた. その故知に倣えば, 臨界点においてこそ, ある体系の本質が明らかになるのではないだろうか. この着想に基づいて,「リベラリズム」,「法」,「正戦論」といった諸概念を検討したのが本書である.

第Ⅰ部では,「リベラリズム」が考察対象となる. 冷戦体制終焉以降, 対抗イデオロギーの自壊によって, 勝ち残ったリベラリズムは, もはや乗り越え不可能な最終イデオロギーの地位を手に入れたかに見える. いまでは, 誰もがリベラルなのだ. リベラルは, 個人主義的な前提に立ち,「善」の選択は個々人に委ね, 国家は各人のどのような「善き生」の構想からも等しく距離を置く中立的な枠組みであるべきだと考える. しかし, このような構想は, 果たして維持可能なのだろうか. 第Ⅰ部では, 主として, リベラルに対抗するコミュニタリアンたちの議論を参照しながら, リベラリズムは, それ自体では完結不可能な欠落を抱えていること, そしてまた, そうとすれば, リベラリズムは, どのように更新されるべきかについて論じた.

第Ⅱ部では,「法」が考察対象となる. 法は, 従来, 政治のような権力現象とは, 無縁の中立的な存在と考えられてきた. しかし,「批判的法学研究」は, 法は実際には政治であること——リベラリズムが内包する支配的な社会関係を, 自然なものと確信させるイデオロギー的機能を果たしていること——を暴露している. 第Ⅱ部では, このような批判的法学研究の問題提起を中心に, もし「法の支配」がその純粋性を維持しえず,「政治的なもの」に汚染されているとすれば, われわれは, そのような事態にどう対処すればよいのかを考えようとしている. その際, 主要な参照軸としたのが, R. アンガーの議論である. アンガーは, 法の中立性に依拠しようとするリベラリズムを批判し乗り越えるために，むしろリベラリズムを徹底する「スーパーリベラリズム」という興味深い構想を提起している．

第Ⅲ部では，「正戦論」が考察対象となる．正戦論は，戦争という例外状況にもルールを課そうとする理論的試みである．戦争という，いわば「法」外な出来事を，「法」内へ回収しようとする努力だと言ってよい．しかし，この構想は，その完結性を様々な局面で脅かされることになる．例えば，代表的な現代の正戦論者M. ウォルツァーは，「最高度緊急事態」の存在を認めている．最高度緊急事態とは，第２次世界大戦初期のイギリスがそうであったように，邪悪な敵（ナチス・ドイツ）からの脅威にさらされ，国家存亡の危機に直面した状態を指す．正戦論に立つはずのウォルツァーは，しかし，このような場合には，「戦争における正義」のもっとも重要なルールである「区別の原則」――非戦闘員を意図的に殺傷してはならない――は，解除されると主張している．こうして，ウォルツァーは，ドイツ諸都市への無差別爆撃をイギリス空軍に命じたチャーチルの判断を肯定している．では，正戦論は，最終的に破綻したと言ってよいのだろうか．第Ⅲ部では，このような正戦論の臨界点について考察している．

補論は，精神分析が政治学にもたらしたインパクトについて論じている．その意味では，いささか毛色が違っているのだが，そこで主題的に論じているS. ジジェクは，他の収録論文の各所で援用していることもあって，読者の理解の補助線になるかと考え，ともに収録することにした．

本書に収録した各論文は，元々，そのときどきの要請や必要に応じて，長年にわたって，個別に執筆されたものであり，周到な設計図に従って，一気に書き下ろされたものではない．そのため，論文間には，若干の記述の重複が含まれているが，それぞれの論文の論旨を追うためには必要と思われるので，あえて削除しなかった．どうかお許しを願いたい．しかし，そのことはまた，本書に，どこから読んでも大丈夫な利便性を与えていると言えるかもしれない．読者におかれては，関心のままに，どこからでもお読みいただければ，幸いである．

本書の生みの親となってくださったのは，晃洋書房の井上芳郎さんである．遠方からわざわざ研究室を訪ねてくださり，単著を考えてみないか，と促してくださった．関心のあるテーマを広げて新たに一書を，と思われていたようだが，とても余力がなく，代わりに旧稿をまとめるかたちを提案したところ，ご快諾いただいた.優柔不断な筆者の背中を押していただいたことを感謝したい.また,同書房の石風呂春香さんには,共編著『政府の政治理論』に続いて,直接の編集担当となっていただいた.仕事の遅い筆者におそらくは呆れながらも,的確で迅速なサポートをしていただいたことに感謝したい.

2017年12月

有賀 誠

目　　次

第Ⅱ部 法と政治の境域

第Ⅰ部　アフター・リベラリズムの問題圏

第1章　問い直されるリベラリズム
——終焉の終焉に向かって——

第1節　リベラリズムの勝利，あるいは危機

1989年以降は，誰もがリベラルであると言ってよいのかもしれない．確かにベルリンの壁の破壊に始まる一連のドミノ倒し的な社会主義圏の崩壊は，勝者としての自由主義圏を印象づけるものではあった．しかし，それがあくまでも対立するイデオロギーの自壊の結果としての勝ち残りにすぎないとするならば，それはむしろリベラリズムがその内側に抱える問題に対する再帰的な問い直しの回路を遮断するものとなりかねない．社会主義圏の崩壊以降，わが国でも，左右を問わず，「リベラル」を冠した政治勢力が叢生し，「リベラル大バーゲン時代」（加藤，1994）と揶揄されたことを記憶されている方もおられるかもしれない．そこでは，リベラルという言葉は，「何か良いもの」といった以上の意味をもちえていなかったように思われる．こうした安易な言葉の使用は，その流行とは裏腹に，リベラリズムの貧困をもたらすだけではなかっただろうか．

F. フクヤマの『歴史の終わり』は，このリベラリズムの歴史的勝利を言祝ぐ勝者の側からする——いささか夜郎自大めいた——凱歌と受け取られた．もちろん，それは，第一義的には，リベラル・デモクラシーが，それ以外の様々な統治形態が崩壊する原因となった根本的な矛盾を回避することに成功していること，そしてその意味で，「人類のイデオロギー上の進歩の終点」（フクヤマ，1992a，p. 13）であることを主張したものであった．しかし，そうした主張以上にわれわれにとって興味深いのは，フクヤマが描く勝利したリベラル・デモクラシーの描像が，極めてアンビヴァレントな色調を帯びているという点である．『歴史の終わり』の一見した楽天性は，その背後に，意外に複雑な含意を孕んでいるようなのである．

フクヤマは，人間の本性をどのように理解すべきかという問題に関して，対立する2つの捉え方があると述べている．1つはホッブズやロックに代表されるアングロ・サクソン的な人間理解であり，それによれば，人間のもっとも根源的な情念は，「自己保存」の欲求である．これに対して，ヘーゲルの理解する人間は，動物とは根本的に異なっている．確かに，人間は，動物と同様に肉体の保存という自然な欲求をもつが，それ以上に，他者から「なんらかの価値や尊厳をもつ存在」（フクヤマ，1992a，p. 21）として認められたいという「承認」を求める欲望をもっているのである．フクヤマによれば，後者のヘーゲルの捉え方こそ，人類史のプロセス全体を理解する鍵を与えてくれるものなのである．

ホッブズやロックの人間が，第一義的には，自己利益を追求する個人であって，社会性を欠いているとすれば，ヘーゲルの人間は，「承認」を得るために他者を必要としており，「はじめから社会的存在」（フクヤマ，1992a，p. 244）であると言ってよい．とはいえ，この社会性は，平和な市民社会をもたらすのではなく，むしろ人々を激しい闘争へと導く．なぜなら，自らの威信を示すためには，他者を屈服させる必要があるからである．それゆえ，人類の歴史は，威信をめぐる闘争として描くことができる．闘争は，その結果として「主人」と「奴隷」を生み出す．ここで主人と奴隷を分かつポイントになるのは，自らの尊厳を守るために生命を危険にさらすことをなしえるか，あるいは死の恐怖に屈するかということである．いったん定まったかに見えるこの主従関係には，しかし，厄介な矛盾が残されている．というのも，主人を主人として「承認」している当の奴隷が，「承認」を与えるに値しない不完全な存在に留まったままだからである．この矛盾が，歴史を最終ステージへと導くことになる．「主人と奴隷という本質的に不平等な承認の形態は，普遍的かつ相互的な承認にとって代わられ」（フクヤマ，1992a，p. 23）るのである．

この普遍的な「相互承認」の実現こそが，リベラル・デモクラシーの最終的な勝利を説明してくれるものである．一般にそう語られているように，経済運営の失敗が社会主義圏の崩壊を招いたのではない．フクヤマの考えでは，社会主義は物質的な豊かさの提供には，一定程度の成功を収めえた．しかし，それと引き換えに，司令型経済をとることによって，人々から自尊心を奪い去ったのであり，これこそが，崩壊の決定的な原因だったのである．

ヘーゲルの描いたシナリオ通り，「承認」をめぐる闘争は，「主人と奴隷の弁証法」に導かれ，「相互承認」に至り着くことによって，めでたく完結を迎えたように思われる．しかし，われわれにとって，フクヤマの議論が興味深いのは，実は，この後である．人間は，他者からの「承認」を必要としており，この他者から認められようとする「気概」の存在が，個人を私的欲求への埋没から救い，公的生活に向かわせる土台となってきた．ところで，フクシマによれば，この「承認」への欲望には，実は，２つのものがある．１つは，「他者と対等な者として認められたい」という「対等願望」であり，もう１つは，「自分が他人より優越していることを認めさせよう」とする「優越願望」（フクヤマ，1992b，p. 31）である．このうち，厄介なのは，下手をすれば単なる支配欲に転化しかねない「優越願望」なのだが，近代自由主義者たちが取り組んだのは，これをいかに矯正するかという課題であった．ホッブズやロックのとった戦略は，次のようなものである．人間性を変化させること，すなわち，「人間性のなかの欲望の部分がもつ利害」を極大化し，「「気概」の部分がもつ情熱」（フクヤマ，1992b，p. 36）を圧倒することで，「優越願望」を克服しようとしたのである．

つまり，リベラル・デモクラシーへと至り着く歴史のプロセスには，２つの系列があることになる．１つは，ホッブズやロックによって敷かれた，「気概」を「利害」に置き換えてゆく道である．彼らが描き出すリベラルな社会は，自己保存の権利をもった個人の間の相互の便益に基づく社会契約の所産であり，「市民間の相互的かつ対等な合意」によって，互いの生活や財産に対する不干渉が約束される．これに対して，ヘーゲルの描き出すリベラルな社会は，承認をめぐる闘争の果てに見出された「自由で自律的な人格」として「市民が互いに認め合うという相互的かつ対等な合意」（フクヤマ，1992b，p. 57）のことである．しかし，いずれの道を通ったにせよ，リベラル・デモクラシーという１つの収斂点へとわれわれは向かうことになる．だが，問題は，この終局が，「本来の人間」（フクヤマ，1992b，p. 188）にとって満足すべきものなのかどうかということである．

この最後のステージで，フクヤマは，意外なことに，ニーチェに依拠する．ニーチェにとっては，リベラルな社会は，人間の生を衰弱させる卑小で退屈な世界にほかならない．ホッブズやロックが描く典型的な市民は，「快適な自己保存と引換に，自分自身が優越した価値をもっているのだという誇りに満ちた信念を放棄した個人である」（フクヤマ，1992b，p. 206）．しかしまた，ヘーゲルの言う普遍的な承認が実現した社会も，ニーチェに言わせれば，奴隷が全面的に勝利した社会にすぎない．なぜなら，それは，「対等願望」の充足に満足してしまっており，「優越願望」だけが生み出すことのできる卓越性や偉大さ，高貴さとは，まったく無縁だからである．普遍的な「承認」は，すべての個人の価値観や生き方は，等価であるという相対主義的な信念を助長し，結局のところ，個人の即自的な「欲望」の肯定にまで後退してしまうのである．こうして，勝利したはずのリベラル・デモクラシーにわれわれが見出すのは，極めてホッブズ的な人間像，すなわち，自己の「欲望」に対する反省の契機をもたないが，「欲望」をいかに効率よく充足するかの計算には長けた「理性」はあっても「気概」なき人間である．

結局，フクヤマは，リベラル・デモクラシーの敵を，外部にではなく，その内部に発見してしまうのである．ヘーゲルの「承認」の概念が，本来もっていたはずの社会的存在としての人間像や，「気概」が開く私的利益の追求を超えた公的領域といった問題圏は，支配的となったホッブズ的人間像のなかでは，見失われてしまう．ヘーゲルのビジョンでは，「承認」をめぐる闘争を通じて，拡大してゆくはずであった「自由」が，いまや単なる「放縦」に堕しているのではないか．そして，そのことが，リベラリズム自身の土台を掘り崩してしまうのではないか．フクヤマの『歴史の終わり』が問いかけているのは，実は，こうした問題であるように思われる．

ここで，ホッブズ流の社会契約の論理が，実は，奇妙な循環を抱え込んでいることを思い出しておくことは，有益であるかもしれない．ホッブズは，自己保存を追求する個人が互いに争い合う「万人の万人に対する闘争」状態を出発点に置き，そうした諸個人が，この自然状態の不都合を回避するために，相互に契約を結んで自然権を放棄し，権力行使を独占する主権者を生み出すと論じている．ここでは，主権者は，自然権の相互的な放棄の結果，事後的に生成すると想定されているのだが，しかし，考えてみれば，相互的な放棄が可能であるためには，自分が自然権を放棄すれば，他人も同じように放棄するということを保証してくれる主権者が事前に存在していなければならない．もしこの循環を回避しようとするならば，ホッブズ的世界にも，実は，契約が誠実に履行されることに対するメンバーの間の暗黙の信頼が，予め潜在しているのだと考えなければならない（佐伯，1996，p. 296）．

フクヤマが，次作の『「信」無くば立たず』で論じようとしたのは，まさにこうした社会存立の前提となる「信頼」という問題である．フクヤマは，『国富論』で利己心の解放と市場の万能性を主張したと見なされがちなA. スミスが，同時に，『道徳感情論』の著者でもあったことに注意を促している．スミスは，経済的動機づけが，単純に利己心から生じるものではなく，「高度に複雑で,社会的な慣習やしきたりのなかに埋め込まれたもの」（フクヤマ, 1996, p. 51）として理解されねばならないことを知っていたのである．

市場の円滑な作動も，実は，それに先立つ社会的な「信頼」によって支えられている．「信頼」とは，フクヤマによれば,「コミュニティーのメンバーが共有する規範に基づいて規則を守り，誠実に，そして協力的に振る舞うということについて，コミュニティー内部に生じる期待である」（フクヤマ，1996，p. 63）．しかし，こうした社会的信頼は，意図的に作り出されるものではない．それは，それぞれの社会の「宗教や伝統や歴史に由来する習慣のような文化的な仕組みを通じて作り出され，伝えられる」（フクヤマ，1996，p. 64）のである．一定程度の社会的な広がりをもった信頼を，フクヤマは,「社会資本」と呼んでいる．社会のメンバーが，自発的に新しい結合を形成してゆく「自生的社会化能力」をどの程度もつことができるかは,この「社会資本」の充実度にかかっている．ここで注意しておかねばならないのは，フクヤマの考える「社会資本」が，伝統的な共同体や集団の権威への服従を促すものとしてではなく，むしろ新たな結合を創造してゆく糧として捉えられていることである．「社会資本」の充実こそが，国家の介入による意図的な形成物ではない，様々な種類の中間的な集団の自発的な形成を可能にしてくれるのである．

フクヤマの大著は，その大半が,「信頼」の強さと社会の繁栄の間に，正の相関関係があることを――例えば，日本やドイツのような信頼度が高い国と中国やイタリアのように信頼が家族の範囲に限られている国の事例を分析しながら――示すことに費やされている．しかし，その分析の妥当性以上にわれわれにとって興味深いのは,フクヤマの考察が,同時にリベラリズムの再考にもなっていることである．社会が，自己の欲求を充足するために，社会契約によって結合した合理的個人からのみ形成されている場合には，その長期的な存続は難しい．通常考えられているのとは違って，リベラリズムは,「ホッブズ―ロック的形態では自立し得ず,伝統文化のいくつかの側面による支えを必要とする」（フクヤマ，1996，p. 501）のである．というのも,「個人が合理的かつ長期的な利益のみに基づいてコミュニティーを形成するのであれば，公共の精神，自己犠牲，誇り，善意やコミュニティーを住みよくするその他の美徳はあまり望めない」（フクヤマ，1996，p. 501）からである．フクヤマは，最終的に，リベラリズムは，宗教や文化と共存可能であるばかりか，むしろそれぞれの社会が歴史的経験のなかで蓄積してきた伝統的要素と結びついている場合に，もっともうまく機能すると示唆している．

フクヤマの議論を辿りながら，われわれは，リベラリズムの勝利には，実は，苦い代価が伴っていることを確認してきた．どうやら，リベラリズムの勝利は，リベラリズムの再審によって引き継がれねばならないようなのだ．ところで，よく知られているように，70年代初頭以来の「政治哲学の復権」（藤原，1988）と言われる潮流のなかで，リベラリズムに関する考察は，様々に積み重ねられている．次節で，われわれは，まずJ. ロールズの議論に目を向け，そのリベラリズム像を検討することから始めてみよう．

第2節　リベラリズムと自我の不可侵性

『正義論』以降のロールズの議論の展開を考慮した場合，『正義論』が普遍的な妥当性を持った「グランド・セオリー」（ライアン，1988）の提起を目指していたかどうかは，それ自体，微妙な問題である．しかし，ここでは，ロールズの『正義論』は，原初状態における社会契約という個人主義的なアプローチによる思考実験を通じて，自由と平等という基底的な価値の正当化をおこない，リベラリズムの哲学的な基礎づけを企図したものと見なして，一応の整理をしておくことにしよう．

ロールズは，立論の過程で，功利主義を論敵に想定している．ロールズの功利主義批判の論拠を振り返っておくことは，反照的にロールズの立場を明確化してくれるはずである．功利主義は，「主要な制度が，社会に属するすべての個々人にわたって合計された満足の純残高を最大化するように取り決められている場合に，社会は，正しく秩序づけられており，従って正義に適う」（ロールズ，1979，p. 17）と考える．ここでは，全体の福祉の最大化という「目的」が「善」として先に設定され，この目的のコロラリーとして何が「正義」であるかが決められている．それゆえ，社会の多数のメンバーの利益を理由に，少数に犠牲を強いることが，容易に肯定されてしまうことになる．つまり，人格が全体としての社会の目的を実現するための手段とされてしまっているのであって，ロールズによれば，「功利主義は，個人間の差異を深刻に考えていない」（ロールズ，1979，p. 20）のである．「善」が「正」に対して優先性を与えられた場合には，こうした転倒が起こりうるのだとすれば，あくまで正義こそが，「社会制度の第1の徳目」（ロールズ，1979，p. 3）とされなければならない．ロールズが，個人を出発点とする社会契約説的な理論構成を採用するのは，人格の「別箇独立性」を十分に尊重するためであると考えられる．

ロールズが掲げる正義の二原理は，社会契約説が想定する「自然状態」と類比的な「原初状態」という興味深い状況設定から引き出されている．「自然状態」は，歴史との連続性を切断し，起源の場所に遡及することによって，ゼロから社会を再構成する思考実験を可能にするものであった（ロールズ，1979，p. 30）．同様に，「原初状態」から議論を始めることで，ロールズは，それぞれの社会がもつ歴史的経験の偶然性を取り除き，いわば「アルキメデスの点」に立つことができる．さらに，この「原初状態」の個々人には，「無知のヴェール」が被せられており，自らのアイデンティティを構成する諸属性についてまったく無知であると想定されている．すなわち，「自分の社会における位置とか階級上の地位とか社会的身分を誰も知らない．また，生来の資産や能力の配分に関する自分の運，つまり自分の知性や体力等々についても知らない．また，自分の善の概念とか，自分の合理的な人生計画に特有の事柄や……自分の心理の独特の特徴でさえも，誰も知らない」（ロールズ，1979，p. 106）のである．この「無知のヴェール」の想定が，そこで選択される正義の原理が，特定の人間に有利なものでないことを保証する．なぜなら，自分の属性について知らない以上，仮に「原初状態」における人間が，エゴイスティックに振る舞ったとしても――あるいは，エゴイストであればあるほど――，特定の属性に有利な正義の原理の選択は避けようとするはずだからである（ロールズ，1979，p. 30）．

「原初状態」での選択の結果，次のような正義の二原理に，すべてのメンバーが同意するとロールズは，推定している．

第一原理：各人は，万人の同様な自由の体系と両立する限りで，最大限の基本的自由の体系に対する平等な権利をもつべきである．

第二原理：社会的，経済的不平等は，……もっとも恵まれない人々の最大の利益になるよう……配置されるべきである（ロールズ，1979，p. 47）．

第一原理は「平等な自由の原理」，第二原理は「格差原理」と呼ばれている．

これらの原理は，もっぱら個人主義的なアプローチによって，社会全体にとっての「善」を想定することなく，導出されているはずなのだが，本当にこのアプローチは成功している――その内部で完結している――と言えるだろうか．結論を先取りして言えば，そこには，先のホッブズの議論に見たような体系の外部からの密輸入があるように思われるのである．

ロールズは，正義の二原理のうち，第一原理に優先性を与え，「自由は自由それ自体のためにしか制約されない」（ロールズ，1979，p. 194）と述べている．言うまでもなく，個人の自由はまったく無制限のものではありえないが，その制限は「全体の福祉」といった功利主義的な理由によるものであってはならず，より大きな自由の確保のためだけに必要とされると言うのである．ロールズは，討論会で発言の順番についてルールを設ける場合を例にとっている（ロールズ，1979，p. 158）．ルールの設定は，確かに勝手気ままに発言する「自由」に対する制約ではある．しかし，このルールによって，われわれはより重要な発言の「自由」を確保することができるのだから，この制約は，議論を有益なものにするために必要であり，正当なものと言えるとロールズは論じる．しかし，H. L. A. ハートによれば，このロールズの議論は成功していない．なぜなら，2種類の自由のうち，どちらの自由を優先するかの判断基準は，より大きな自由という点に置かれているのではなく，実際には，「有益な議論」という――本来，「善」の概念を前提としないはずの――正義論にとっては，外在的な視点に置かれているからである．「自由の衝突を解決する場合には，相互に異なる諸自由の価値を判定する何らかの規準が前提されていなければならない」（ハート，1987，p. 235）．対立する自由の間で選択が必要な場合には，その選択がわれわれにもたらす利益や不利益という功利主義的観点を援用せざるをえない．ロールズの第一原理は，密かに「全体の利益」という概念によって補完されているのである．

では，「格差原理」はどうだろうか．「格差原理」が意味するのは，「生来の才能の分配を共通財産と見なす」ことへの同意である（ロールズ，1979，p. 77）．現実の社会では，個々人の資質や才能に差があることは避けられないが，「無知のヴェール」のもとで，正義の原理を選択する人間は，自己の資質を知らないため，特定の資質に有利な選択を避け，この才能の共産制に同意すると想定されている．ところで，ロールズは，個人の資質を個人の所有から切り離すことができる理由について，次のように説明している．「生来の力量がどの程度まで育成されて実を結ぶかは，あらゆる種類の社会的諸条件……に左右される」（ロールズ，1979，p. 57）．才能の開花は，偶然その人が置かれた社会環境に大きく依存しているのだし，また，他者との社会的な協働関係こそが，才能の価値を価値たらしめているのだから，その才能から得ることのできる利益は，社会に属するとロールズは考えるのである．しかし，M. サンデルによれば，仮に個人の才能が個人の所有と言えないとしても，そのことは，それが当然社会の所有となることを意味しない．そう言いうるためには，メンバーの間に予め道徳的紐帯が存在していることが必要なのである（サンデル，1992，p. 157）．われわれは，ここでも，「間主観性の次元がロールズの個人主義的構想に侵入して」（サンデル，1992，p. 168）いるのを見ることができる．

ロールズの体系が，個人主義的アプローチとしての完結性を維持しえているかどうかには，上で見たように疑問があるとしても，その功利主義批判が明瞭に示しているように，ロールズにとって，個人の「別箇独立性」が犯しえない聖域とされていることは明らかである．ロールズが構想する正義に適った社会は，社会全体として追求する目的をもたない（土屋，1996，p. 56）．ロールズが，社会を「正」のみに関係させ，「善」の概念を排除しようとするのは，「善」を個人の自己決定の領域に残すためであると考えられる．つまり，「各人は（彼の意図が正義の諸原理と矛盾しないものである限り）好きなように自分の人生計画を立てることができる」（ロールズ，1979，p. 348）のでなければならないのである．

ロールズが，「自由」に優先性を与えるのに対して，同じくリベラリズムの陣営に立ちながら，R. ドゥオーキンは，「平等」こそより根源的な価値であると考える（藤原，1988，p. 140）．興味深いことに，ドゥオーキンは，ロールズの『正義論』の分析を通じて，そのことを明らかにしようとしている．ドゥオーキンによれば，ロールズの理論は，ロールズ自身が十分に自覚していない１つの「深層理論」によって支えられているのである．それは，「自由よりさらに抽象的な概念，すなわち平等」（ドゥオーキン，1986，p. 237）である．「平等な配慮と尊重への権利」こそが，もっとも基本的な権利であって，「自由への権利」は，むしろそこから派生するものと考えられなければならない．なぜなら，「平等に尊重されることへの権利は契約の産物ではなく原初状態への参加が許されるための条件」（ドゥオーキン，1986，p. 239）であるはずだからである．

『権利論』のなかで，ドゥオーキンは，「深層理論」を３つのタイプに分類している．「目標に基礎を置く理論」は，個人の選択とは独立に「善」が定められているものであり，例えば功利主義がこれにあたる．「義務に基礎を置く理論」と「権利に基礎を置く理論」は，「個人を中心に据え，個人の決定や行為を根本的に重要なものと考える」（ドゥオーキン，1986，p. 227）点では共通している．しかし，前者が「義務」に優先性を認め，個人の行為をそれに合致すべきものと考えるのに対して，後者は「個人の信念や選択それ自体の価値を前提として認め，これらを擁護しようと」（ドゥオーキン，1986，p. 227）するのであり，それゆえ，「権利」に優先性を与えるのである．ドゥオーキンによれば，ロールズの理論構成は，「権利に基礎を置く理論」に分類することができる．「権利に基礎を置く理論」の中核には，価値の最終的な根拠は個人の選択であるとする考えがあり，３つの「深層理論」のうち，これだけがリベラリズムと合致するのである（藤原，1990，p. 142）．

ドゥオーキンは，権利の意味について，次のように説明している．ある行為をおこなう権利があるということは，その行為をおこなうことが正しいということと同じではない（ドゥオーキン，1986，p. 250）．権利があるとは，行為の正しさにかかわらず，他者の干渉を排除しうるということである．つまり，権利は，ここでは外部からの干渉を排除する防御壁としての役割を担っており，これによって不可侵の私的領域が確保されるのである．この権利の定義は，われわれにI. バーリンの言う「消極的自由」を連想させる．バーリンは，「消極的自由」と「積極的自由」を区別した上で，「積極的自由」の行使が「消極的自由」を破壊してしまう危険性を指摘したのであった（バーリン，1979，p. 317）．バーリンの危惧には，確かに十分な根拠があるのだが，しかし，ここで思い出しておかなければならないのは，「消極的自由」を確保するためにも，われわれは「積極的自由」を行使し，共同の政治的営為に参加しなければならないというパラドクスである．ドゥオーキンは，リベラリズムの根底には，「平等な配慮と尊重の権利」があることを発見するのだが，なぜその権利が受け入れられねばならないのかという問いの手前で立ち止まっている．しかし，権利が現実性をもつためには，「共同性の場の形成」（笹澤，1993，p. 69）と，そこにおける承認が必要とされるのではないだろうか．権利によって守られた不可侵の領域は，「それぞれがいわば共同体という地の上に描かれた図であって，共同性の場に根を下しており，決して孤立したアトムとしてあるのではない」（笹澤，1993，p. 69）のである．

C. テイラーは，リベラリズムの主体概念が「アトミズム」に捕らわれていると指摘している．それは，個人を自己充足的な存在と想定しているのである．しかし，この自我への内閉は，「われわれの生を平板化し，狭矮化し，意味において貧困なものにし，他者や社会に対する関心をそぐ」（Taylor, 1992, p. 4）．自分の精神に囲い込まれた個人からなる社会は，「ごくわずかな人たちだけしか自治に積極的に参加しようとしない社会である」（Taylor, 1992, p. 9）．かつてトクヴィルは，そこに「巨大な後見的権力」の出現の危険性を警告していたはずである．しかし，自我に吸収された個人は，これに対して十分な抵抗力をもたないと思われる．

結局のところ，ロールズもドゥオーキンも，「善」に関する問いを自我の内部にまで遡及させることを拒絶している．自我は，いわば閉じたモナドであり，善き生をめぐる構想は，非合理な決断として，この不可侵の自我から飛び出してくるように思われるのである．しかし，これは奇妙な倒錯ではないだろうか．L. シュトラウスの口吻を借りて言えば，われわれは手段に関しては合理的な計算がなしうるのに，より重要に思われる目的の選択に関しては非合理なままなのである（シュトラウス，1988，p. 6）．しかし，前節で見たように，自我が自身の欲望に対する再帰的な問い直しの契機を失ったことが，リベラリズムの危機の根幹にあるとするならば，ロールズやドゥオーキンのような理論構成からは，この危機の処方箋を得ることはできないと思われる．われわれが次に参照しなければならないのは，リベラリズムの貧困に対する手強い批判者であるコミュニタリアンの議論である．

第3節　共同体と自我

M. J. サンデルは，『自由主義と正義の限界』で，『正義論』を素材にしながら，リベラリズムの前提とする自我概念に関して，精緻な分析をおこなっている．ロールズは，「善」に対する「正」の優先性を主張する．正しい社会は，あらゆる特定の「善」の観念から独立でなければならず，人々が多様な「善」を追求するに際して，起こりうる紛争を調整する中立的な枠組みだけを与えるものでなければならない．しかし，この主張は，特定の形而上学的自我によって支えられているとサンデルは考える．歴史・社会的な存在拘束性を超越した「負荷なき自我」がそれである．「負荷なき自我」においては，選択する能力が選択される目的に先立っている．われわれの人格にとって本質的なのは，あくまで目的とは切り離された純粋な選択能力なのである(小畑, 1994, p. 100). したがって,「負荷なき自我」にとっては, 自分が抱いている目的, 愛着, 忠誠といったものは, 自我がその都度選び取った選択対象にすぎないのであって, 自己同一性の根幹とはかかわらない. リベラリズムの想定する自我は,「主権者として就任し, 他から影響を受けない道徳的意味の創造者としての地位」(サンデル, 1992, p. 288) にある. 社会が競合する目的から中立でなければならないのは, 目的は自我によって選択されるものだからである.「善」の概念は, いかなるものであれ, それが自我の選択であるということだけで, 尊重に値する (サンデル, 1992, p. 288). リベラリズムの自我は, 伝統, 歴史, 共同体から制約を受けない自由で独立した自我なのである. しかし, ここには奇妙なパラドクスがあると言わなければならない. リベラリズムは, 目的の選択を自我に委ねようとするのだが, この授権はほとんど意味をもたない. なぜなら, そこで選択された目的は, 自我の本質とは関係のない, 取り換え可能な純粋に恣意的なものだからである. つまり, 自我は, 自分にとって本質的でないものの選択権を得ただけなのである.

サンデルによれば, こうした自我観から得られるのは, 貧困な共同体像でしかない. つまり, それは,「個々人が自己本位的な目的を追求して, 協同することから得られる便宜だけによって」成り立つ「道具的共同体」か, あるいは, せいぜい先行する主体の動機づけのなかに,「利己的な意向と同様に仁愛的な意向も含ん」だ「情緒的共同体」でしかありえない (サンデル, 1992, p. 243).「功利主義が, われわれの独自性を真剣に考えることに失敗しているとしたら, 公正としての正義は, われわれの共同性を真剣に考えることに失敗している」(サンデル, 1992, p. 283) のである.

リベラリズムが想定する「負荷なき自我」は, 確かに選択の主体ではあるが, その選択が恣意性に委ねられるほかないとすれば, 結局のところ, それは, 空虚な自我と言わなければならない. いっさいの負荷を拭い去られた透明な自我には, 自己省察の契機を見出すことはできない.「負荷なき自我」から想像できるのは,「道徳的深みのない人格」(サンデル, 1992, p. 292) だけである. しかし, サンデルの考えでは, われわれが抱く目的, 愛着, 忠誠といったものは, われわれの人格の中枢に位置するものであって, それらすべてを欠いては, もはや私は私ではありえない. それらは, われわれの自己同一性の本質的な構成要素なのである. ところで, われわれは, 自分自身の選択に先立って, 厚い社会関係の網の目のなかに投げ込まれている．われわれが，われわれの属する共同体によって，部分的にせよ定義されるのだとしたら，われわれの抱く目的，愛着，忠誠も，単に個人的な選好に還元できるものではなく，その共同体を特徴づける「共通善」と深く関連しているはずである．サンデルは，自我は，「位置づけられた自我」として理解されるべきだと考え，共同体が示すものが，われわれの自己同一性の一部を構成しているという意味で，「構成的共同体」観を提起している．その都度の欲求に対する直接的な自己知識を超えた自己省察が可能であるためには，「自らの構成的な自己理解には，単独の個人よりも広い主体が，つまり，構成的な意味での共同体が定義される程度において，家族，部族，都市，階級，国家，国民であれ，そのようなものが含まれていなければならない．このような共同体を作り出すのは，たんなる仁愛の精神でも，共同体的な価値の優勢でも，一定の「共有された最終目的」だけでさえもなく，会話において共通する語彙や，参与者どうしの不透明さを，決して最終的に解消させなくても，減らしていくような背景にある暗黙の慣習や理解である」（サンデル，1992，p. 280）．

サンデルと同様，リベラリズムに対する強い批判意識をもちながら，A. マッキンタイアは，「なぜわれわれはどんな種類の道徳的コンセンサスにも到達できなくなってしまったのか」という問題を，より広い歴史的視点から，思想史の読み直しによって，解明しようとしている．マッキンタイアの診断では，現代の道徳的混迷は，「情緒主義」の蔓延にある．「情緒主義」とは，すべての道徳的判断は，結局のところ，個人的な選好の表明に還元できるとする教説である（マッキンタイア，1993，p. 14）．道徳的判断を正当化しようとする試みは，最終的に正当化しえない１つの岩盤に突き当たる．すなわち，個人の意志による選択である．「情緒主義」は，これがすべての価値判断についての普遍的な説明を提供するものであると考えている．もし「それが真であるならば，すべての道徳上の不一致は合理的に決着がつけられないもの」（マッキンタイア，1993，p. 14）になるはずである．

しかし，マッキンタイアによれば，「情緒主義」は，18世紀の啓蒙主義の特異な人間観が生み出したものであって，その主張は，必ずしも普遍性をもつものではない．啓蒙主義は，それ以前の道徳的推論において中心的な役割を果たしていたアリストテレス的伝統を否定し，新しい非宗教的で，合理的な基礎を見つけ出そうとする――マッキンタイアによれば，失敗を運命づけられている

——試みだったのである．アリストテレスの目的論的な思考枠組みのなかでは，〈偶然そうであるところの人間〉と〈自らの不可欠の本性を実現したならば可能となるところの人間〉の間に明確な区別が設けられていた．倫理学の果たすべき役割は，前者から後者への，すなわち，「可能態から現実態への移行の仕方を，つまり私たちの真の本性を実現し，真の目的に到達するその仕方を教示」（マッキンタイア，1993，p. 66）することだったのである．つまり，この思考の枠組みは，〈未教化の人間本性〉，〈理性的な倫理学の教え〉，〈自らのテロスを実現したならば可能となるところの人間本性〉の3つの要素の緊密な連関から成り立っており，それらは独立しては理解することができない．理性は，効率の良い手段の追求に専念する「道具的理性」ではなく，われわれの真の目的の発見とそこへ到達する方法の両方に深くかかわる「実践的理性」と考えられていたのである．

このような伝統の拒絶が，啓蒙主義を生み出したのである．「啓蒙主義がわれわれから奪い去ったものはなにか．啓蒙主義がわれわれの目からほとんど見えなくし，いまやそれを回復する必要があるものはなにか．それは私が論じるように伝統のなかに体現されている合理的な探求という観念である」（MacIntyre，1988，p. 7）．

マッキンタイアの考えでは，個人は，その個人が属する社会の伝統が与えるコンテクストから自由ではない．私はなにものにも拘束されない自由な個人としてあるのではなく，特定の社会的役割を帯びた私としてある．私は，つねにすでに誰かの息子であり，ある都市の市民であり，ある職業集団の一員であって，私の自己同一性は，そうした共同体のメンバーであることと分かち難く結ばれている（マッキンタイア，1993，p. 270）．「私の人生の物語は常に，私の同一性の源である諸共同体の物語の中に埋め込まれている」と考えなくてはならない．「私はある歴史の一部として自己を経験している」（マッキンタイア，1993，p. 271）のである．啓蒙主義は，宗教や伝統の克服を目指し，一気に自由な個人に立脚する普遍的な道徳を確立しようとする試みであった．しかし，「〈特殊性から逃れて，人間そのものに属する完全に普遍的な格率の領域に入る〉という観念は，……1つの幻想である」（マッキンタイア，1993，p. 271）．結局，それが生み出したのは，自己省察の手がかりをもたない抽象的な個人であった．むしろわれわれは，自己探求の始点として共同体がもつ道徳的特殊性——それを，H. G. ガダマーに倣って共同の「先入見」と呼んでもよいだろうが——を引き受けることから始めるほかないのである.

第4節　解釈学的転回, あるいは, 終焉なき終焉に向かって

ロールズは, 善き生の構想の複数性を擁護するために,「正」と「善」を峻別し,「善」を個人の選択に委ねることで, その「別個独立性」を守ろうとした. しかし, 私的な趣味はありえても, 私的な「善」はありえないのではないか. L. ウィトゲンシュタインに倣って言えば, 私的言語が存在しないように, 私的「善」は存在しない. マッキンタイアが言うように, われわれが,「特定の社会的同一性の担い手として自分の環境に接近する」(マッキンタイア, 1993, p. 270) とするならば, 私にとっての「善」は, 同様な社会的役割を生きる者にとっても「善」であるはずである. 私の立てる善き生の構想は, 共通善に対する私の解釈の他者に対する提示の意味を含んでいると考えられるのである.

ロールズの原初状態の議論の奇妙さは, そこでは, 契約当事者の複数性が, 結局のところ, 無意味になってしまっているということである. ロールズの説明では,「無知のヴェール」の背後で, 人々は満場一致で正義の原理に同意するとされる. しかし, すべての人間が同じ原理を発見することが予定されており, 不同意の可能性が予め排除されているのだから, 実は,「無知のヴェール」の背後には, 複数の人間は必要ではない. 当事者は, 発見するだけであって, それを事後的に選択して見せる必要は, 実際には存在しない. つまり, ロールズの「別個独立性」の擁護は,「無知のヴェール」のもとでは, 実質的に解体してしまっているのである (サンデル, 1992, p. 215). もちろん, 正義の原理が発見された後で, 個人には,「別個独立性」を発揮する場が与えられると考えることができるかもしれない. しかし, 社会の基本構造を決める重大な公的領域から排除された個人の「別個独立性」には, もはや単なる趣味に等しい私的領域しか残されていないのではないだろうか.

どうやら, われわれは,「無知のヴェール」のもとで, 契約を結ぶのではなく, 真理を発見するようなのである. ここで, H. アレントが,「政治の観点から見ると, 真理は専制的性格をもつ」(アレント, 1994, p. 326) と述べていたことを思い出しておこう. 疑問の余地のない真理は, 他者との意見交換を必要としない. 政治生活の特徴をユニークな個人の共存として見ようとするアレントにとって, 真理という観念を政治に持ち込むことは, 人間の複数性の根本的な破

壊にほかならない．それゆえ，アレントは，「われわれが真理そのものを知らないことを神に感謝し」（アレント，1994，p. 317），解答を得ることより，論争の継続を楽しもうとしたレッシングに強い共感を示したのである．ただし，アレントの言う「意見」は，「利害」の表明と同じではない（アレント，1995，p. 368）．私の意見の形成は，「再現前化」によって，すなわち，「不在の人の立場を私の心に現前させる」（アレント，1994，p. 327）ことによっておこなわれる．そのための「唯一の条件は，……自分自身の私的利害関心から解放されていること」（アレント，1995，p. 328）である．「意見」は，確かに個人に属するとしても，それは「本質的に各個人がほかの人々と共有する共通世界に結びついている」（カノヴァン，1981，p. 192）のである．

われわれが，リベラルとコミュニタリアンの論争から得ることができるのは，何だろうか．それは，社会は究極的には個人に還元できるとする「インディヴィデュアリズム」と，社会は諸個人の加算的集合を超えた存在であって，むしろ個人こそが社会に還元されるとする「コレクティヴィズム」の対立なのだろうか（小畑，1994，p. 103）．しかし，それがもし「個人」と「共同体」のどちらが根源的かをめぐる「根拠への問い」であるならば，それは不毛な対立であるように思われる．

この点で参考になるのは，R. ローティの議論である．ローティは，「基礎づけ」という課題をその中枢で担ってきた「哲学」自体を「脱構築」しようと試みている．ローティによれば，「認識論」に強いウェートを置く近代哲学は，1つの視覚的メタファーに呪縛されてきた．すなわち，自然を映し出す鏡としての心というメタファーである．近代哲学は，主観と客観をひとまず区分した上で，心のなかに抱かれる表象や観念がいかに正確に実在を写し取るのかをもっぱら問題としてきたのである．基礎づけ主義者が，アルキメデスの点に据えようとしたのは，「感覚与件の事実に関する報告と分析的真理という2種類の「特権的」表象の存在」（富田，1994，p. 179）であった．しかし，これらの客観性を支える「特権的」表象の特権性は，セラーズとクワインの議論によって解体されたとローティは考える．「認識論」は，「特権的」表象に基礎づけることで，その「知」の正当化を図ろうとするのだが，ローティによれば，当の表象の特権性は外部の何かの正確な反映であることに基づいているのではなく，それが，共同体のメンバーの間で自明のものと見なされているという社会的事実と深くかかわっている．つまり，ローティは，「認識や行為の善し悪し」を外にではなく内に，すなわち，「間主観的に正当化されるかどうか」（富田，1994，p. 185）ということに求めるのである．

こうして，ローティは，われわれの合意の希望を，共通の基盤の上に基礎づけようとする「認識論」の破産を宣言する．これに対して，われわれの認識活動をも，1つの社会的実践として捉えようとするローティが向かおうとするのは，「解釈学」である．しかし，ここで注意しておかねばならないのは，この「解釈学的転回」の主張は，「知」を基礎づける「第一哲学」の座が，「解釈学」へ移行したという意味ではないということである（野家，1993，p. 309）．ローティが言う「解釈学」とは，「認識論の終焉によって空けられた文化的空間はこれからも満たされないであろうという希望……を表明するものである」（ローティ，1993，p. 368）．「認識論」が，共通の基盤の発見によって，議論を終焉させることを狙っているとするならば，「解釈学」は，終焉の終焉を言祝ごうとするのだと言ってよい．

一般的に言えば，「解釈学」は，啓蒙のプロジェクトが，「理性の絶対的な自己構成」を成し遂げようとするのに対して，人間存在の世界への帰属性を強調している．ガダマーが，啓蒙主義が排除しようとする「先入見」をあえて擁護してみせたことに示されているように，「解釈学」は，人間の世界経験としての「理解」は，無前提ではありえず，つねにそれに先行する地平の存在によって可能となっていると考えるのである．「帰属性の意味，すなわち，歴史的−解釈学的な態度のなかに働いている伝統という契機は，根本的にして基盤的な先入見［先行判断］の共通性によって成就される」（ガダマー，1978，p. 198）．ガダマーは，ハイデガーの洞察を引き継ぎながら，人間を「伝統—内—存在」（塚本，1995，p. 77）と捉えている．しかし，急いで付け加えておかねばならないのだが，このことは，人間を伝統という固定した閉域に封じ込めることではない．そもそも，「われわれが理解へと誘われるのは，慣れ親しまれた帰属性の経験の只中において，疎遠なもの異質なものに出会うとき」（山口，1982，p. 146）なのだとすれば，理解という活動は，「つねに，それだけで存在しているかのごとく思われているもろもろの地平が融合しくる課程」（ガダマー，1978，p. 215）であると考えられねばならない．「およそ理解するとは，別の仕方で理解することである」（ガダマー，1978，p. 200）．したがって，伝統を継承するといった場合にも，そこで起きているのは，現在の地平と過去の地平との絶えざる対話であり，「地平融合」なのである．どうやら，ガダマーは，世界経験の多元性を認めており，それを梃子にした，伝統のなかでの伝統の批判的継承の可能性を示唆しているようである．

世界を超越的な視点から批判するのではなく，内在的に批判する可能性をもっとも精力的に追求しているのが，M. ウォルツァーである．ウォルツァーは，『解釈としての社会批判』のなかで，道徳について哲学する3つの道を挙げている．第1は，「発見の道」である．この道においては，「客観的な道徳的真理」——例えば，自然権や自然法——は，すでに存在しているとされ，哲学者は「彼が住む地域に独自の利害と忠誠とから自分自身をもぎ離す」（ウォルツァー，1996，p. 6）ことで，この真理を見ることができるとされる．しかし，もしそうした離脱が可能であったとしても，われわれが見るのは，「特定の世界」なのだから，結局，真理はわれわれの日常生活のなかにあるはずである．第2は，「発明の道」である．この道では，「あらかじめ存在する設計図はなく，私たちを導く神からの，あるいは自然本性による青写真もないという条件のもとで」（ウォルツァー，1996，p. 12），われわれ自身が神に成り代わって道徳原理を打ち立てることになる．ロールズの構想が，その好例と言えるが，彼の与える解答が権威をもちうるのは，「自分の直接的で局地的な自己から然るべき距離をとって働くのであれば，だれもがその発明をする」（ウォルツァー，1996，p. 25）だろうからである．しかし，それは，あくまで自分自身の生活様式についての知識をすべて奪われた人々の間の「暫定協定」なのであって，「何らかの帰属感を味わうことのできる濃密な道徳文化」を提供しうるものではない．結局のところ，「発見と発明は，現存する道徳を判断する際の何らかの外的で普遍的な基準を見つけだそうとする希望を抱きつつ，［現存する道徳の世界から］逃亡しようとする努力にほかならない」（ウォルツァー，1996，p. 26）．しかし，こうした逃亡は可能ではない．なぜなら，「特定の発見ないし発明が人びとの集団に受容されると直ちに，その受容されたものの意味について議論が引き起こされる」（ウォルツァー，1996，p. 33）からである．こうして，われわれは，第3の道，すなわち，「解釈の道」へと導かれる．「私たちは皆，私たちが共有している道徳を解釈する者なのである」（ウォルツァー，1996，p. 37）．

ウォルツァーは，社会批判者のあり方として2つのモデルを比較している．1つは，社会の外部の特権的な場所にいて，批判対象から離れていることが，批判者に権威を与えるタイプである．この場合，批判者は，その特権的な場所で得た普遍的原理を，外から「個人的感情を交えず（知性に支えられつつ）厳格に適用する」（ウォルツァー，1996，p. 47）のである．もう１つのタイプは，批判対象である社会とのつながりを維持した批判者である．彼が訴えかけるのは，「地域に根ざした，あるいは地域の徳性を背負わされた諸原理」（ウォルツァー，1996，p. 49）であり，彼が目指すのは，批判を通じて自分と土地の人々との「共同の営為が成功すること」（ウォルツァー，1996，p. 49）である．ウォルツァーは，この内部から企てられた社会批判の有効性を強く擁護している．というのも，道徳に関する議論の正当化は，１人の独白のなかでは可能でなく，「他の人びとによって正当化されていなくてはならない」（ウォルツァー，1996，p. 60）からである．ウォルツァーのここでの議論――すなわち，共同体に対するコミットメントの強さが，批判のバネになるという議論――は，唐突なようだが，『忠誠と反逆』での丸山眞男の分析を連想させる．丸山は，幕末から明治にかけての変革期を支えたのは，「君，君たらずとも，臣，臣たらざるべからず」という武士のもつ「忠誠」の道徳であったことを明らかにしている．「忠誠」の観念は，「権威への他律的な依存や主君にたいする消極的な恭順」（丸山，1992，p. 18）だけを生むのではなく，むしろ「君を真の君にしてゆく」ための「主君に向かっての執拗で激しい働きかけの動因となる」（丸山，1992，p. 19）可能性をもっている．反逆の精神は，距離を置いた無関心からではなく，むしろ強烈な忠誠から生じるのである．

この内在的な社会批判の道は，われわれの言語使用と類比すると理解しやすい．「われわれは常にすでに特定の「言語的伝統」の内部に拘束されているのであり，……それを破壊し，その外部に出ることは不可能」（野家，1996，p. 64）である．しかし，それは，内部的な改変の可能性を否定するものではない．言語を発明することはできないが，「われわれを囲繞する既成の言語的伝統から直接間接の「引用」行為」を通じて，われわれは「コンテクストの変容」や「新たなメタファーの創造」をおこなうことができるのである．確かに，マッキンタイアが言うように，「私の人生の物語は常に，私の同一性の源である諸共同体の物語の中に埋め込まれている」（マッキンタイア，1993，p. 271）．しかし，注意しておかなければならないのは，マッキンタイアにとってこのことは，あくまで自己探求の始点をなすものであるということである．「あらゆる思考は，ある伝統的な思考様式の文脈の内部でおこなわれ，その伝統の中でそれまで思考されてきたものの限界を，批判と考案をとおして超越していく」（マッキンタイア，1993，p. 272）のである．M. S. クラディスは，次のように述べている．「私のアイデンティティの基盤は，社会・言語的共同体――1つの社会――のなかでの私の自己教育である．しかし，その社会は，絶対的な起源や根拠をもってはいない．言語と同様，社会は年月を通じて成長し，発展するが，そこには固有の内的ないくぶん柔軟性をもった文法を除けば，どのような青写真も存在していない」(Cladis, 1992, p. 231).

フクヤマによるヘーゲル解釈から議論を始めたわれわれは，こうして再びヘーゲルのもとへ差し戻されたのかもしれない．「哲学は合理的なものを究明する営みであるから，そうであればこそ，目前の現在の事態や現実的な事態を把握する営みなのであって，神のみぞその所在を知っているはずの……彼岸的な何かを提示することでは断じてない．……空虚な理想の典型と見なされているプラトンの『国家』ですら，本質的には，ギリシアの習俗規範の本性を把握したもの以外ではなかったのである」(ヘーゲル, 1991, p. 112)．しかし，もちろん内在的な社会批判の道は，「絶対精神」に導かれてもいないし，ジンテーゼにも到達しない．それは，「起源」からではなく，所与の社会的に共有された意味の「解釈」から出発する．しかも，そこにはある「解釈」に対するわれわれの合意を保証してくれる外部の規準や決まりきった手続きは存在していない．「この解釈的多元主義の結果，政治理論の職務は変更されるということ，そして，さらに，その関心の的にはもはや正義の原理に判決を下すことは含まれるべきでなく，むしろ，議論の促進こそ含まれるべきであること」(ウォーンキ, 2002, p. 16) が，重要となる．「解釈学」は，われわれを超越的な主体ではなく，何らかの共同体のもとにあると考える．しかし，「解釈学」が必要とする共同体は，単一の目標によって統一された「普遍共同体」ではなく，他者に対する丁重さによって統一された「社交共同体」なのである (ローティ, 1993, p. 371).

参考文献

アレント，ハンナ (1994) 斉藤純一他訳「真理と政治」『過去と未来の間』みすず書房.
――― (1945) 志水速雄訳『革命について』筑摩書房 (ちくま学芸文庫).
バーリン，アイザイア (1979) 小川晃一他訳『自由論』みすず書房.
カノヴァン，マーガレット (1981) 寺島俊穂訳『ハンナ・アレントの政治思想』未来社.
Cladis, Mark S. (1992) *A Communitarian Defense of Liberalism*, Stanford University Press.

ドゥオーキン，ロナルド（1986）木下毅他訳『権利論』木鐸社.
藤原保信（1988）『政治哲学の復権　増補版』新評論.
――――（1990）「デモクラシーと平等――ロナルド・ドゥオーキン」『政治思想の現在』早稲田大学出版部.
――――（1993）『自由主義の再検討』岩波書店（岩波新書）.
フクヤマ，フランシス（1992a）渡部昇一訳『歴史の終わり　上』三笠書房.
――――（1992b）渡部昇一訳『歴史の終わり　下』三笠書房.
――――（1996）加藤寛訳『「信」無くば立たず』三笠書房.
ガダマー，H.-G.（1978）池上哲司他訳「真理と方法」『解釈学の根本問題』晃洋書房.
ヘーゲル，G. H. F（1991）三浦和男他訳『法権利の哲学』未知谷.
ハート，H. L. A.（1987）小林公他訳『権利・功利・自由』木鐸社.
加藤尚武（1994）「リベラル大バーゲン時代」『諸君』５月号.
マッキンタイア，アラスディア（1993）篠崎榮訳『美徳なき時代』みすず書房.
――――（1988）*Whose Justice? Which Rationality?*, University of Notre Dame Press.
丸山眞男（1992）『忠誠と反逆』筑摩書房.
野家啓一（1993）『無根拠からの出発』勁草書房.
――――（1996）『物語の哲学』岩波書店.
小畑清剛（1994）『レトリックの相克』昭和堂.
ロールズ，ジョン（1979）矢島鈞次他訳『正義論』紀伊国屋書店.
ローティ，リチャード（1993）野家啓一監訳『哲学と自然の鏡』産業図書.
ライアン，アラン（1988）川本隆史訳「ジョン・ロールズ」『グランド・セオリーの復権』産業図書.
サンデル，マイケル（1992）菊池理夫訳『自由主義と正義の限界』三嶺書房.
佐伯啓思（1995）『イデオロギー／脱イデオロギー』岩波書店.
――――（1996）『現代日本のリベラリズム』講談社.
笹澤豊（1993）『〈権利〉の選択』勁草書房.
シュトラウス，レオ（1988）塚崎智他訳『自然権と歴史』昭和堂.
土屋恵一郎（1996）『正義論／自由論』岩波書店.
Taylor, Charls（1992）*The Ethics of Authenticity*, Harvard University Press.
富田恭彦（1994）『クワインと現代アメリカ哲学』世界思想社.
塚本正明（1995）『現代の解釈学的哲学』世界思想社.
ウォルツァー，マイケル（1996）大川正彦他訳『解釈としての社会批判』風行社.
ウォーンキ，ジョージア（2002）有賀誠訳『正義と解釈』昭和堂.
ウルフ，クリストファー／ヒッティンガー，ジョン編（1999）菊池理夫他訳『岐路に立つ自由主義』ナカニシヤ出版.
山口節郎（1982）『社会と意味』勁草書房.

付記

上記，参考文献の内，次の３著に関しては，本章の原論文脱稿後，それぞれ新訳，改訂新訳，翻訳が出版されている.

ロールズ，ジョン（2010）川本隆史他訳『正義論』紀伊國屋書店.
サンデル，マイケル（2009）菊池理夫訳『リベラリズムと正義の限界　原著第二版』勁草書房.
テイラー，チャールズ（2004）田中智彦訳『〈ほんもの〉という倫理』産業図書.

本来なら，それに合わせて，本文の引用も差し替えるべきなのだが，地の文と整合性を維持するために，そのままにせざるをえなかった．訳者の方々にはご寛恕願いたい．

第2章　リベラル・デモクラシーの臨界

——中立性の神話を超えて——

第1節　リベラル・デモクラシーの現在

70年代の終わりに書かれた卓抜な時代診断の書『ナルシシズムの文化』のなかで，C. ラッシュは，現代社会の特徴の1つとして歴史的連続性に対する信頼感の欠如を挙げている.「われわれは過去にその源を発し，未来に向かって一筋にのびていく世代の連続の中に属しているのだという感じ」(ラッシュ，1981，p. 23) を急速に失っていると言うのである．この歴史感覚の喪失は，前の世代や後の世代との連帯のなかにではなく，「ただ自分自身のためにだけ生きる」ナルシシストが，現代世界の支配的なパーソナリティとなったことと相即している.「競争によって向上しようという個人主義の文化」が，その内実を失うに従って，個人主義の論理は暴走し，「すべての人々が自分以外のすべてのものに戦いをいどむ結果」(ラッシュ，1981，p. 5) を招くことになった．幸福追求の果てにわれわれが行き着いたのは，自身に対するナルシシズム的熱中の袋小路なのである．

しかしながら，興味深いことに，ナルシシストは，官僚制のもとで成功するのに相応しい諸特徴を備えている．なぜなら,「官僚制は人間関係をたくみにあやつる才能を奨励し，個人的に深く相手とかかわりあうことをさまたげる」(ラッシュ，1981，p. 77) からである．また，それは,「ナルシシストがその自尊心を保つためにぜひとも必要なかっさいをも与えてくれるのである」．この意味で，ナルシシストは，社会の全域に拡張する官僚制が要請する社会的パーソナリティでもある．

ラッシュの考えでは，この官僚制の進展は，家庭の自律性や地方の自治的活動を衰退させてしまっている．かつての伝統や世代間の連続性が断ち切られてしまったために，家庭は生産のみならず，生命の再生産の機能すら失いつつある．自分の子供を自信をもって育てることのできない父母は，専門家の助力を必要としており，「いまや個人は，州や企業やその他のビューロクラシーに頼りきってしまっている」（ラッシュ，1981，p. 29）始末である．

ラッシュの議論が明らかにしているのは，文化的な基盤を失って，自己に内閉するナルシシズムに退化した個人主義は，個人の自律性の確立ではなく，その喪失——すなわち，官僚制的依存——を帰結してしまうという逆説である．

遺作となった『エリートの反逆』では，「ナルシシズムの文化」が抱える問題が，民主主義の危機と結び合わされて，より明瞭に説明されている．ラッシュによれば，「民主主義が最もよく機能するのは，人々が国家に依存することなく，友人や隣人たちの力を借りながら自分のことを自分でやるときである」（ラッシュ，1997，p. 9）．しかし，これは，粗野な個人主義と同じものではない．なぜなら，「決して個人ではなく，自律的コミュニティこそが民主社会の基礎的単位」だからである．「民主主義の未来を危うくしているのは，ほかの何よりもまず，そうしたコミュニティの衰退」なのである．

定住ではなく，移動こそが社会的成功の鍵となったことが，エリート層からノーブレス・オブリージュの感覚を奪い取ってしまったとラッシュは論じる．なぜなら，市場の国際化に合わせて，その活動の場を拡張しているエリートにとって，「アメリカの大衆よりも，ブリュッセルや香港にいる商売相手の方が，共通点が多い」（ラッシュ，1997，p. 44）のであり，自分の知的能力のみによって，その地位を得たと考える「彼らには，祖先に対する感謝の念や，過去から受けついだ諸々の責任にふさわしい生き方をしなければならないという義務感など，ほとんど何の意味もない」（ラッシュ，1997，p. 50）からである．共通の歴史や共通の文化への愛着が，他者に対する責任感を育てる苗床なのだとすれば，脱国際化したコスモポリタンには，もはや国家に帰属することが含む義務の引き受けを期待することはできない．アメリカ建国の父たちには，十分理解されていたことなのだが，「共通の土台，共通の規準，共通の準拠枠」（ラッシュ，1997，p. 61）がなければ，社会は，「相争う諸党派の寄せ集めに分解してしまう」．そこから生じるのは，万人に対する万人の闘争だけである．

ラッシュによれば，リベラルの誤りは，「市民の徳というものがなくても民主主義はやっていける」（ラッシュ，1997，p. 105）と考えたことにある．リベラルは，民主主義を，異なる人々が「差異をかかえながら生きてゆくことを可能にする法制度」と捉える．「民主主義を機能させるのはリベラルな諸制度であって，市民の人格ではない」とされるのである．しかし，現代の民主主義の危機をもたらしているのは，民主主義を運営する市民の能力の陶冶という問題に対する無理解なのではないか．アメリカ史の原点を読み直そうとする「修正主義」的歴史解釈が主張しているのも，リベラルな民主主義が，実は「先行する道徳的・宗教的な伝統という借用資本」に多くを負っているという論点であったはずである．実際，自由市場を賛美し，市民の徳を重視しない立場を意識的に選択しているはずの自由主義者も，市場の円滑な運営のために，最小限の市民精神を，その立論の基底に密かに組み込んでいる．「ミルトン・フリードマン自身，自由社会が「最低限の読み書き能力と知識」，また「ある種の共通な一群の価値の広範な受容」を必要とすることを認めている」（ラッシュ，1997，p. 117）のである．

民主主義が擁護しなければならないのは，「倫理的関与の多元主義」であって，共通の規準の不在を理由に，討論に付されることのない教条主義に立て籠もる安易な多文化主義ではない．共通の規準の探求が放棄されたところでは，寛容は無関心の別名であるか，あるいは，文化的多様性を審美的な見世物とする姿勢を生むだけである．「今日の民主主義は不寛容ではなく，むしろはるかに無関心によって滅びつつある」（ラッシュ，1997，p. 133）とラッシュは診断する．ここに決定的に見失われてしまっているのは，公共的論争の契機とそれが市民の徳の陶冶に果たす教育的意義なのである．

論争術の喪失には，「知識と意見の誤った区別」（ラッシュ，1997，p. 14）もまた大きく影響している．左翼は，普遍的真理と見なされてきたものが，実は，支配的集団によって押しつけられたものにすぎないことを暴いて，知識をイデオロギーへ還元しようとする．他方，保守派は，不変の基盤に立ち戻ることこそが，道徳的・文化的な相対主義に対抗する唯一の道であると考える．ここで興味深いのは，左翼・保守を問わず，知識の位格に相応しいものは，論争の余地のない基礎に基づいていなければならないという，それ自体，論争の余地のある前提が共有されていることである．しかし，確実性の喪失は，ニヒリズムを帰結するとは限らない．実際，プラグマティズムの新しい流れは，「確実さの不可能性は理性的討論――非の打ちどころのない根拠に欠け，それゆえに修正されるべき余地はあるけれども暫定的な同意なら得られるような主張――の可能性を締め出すものではない」（ラッシュ，1997，p. 233）ことを主張しようとしている．確実性の喪失は，公共的論争の契機へと読み換えることができるのである.

われわれは，いささか議論を先取りしすぎたようだ．ラッシュの議論から，ナルシシズムに退却した個人主義は，自律性の喪失を帰結するというパラドクスを確認した上で，ここでひとまず目を転じ，敗戦後の日本にあって，個人の主体意識の確立を訴えた丸山眞男の議論を参照しながら，わが国にとっても無縁ではないこのパラドクスの意味をいま少し問い詰めておくことにしたい.

丸山は，終戦直後に発表された「超国家主義の論理と心理」のなかで，C. シュミットに従いながら，ヨーロッパ近代国家の特徴を，それが「中性国家」である点に求めている.「それは真理とか道徳とかの内容的価値に関して中立的立場をとり，そうした価値の選択と判断はもっぱら他の社会的集団（例えば教会）乃至は個人の良心に委ね，国家主権の基礎をば，かかる内容的価値から捨象された純粋に形式的な法機構の上に置いているのである」(丸山, 1964, p. 13)．ヨーロッパ近代は，国家権力と宗教的権威の二元的分離の間から，自由な主体意識をもった個人を立ち上げることに成功した．これに対して，日本は，「教育勅語」の発布に典型的に見て取れるように，「国家が倫理的実体として価値内容の独占的決定者」となっていたのであり，近代日本の超国家主義は，その発生基盤を，こうした政治的権力と精神的権威の未分化のうちに置いている．日本は，実質的価値の担い手である近代的個人をついにもちえなかったのである.

日本のように政治的権力と精神的権威が，国家主権に一元化されている場合，そこにどのような問題が現れるのだろうか．丸山は，「真理ではなくして権威が法を作る」というホッブズの命題――これこそ，ヨーロッパ近代国家の論理を鮮やかに示すものである――を引きながら，次のように論じている．ホッブズの言う「権威とはその中に一切の規範的価値を内包せざる純粋の現実的決断である．主権者の決断によってはじめて是非善悪が定まるのであって，主権者が前以て存在している真理乃至正義を実現するのではないというのがレヴァイアサンの国家なのである」(丸山, 1964, p. 17)．ホッブズの命題は，「法の妥当性根拠をひたすら主権者の命令という形式性に係わらしめる事によって却って近代的法実証主義への道」を開くことになった．これに対して，日本の国家主権は，「形式的妥当性に甘んじようとはしない．国家活動が国家を超えた道義的規準に服しないのは，主権者が「無」よりの決断者だからではなく，主権者自らのうちに絶対的価値を体現しているからである」．そして，この決断の契機を欠くことが，主体的責任意識の欠落をもたらしたのである.

政治における決断の契機――「自然」に対する「決断」――を強調する丸山は，シュミット的決断主義が残している権威主義的な指導者への依存を清算して，それを徹底した「国民的決断主義」へと読み換えようとする．だからこそ，丸山は，明治以降の日本の国民国家形成過程が，「下からの権力形成」（今井，1997，p. 41）のモメントを決定的に欠落させていたことを繰り返し問題にせざるをえなかったのである．しかし，主体的責任意識の欠落に対する丸山の批判が，いまなお重要な論点であるとしても，さらにわれわれが問うべきなのは，この「下からの権力形成」の内実なのではないか．注目すべきことに，丸山は，「本来の独裁観念は自由なる主体意識を前提にしている」（丸山，1964，p. 23）と述べている．では，われわれは，「ゲーリング」たることを「自由なる主体意識」をもって決断する個人の出現をどのようにすれば防ぐことができるのだろうか．こうして，われわれは，民主主義を担う主体の位格をめぐる問いへと再び差し戻されてしまうように思われる．

こうした文脈からすれば，丸山が，最後の座談会で残した，次の言葉は興味深い．「私はよく個人主義者だと言われるけれど，個人主義の最大の盲点として，エゴをどうしたらいいかという問題があるのです．……啓蒙合理主義の「個人」は，理性でもってエゴをコントロールする理性的個人なのですが，結局，内面的規範意識をもった個人とエゴの個人とを区別する基礎づけに成功しなかった」（丸山，1995，p. 3）と丸山は語るのである．

第2節　デモクラシーの臨界

われわれは，前節で，ラッシュや丸山の議論を借りて，リベラル・デモクラシーに潜在するいくつかの問題点を瞥見してきた．本節では，ファシズムとスターリニズムという巨大な政治イデオロギーとの対決のなかで自らの立論を錬成してきたH. ケルゼンの純化されたデモクラシー論――さらに，それとは対照的なL. シュトラウスの自然権論――に沿って，より直截にデモクラシーの孕む根源的な問題に焦点を定めることにしたい．

ケルゼンは，古代ギリシアのデモクラシーの原義――デモス（人民）とクラテイン（治める）の合成語――に立ち戻りながら，「このことばによって表される政治的現象の本質は，治められる者の政治への参加，政治上の自己決定という意味での自由の原理」（ケルゼン，1959，p. 6）であったと述べる．社会秩序を構成する規範の創設や適用に人民が参加——直接的にせよ間接的にせよ——していること，すなわち，「人民による政治」こそがデモクラシー原理の核心である．それゆえ，ケルゼンにとって「デモクラシイと呼ばれるに適わしい政治制度の基準になるのは，まさに手続き」（ケルゼン，1959，p. 10）なのである．

現代のデモクラシー概念は，自由主義の影響を受けて，個人の自由の保障のために政治権力を制限することの必要性を認める傾向を含んでいるが，本来はデモクラシーの原理と自由主義の原理は，対立関係にあることにケルゼンは注意を促している．「デモクラシイの原理によれば人民の権力は制限されることがない．フランス人権宣言がそのことを「すべての統治の原則は本質的に国民のうちにある」と言い表している通りである．これが人民主権の理念にほかならない．ところが，自由主義は政治権力の制限を意味していて，これは政治がどんな形態をとっている場合でも変わりがない．自由主義は民主的権力の制限という意味をさえも有するのである」（ケルゼン，1959，p. 11）．

ケルゼンは，デモクラシーを，徹底的に「人民による政治」として純化しようとしている．ところが，ケルゼンによれば，ファシズムの政治理論やソビエトのデモクラシー論は，「人民のための政治」をデモクラシーの核心に置き，事実上の独裁制をデモクラシーと詐称している．人民は，何が自分たちの真の利益であるのかを，見誤ることがあるのだから，「政治が人民の真の利益を実現しさえすれば，それは同時に人民の真の意志を代表することになる」（ケルゼン，1959，p. 14）と言うのである．こうして，手続きに基づくデモクラシーは，「形式主義的」だとして退けられてしまう．もっとも効率的に人民の利益が実現されることを理由に，独裁的な政治手法が，真のデモクラシーであると主張されるのである．したがって，ファシズムに対する最大の防波堤は，「人民による政治」というデモクラシーの核心を，パターナリズムに譲り渡さないことであるとケルゼンは考える．「あらゆる権威の中で最初に経験されるものが父であるという理由から，父が独裁政治の原型とみられるとすれば，デモクラシイとは，その理念からすれば，父を欠く社会である」（ケルゼン，1959，p. 77）とケルゼンは述べている．しかし，ここに欠落しているのは，この放逐された父は再び回帰してくる——しかも，はるかに恐ろしい父として——のではないかという問いである．

ケルゼンは，独裁主義とデモクラシーは，それぞれ異なった哲学上の認識論・価値論を背景にしていると考えている．絶対主義と相対主義が，それである．

哲学的絶対主義は，人間の認識から独立した絶対的実在の存在を認める．絶対的実在は，同時に完全なものであるから，それはそのまま絶対的価値と一致する．それゆえ，「価値判断が絶対的実在に内在する価値に関してなされる場合，あるいは結局同じことだが，それが絶対的権威によって立証される場合」(ケルゼン，1959，p. 42）には，その価値判断は，「いつ如何なる場合にもすべての人々に対して妥当であって，判断する主観だけに限られることはないと主張」されるのである．これに対して，哲学的相対主義は，人間の認識の範囲を超える実在を考えない．「認識の対象としては，実在は知る主体に対して相対的」(ケルゼン，1959，p. 41）である．絶対的実在は，たとえあったとしても，人間の認識能力を超えており，したがって，不可知なのである．「絶対的真理と絶対的価値に対する信仰は，形而上的な，とくに宗教的・神秘的な世界観の前提をつくる．しかしこの前提の否定，すなわち相対的真理や相対的価値のみが人間の認識にとって到達することのできるものであって，いかなる真理も，いかなる価値も――これらを発見する人間と同様に――歩み去り，他に席を譲るためにつねに準備していなければならないという考えは，批判主義，実証主義の世界観に導く」(ケルゼン，1948，p. 131)．哲学的相対主義は，実在と価値を明確に区分することにも注意しておこう．「価値判断は，結局のところ，実在の理性的認識に基づくものではなく，人間の意識の感情的要素，人間の願望や恐れに基づくのである」(ケルゼン，1959，p. 42)．絶対主義には独裁主義的行動が，相対主義には民主主義的行動が，帰属するとケルゼンは考える．ケルゼンによれば，「寛容」，「妥協」，「少数意見の尊重」といったものの必要性も相対主義的世界観から引き出されるのである．なぜなら，「絶対的価値の認識が不可能だと考える者は，自説と反対の意見も可能なものとみなさざるをえない」(ケルゼン，1959，p. 42）からである．

ところで，ケルゼンは，多数決原理が手続きとして受容されるべき根拠を，この原理が「相対的に最もよく自由の観念に接近する」(ケルゼン，1959，p. 61）ものである点に求めている．「政治的自由とは，個人の意志と，社会秩序にあらわされる集団の意志との間の一致を意味する」．したがって，集団的意志決定によって，自分の意志が抑圧されると考える成員が最小であることが，集団内で自由の理念が最大限に実現されていることを意味するのである．既存の秩序の変更に，３分の２や４分の３の多数票を必要とするような条件つきの多数決は，少数者に秩序変更を阻止する権能を与えるものであるため，自由の最大化という理念に背反するものであるとケルゼンは考える（筒井，1987，p. 98）.

以上のケルゼンの立論をめぐっては，当然，次のような疑義を呈することができる．ケルゼンは，自由を根拠に民主主義的手続き＝多数決を正当化しているのだが，相対主義は自由の理念それ自体を例外とするのだろうか．長尾龍一によれば，自由の原理と相対主義は別のものではない．「価値相対主義の概念にも，「価値判断は相対的である」という認識上の主張と「諸々の価値に対し相対的に振る舞うべし」という実践上の原則がある」（長尾，1977，p. 171）のだが，後者が個人主義と結合した場合には，「各個人がその価値観に従って行動することを容認すべし」という原則になるのだから，それは結局のところ，「各個人が自由に行動することを容認すべし」という自由の原理と一致するのである．

とすれば，先の疑義は，相対主義は相対主義を例外としうるかというディレンマと同型のものと言うことができる．相対主義は，相対主義を体現する手続き＝多数決を通じて，相対主義自体の廃棄が決定された場合に，それに従うべきなのだろうか．ケルゼンにとって，これは単なる理論上の問題ではなかった．30年代初頭のドイツが遭遇しなければならなかったのは，左右の強大な議会制反対を掲げる政党が，議会の過半数を占めるという異常事態だったのである．「自由の敵」のデマゴギーが人民の意志を掌握した場合には，民主主義的手続きに従って，人民の多数の意志により，民主制が廃棄されるという民主主義の臨界点にわれわれは逢着する．

実際，ケルゼンは，こうした危険があることに，十分，自覚的であった．「デモクラシイは，抵抗力という点で，はるかに独裁政治に劣るように見られる．独裁政治は，何の遠慮もなく反対者を片っぱしから抹殺するのに対して，デモクラシイは，適法・意見の自由・少数者の保護・寛容などの原則に従って，まさにその敵を尊重するからである．この政治形態は，国家意志を形成するそれの独自のやり方によって，それ自体を撤廃することさえも可能である」（ケルゼン，1959，p. 76）．この民主主義の自己矛盾という臨界点に臨んだケルゼンの態度選択は，極めて苦渋に満ちたものであった．「多数の意志に抗し，暴力にさえ訴えて主張される民主主義はもはや民主主義ではない．民衆の支配が民衆の反対に抗して存立しうる筈がないし，そのようなことは試みるべきでもない．民主主義者は身を忌むべき矛盾に委ね，民主制救済のために独裁を求めるべきではない．船が沈没してもなおその旗への忠実を守るべきである」（ケルゼン，1974，p. 255）．ケルゼンは，「人民のための政治」に「人民による政治」を対置することで，デモクラシーを詐称する独裁に対する防波堤とした．しかし，彼の擁護する「人民による政治」からも，それが制約なき相対主義を背景とする限り，大衆独裁の容認が帰結せざるをえないのである．

ケルゼンの「純粋法学」の構想は，法規範をその具体的な内容から解き放ち，いかなる任意の内容をも含みうる形式的枠組みとして純化しようとするものであった．しかし，興味深いことに，その試みは，その純化の極点で，先にわれわれがデモクラシーについて確認したのと相似のパラドクスに至り着いている．

ケルゼンによれば，法秩序の特徴は，それが自己創設的であること，すなわち，「法が自己のうちに法を創設する規範をもっている」（土屋，1985，p. 43）ことにある．例えば，憲法には，議会に関する規定があり，その議会は立法を通じて下位の規範を創設するといったように，法秩序は，「憲法という上位規範から下位規範へと，階型的に構築されたものであって，各々の段階の規範の集合体のうちに下位の規範を創設する規範がふくまれている」のである．

一見，整然としたこの階層構造には，しかし，除去しがたい循環が含まれている．なぜなら，議会の立法活動は，憲法によって規定されているにもかかわらず，当の憲法を制定するのは，議会でしかありえないからである．ケルゼンは，この憲法と憲法制定会議の間の循環を回避するために，憲法制定会議を基礎づける一階梯上位の憲法として「根本規範」の存在を仮設する．しかし，これがパラドクスの先送りにすぎないことは，言うまでもない．結局のところ，実定法体系の妥当根拠は，体系の外部に仮構された非在の「憲法」へと回付されてしまう．「つまり，ケルゼンが法を自己創設的な秩序として完全なものにしようとしたとき，その法形式は内部で完結されることなく，外部の擬制へと開かれたものになってしまう」（土屋，1985，p. 48）のである．

L. シュトラウスは，『自然権と歴史』の冒頭で，現代の社会科学が道具的なものに成り果ててしまっていることを批判している．シュトラウスによれば，「現代の社会科学は，我々が選びとった一定の目的のための手段に関しては，我々を大いに賢くあるいは利口にしてくれる．しかしそれは，妥当な目的と不当な目的，正しい目的と正しくない目的を区別するに際しては，我々の助けとはなりえないことを自認している」（シュトラウス，1988，p. 6）のである．したがって，それは，自由な人民だけでなく，圧制者にとっても同等に有効なアドヴァイスを与えることのできる権力の侍女であるとシュトラウスは論じるのだが，その箇所に付された註で，彼は，ケルゼンの『一般国家学』に対して皮肉めいた言及をしている．ケルゼンは『一般国家学』のなかで，専制政治にも一定の法秩序は備わっており，そこに法的性格を認めないのは，自然法的素朴さであると述べている．合法的な国家形態という点からすれば，デモクラシーと独裁制は同等であることを認めたこの箇所は，しかし，奇妙なことに，同書の英語版では削除されているというのである．シュトラウスの著作は，もちろんケルゼンの批判を直接意図したものではないが，実定法に対して自然権の復権を構想し，事実と価値の区分や，そこから引き出される価値相対主義に戦いを挑もうとする彼の議論の射程に，ケルゼンの立論が収まることは言うまでもない．とすれば，デモクラシーの臨界を見定めようとしているわれわれにとっても，シュトラウスの議論をたどり直しておくことは有益なはずである．

自然権を神話的な過去の遺物とする攻撃は，通常，「歴史」の名においてなされる．「自然権は人間理性によって識別され普遍的に承認される権利であることを主張するが，しかし歴史（人類学も含めて）の教えによれば，そのような権利は存在せず，想定されている一様性のかわりに我々が見出すのは，権利や正義についての無限に多様な観念である」（シュトラウス，1988，p. 13）というわけだ．例えば，アメリカ独立宣言は，「我々は，自明の真理として，万人が平等に創造され，創造主によって，一定の奪いがたい天賦の権利を付与され，そのなかに生命，自由および幸福追求が含まれることを信ずる」と述べており，ここには，人間の諸権利が自然的・神的根拠をもつことへの信頼が示されていた．しかし，新たに創出された「歴史感覚」は，時間の流れに抗して，不変性を主張しうる自然権の存在に徹底した懐疑を突きつけたのである．

「歴史感覚」は，権利や正義を，「自然」に基礎をもつことのない「人為」の産物へと還元する．権利や正義は，共同社会の恣意的決定に根拠をもつ．あるいは，同じことだが，共同社会の合意以外には根拠をもっていない．したがって，「自然権を否定することは，あらゆる権利が実体的な権利であるというに等しく，そしてこのことは，何が正しいかはもっぱら様々な国の立法者や法廷によって決定されることを意味している」（シュトラウス，1988，p. 5）のである．

われわれが，自らの選択の究極的な根拠の場所に見出すのが，完全な空虚であるとすれば，われわれがおこなおうとしているのは，それが自らの決断であるということ以外には根拠をもたない暗闇のなかでのいわば実存的な跳躍であるように思われる．ここには，もはや，善い決断と悪い決断を区別する客観的規準は存在しない．「現代における自然権の否定は，ニヒリズムに至る．否むしろそれはニヒリズムと同じことなのである」（シュトラウス，1988，p. 7）．なぜなら，「もし我々の原理が盲目的選好の他に何の支えも持たないとすれば，人がやってみようと思うことは，すべて許されることに」なるからである．

このニヒリズムへの道を敢然と歩み抜いたのが，M. ウェーバーである．ウェーバーは，事実と価値との間には，絶対的な異質性があると考える．事実がこれこれであるということから，その価値的な性質を導き出すことはできない．それゆえ，社会科学が「科学」であるためには，倫理的な中立性が求められる．「社会科学は事実およびその原因の問題には答えることができるが，価値の問題に答える能力はないのである」（シュトラウス，1988，p. 48）．価値に関する客観的知識は存在しない．「存在するのは同格の諸価値の多様性であって，諸価値の要求は相互に衝突し，その対立は人間の理性によっては解決できない．社会科学や社会哲学のなしうることは，そのような対立およびその対立のもつ意味のすべてを明確にすることに尽きるのであって，その解決は各個人の自由で非理性的な決断に委ねられねばならないのである」（シュトラウス，1988，p. 50）．

結局のところ，ウェーバーが掲げる最終的な倫理原則は，「汝の好むところを選ぶべし」ということになろう．自分の選択を外在的な根拠に基づかせて客観性を装うこと，こうした不誠実こそ廃されねばならない．「おそらくウェーバーが主張したかったことは，我々がいかなる選択をなすにせよ，少なくとも自分自身に対しては正直でなければならぬということ」（シュトラウス，1988，p. 57）である．しかし，そうだとすれば，彼の主張は，自己破壊的なものとなってしまう．なぜなら，「ウェーバーの「合理的自己決定」や「知的誠実」に対する尊重は，彼の性格の１つの特性であるが，しかしこの性格特性も，「合理的自己決定」と「知的誠実」への彼の非合理主義的選好の他に，何の基礎ももたない」ことになり，そうでなければならない必然性を失ってしまうからである．

ところで，先に見た歴史主義の主張には，相対主義と同様の自己矛盾が含まれている．というのも，歴史主義は，あらゆる人間の思想は，それを成り立たせる地平を必要としており，歴史拘束的であると主張するのだが，しかし，その主張自体が歴史拘束性を超えた普遍妥当性をもつ１つの洞察の提起になっているからである．人間の知の歴史拘束性に関する歴史主義者の主張は，「人間的生の本質的構造についての見解と不可分のものである．そしてこの見解は，すべての自然権理論と同一の超歴史的性格ないし主張をもつのである」（シュトラウス，1988，p. 30）．

寛大さを誇る自由主義者は，自然権の放棄こそが「寛容」への道であると考える．本質的な善について真正な知がありえないとすれば，それがどのようなものであれ，善に関するあらゆる構想に対して等しく寛容でなければならないというわけである．しかし，ここにも暗黙のうちに一種の転倒が差し挟まれてしまっている．というのも，「あらゆる「絶対的なもの」を熱心に否定しようとする試みの根底に見られるのは，ある種の自然権の承認，より正確にいえば，唯一必要なことは多様性ないし個別性の尊重だとする，自然権に対する特殊な解釈の承認」（シュトラウス，1988，p. 38）だからである．実際，論理的な一貫性を求めるとすれば，あらゆる善の構想に寛容であることは，非寛容な善の構想も寛容な善の構想と等価に扱うことを意味するはずである．だとすれば，「自由主義的相対主義はその根を，寛容の自然権的伝統のなかに，すなわち，万人が自分の理解する限りでの幸福を追求する自然権を有するという観念のなかにもつが，それはそれ自体，非寛容の１つの苗床」であると言わなければならない．

ケルゼンがそうであったように，シュトラウスもまた30年代前半の時代経験との対峙を，その理論構成の大きな背景としている．しかし，そこから２人が引き出した教訓と臨界点に臨んだ態度選択には，われわれにとって極めて興味深い対照性があるように思われる．シュトラウスは，次のように記している．「1933年の最大の出来事は，もしそのような証明が必要だったとすればの話であるが，どちらかといえば，次のことを証明していたのではないだろうか．すなわち，人間は善き社会への問いかけを放棄することはできないということ，そして，歴史に敬意を払うとか自分自身の理性とは違った何かそれ以外の力に敬意を払うとかすることによっても，人間は善き社会への問いに答える責任を，免れることはできないということである」（シュトラウス，1992，p. 32）．

第３節　リベラリズムの臨界

プラトンやアリストテレスに代表される古代の政治哲学は，その重要なモチーフの１つとして政治共同体における人間の諸能力の陶冶，善き市民の育成という論点をもっていた．「政治共同体の究極の目的は，ある生活様式を育成し，真に完全な人間であることは何を意味するのかに関する何らかの理念や，人間の卓越性のある形態を育てることに置かれ」（ウルフ／ヒッティンガー，1999，p. 4）ていたのである．これに対して，古典的リベラリズムは，政府の役割を，市民の安全の確保へと引き下げる．例えば，ロックにとっては，政府設立の主目的は，所有権の保護にあるのであって，もはや人間存在にとっての善という問題は，個人のレベルではともかく，共同体のレベルで問われるべき問題ではないのである．

政治哲学復権の旗印となったJ. ロールズの『正義論』は，「格差原理」が示すように，より平等主義的な志向をもっている点で，ロックとは異なっている．しかし，「正（ライト）」と「善（グッド）」を明確に区別し，政治哲学の課題を前者に限定している点では，古典的リベラリズムの問題意識を明白に継承するものと言えるだろう．これに対して，コミュニタリアンは，共同体と深く結びついた自我像（M. サンデル）を提起しながら，リベラリズム以前の水脈に立ち返り（A. マッキンタイア），共通善や市民的徳への関心を喚起しようとしてきた．「彼らにとって，共通の〈善〉は，その個人にかかわる意味を含めて，〈正義〉の上に置かれなければならない．彼らは，正義というもの自体，「1つの共同体に根を持っている．その最初の結び付きは，人間の〈善〉と，この共同体にとっての〈善〉の両方を兼ね備える概念にある」とした，アリストテレスの解釈を援用する．それゆえ，道徳にかんしては，国家の「中立性」ないし「懐疑精神」という自由論の公準をしりぞける」（ギュボー，1996，p. 154）のである．リベラルとコミュニタリアンの係争は，大枠としては，古典古代の政治哲学と古典的リベラリズムに見られる対比の現代版と言える．しかし，リベラリズムの臨界を考察しようとするわれわれにとってより興味深いのは，近年，リベラリズムをコミュニタリアン的な論拠に立って擁護しようとする試みがなされていることである．本節では，そうした例としてJ. ラズとW. ギャルストンのプロジェクトに目を向けることにする．

道徳に関しては客観的判断が不可能であるがゆえに，その判断は，個人に委ねられねばならない．国家は，あくまで道徳の外部に留まるべきであること，すなわち，道徳と国家の分離こそ，リベラルが採用する典型的な戦略である．それゆえ，「国家がすべきなのはせいぜい土俵を設営すること，対抗する私的見解の間の公正な裁定を提供することである」（ラズ，1996，p. 190）．

ここでは，道徳的領域からの国家の排除こそが，個人的自由を支持するものと考えられる．しかし，ラズによれば，それは「道徳的貧血症を患った自由擁護論」であり，そこに見られる寛容は，他者への無関心の裏返しである．実際，価値に関する不可知論は，寛容への信念を基礎づけることができない．むしろそれは「寛容を是とする理由を我々がもちうることを否定」（ラズ，1996，p. 192）してしまうのである．これに対して，ラズは，寛容を擁護する議論は，個人の自律という価値から導き出されなければならないと主張する．

「画一性と個人的自律の否定とへの恐れから，多くのリベラルな著述家たちは，国家は善き生の理想の促進に関わるべきでないと主張してきた．このことが人間の自己実現や，個人の厚生と共通文化との関係などに対する彼らの理解の貧困化をもたらした．こういう方向に代えて，自律の拒否や画一性の受容を個人の厚生の誤った構想として批判すべきなのである．自律と価値多元主義に依拠した厚生の構想によってのみ，政治における道徳の役割についての正しい見取り図を復元できる」（ラズ，1996，p. 225）とラズは述べている．

「多元主義」は，これまで異なった善の構想や生き方を，その道徳的価値に考慮することなく，無差別に涵養することと考えられてきた．これに対して，ラズが提案するのは，「価値多元主義」である．この概念で，ラズが示そうとしているのは，「多くの異なった両立不可能な価値のある生き方が存在するという見解である」．職業や生活様式が違えば，それぞれが要求する特性は異なっている．したがって，われわれの前には，それぞれが独自の価値をもつが，しかし，両立不可能な複数の人生経路が開かれていると考えることができる．この「価値多元主義」は，「自律」の価値と密接に関連しているのだが，ここで言われている「自律」の意味には，注意しておく必要がある．それは，まず第1に，「我々の生は絶えざる自己創造過程」（ラズ，1996，p. 226）であり，われわれは無数の選択を通じて，「そうなるところのものだ」という思想を示している．しかし，第2に，「自律に価値があるのは，人が多様な価値ある選択肢の中からの有意義な選択を通じて自己の生の舵をとる場合のみだという点」をラズは強調している．自律的選択が尊重されるのは，それが自律的であるということだけに由来するのではない．「選択に値するものの選択である」ことにもよっているのである．なぜなら，不道徳な行為や卑しい目的の追求は，それがいかに自律的なものであっても，個人の「厚生」に資するものとは言えないからである．「ギャンブルにすべての時間を費やしている人は，たとえ彼が大当たりを当てたギャンブラーであっても，つねに農場のことを気にかけている畜産家以上に成功した人生を送れるわけではない」（ラズ，1986，p. 298）とラズは述べている．

「個人的厚生」という概念によって，ラズは，善の理想を政治的に追求することと寛容とを結びつけようとしている．言うまでもなく，自分の生を自分で選択するのでなければ自律的であることにはならない．したがって，自律を尊重する政府の役割は，人々を善たらしめることではなく，自律的な生を可能にする環境を創造することにある．十分に多様で，かつ価値ある選択肢が，万人に利用可能なように開かれてあるための諸条件の整備が政府には求められるのである．

一方での個人の厚生に対して政治的配慮をおこなう政府の機能，そして，他方での複数の両立不可能な生の構想のなかから，自由な選択を通じて，自己の生を定義していく自律的人間像が，決して矛盾するものでないことをラズは示そうとしている．ラズによれば，「懐疑論でもなく，価値中立性でもなく，この価値多元主義こそが，画一性に対する，即ち，理想的な生の形式についての画一的な構想を統治権力や他の手段によって人々に押し付ける社会に対するリベラルな防波堤をなす」（ラズ，1996，p. 228）のである．

考えてみれば，自律的な生は，個人的営為だけによって可能になっているものではない．自律的な生を特徴づけ，それをその人固有のものとしているのは，彼が選ぶことなく斥けた多くの選択肢でもある．それゆえ，「人は可能性に富んだ環境で生きる場合のみ自律的である」（ラズ，1996，p. 230）と言ってよいと思われるが，この利用可能な選択肢の幅は，かなりの程度，共通文化によって形成されている．なぜなら，「社会において利用可能な諸機会の本性・特質」は，大きく共通文化によって決定されているからである．

共通文化の重要性が承認されるとすれば，われわれはもはや道徳的個人主義に立つことはできない．「自律に基礎を置く道徳」（ラズ，1996，p. 232）は，「自己中心的で社会的関心を欠いた態度を奨励する」のではなく，むしろ「自己の自律に関心をもつ人々は共通文化の開花にも関心をもたなければならない」のである．というのも，「自律を支える共通文化はあらゆる人の自由の前提」となっているからである．

W. ギャルストンの見るところでは，現代のリベラルの理論家たち（ロールズ，ドゥオーキン，アッカーマン，ラーモア）は，寛容という概念の極端な拡張へと行き着くことによって，むしろ自分自身を裏切る結果に陥っている．彼らにとっては，善き生についての個人の構想は，宗教的信念と同種のものであって，国家が宗教に対して中立的でなければならないのと同様に，善き生の構想に対しても中立的でなければならない．「中立性」こそがリベラリズムの想定する社会秩序の決定的な特徴とされるのである．これに対して，ギャルストンの議論が明らかにしようとしているのは，善に関する完全な懐疑主義は，寛容を保証するものではないことである．彼によれば，それは，「異なった生き方の間での無制約な闘争や，理性ではなく暴力が最終的な審判となる闘争を導くのである」(Galston, 1991, p. 90)．リベラリズムが，合理的な議論を通じて，公的な論争を解決することを望むものであるとするならば，そのこと自体，ラーモアも認めているように，リベラリズムが道徳的に中立でないことを示している(Larmore, 1987, p. 60)．それは，剥き出しの暴力ではなく，ある作法に従って論争を解決することへの深いコミットメントを表わしているからである．

リベラリズムは，反リベラリズムの陣営から，通常，次のような論拠によって批判される．「消極的自由」の観念を擁護することで，私生活主義の蔓延を野放しにし，民主主義的な積極的参加の契機を摘み取ってしまうこと．善に関する徹底した相対主義に立つことから，「共通善」の観念を衰弱に導き，利己的な社会紛争を増加させて，共同体の基礎を侵食すること．しかし，ギャルストンは，こうした批判は，本来のリベラリズムに当てはまるものではなく，むしろ現代のリベラルの理論家たちの誤った自己認識に由来するものであると考える．彼によれば，「リベラリズムは，共同体を破壊するのではない．それは，共同体の一形態である．リベラリズムは，徳を否定しない．むしろ自分自身を維持するために，広範な徳を必要とする．リベラリズムは，民主主義的参加を脅かすものではない．それが，主張するのは，民主主義は集合的目的と個人的権利を含む広範な道徳的フレームワークのなかで維持されねばならないということ」(Galston, 1991, p. 43) なのである．実際，リベラリズムが掲げる寛容の起源は，J. シュクラーが言うように，17世紀の宗教戦争の残虐に対する反省に求めることができる (Shklar, 1984, p. 5) だろうが，「寛容の教義は，不同意を許容するということに関する同意」(Galston, 1991, p. 45) だったのであって，この共有された意味こそが，政治共同体に基礎を与えていたのである．つまり，リベラリズムとは，「1つの法的共同体のなかで，多様な道徳的共同体が共存できるような作法の説明」なのである．だとすれば，リベラリズムは，共同体と対立する概念ではない．むしろ，それは，「現代社会という特定の環境に応じて形成された共同体概念」である．

リベラルの理論家たちは，善に関する実質的理論の放棄を勧めている．しかし，ギャルストンによれば，彼らも，実際は，少なくとも次の3つの善の観念に暗黙の裡に依存している．すなわち，「第1に，人間存在の価値．第2に，人間が目的を有することと人間の諸目的を実現することの価値．最後に，社会の原理と行動に対する主要な制約となる合理性の価値」(Galston, 1991, p. 143) がそれである．ギャルストンの診断では，リベラリズムの危機は，自己の基盤に対する無理解に由来するのであって，むしろ急がれるべきは，基盤となる善の観念を明確化する作業である．

ギャルストンは，リベラリズムは人間の善に関する説明なしには維持することが不可能であると考えており，リベラルな社会秩序が機能するために最小限必要な善の観念――これらの諸要素に関しては，市民の間に広範な合意があるものと想定されている――として，仮説的に次の7つを取り出している．①生命，② 基本的能力の正常な発達，③ 利益と目的の実現，④ 自由，⑤ 合理性，⑥（われわれが他者と共に形成する意義のある関係のネットワークとしての）社会，⑦ 主観的満足 (Galston, 1991, p. 175)．これらの諸価値をリベラルな社会の基底に据えることで，ギャルストンは，目的の多元主義と両立させることのできる最小限の卓越主義に立とうとしている．この最小限の卓越主義こそが，リベラリズムを真に擁護するものなのである．したがって，それは，生の全領域を覆うものでないよう意図的に薄く設定されている．しかし，同時に，それはまったく空虚なものではなく，善の多様性を認めるとしても，以下のものを排除する程度には厚い．①（人間の生命にも目的にも道徳的意味はないとする）世俗的ニヒリズム，②（来世を重視し，現世は無意味とする）神学的超俗主義，③（すべてに適合する唯一の善の説明があるとする）道徳的一元論，④ ニーチェ的非合理主義，⑤（最小限の善も無分別に破壊する）野蛮主義 (Galston, 1991, p. 177)．注意しなければならないのは，これらが排除されるといっても，それはこうした信念が，社会的に存在してはならないということではないという点である．しかしながら，それらは，公共政策を立案しようとする場合の基礎としては，用いることができない．こうして，多様性には，一定の制約が課されることになるのだが，その制約は，むしろ多様性の維持のためにこそ必要とされている．ギャルストンは，次のように述べている．「リベラルな国家は，「差異」の無制約な表出が争う戦場として理解することはできない．多様性を維持するという行動において，リベラルな統合は多様性を制約しているのである」(Galston, 1991, p. 4).

ギャルストンは，リベラルな社会秩序を下支えする市民的徳を育成する方法として，「市民教育」に大きな期待を寄せている．市民教育の目標は，真理の探究それ自体に置かれるわけではない．それは，政治共同体の中核となっている原理を理解し，そのなかで自らの生の可能性を発達させることのできる能力をもった個人の育成を目指すものである．ギャルストンの教育観の特徴は，教育の意味をめぐって，彼とは対照的なスタンスをとるA. ガットマンの議論と比較してみるとより明確になる．ガットマンによれば，デモクラシーは社会の集団的な再創造に自覚的にコミットする市民を想定している．それゆえ，政治教育は，自分自身の社会の形成に参加する能力をもつような子供たちを育てなければならない．「子供は，権威に従って信じるよう教えられるべきではなく，もし彼が，市民として政治的主権を共有しているという民主主義的理念に従って成長すべきなら，権威に対して批判的に考えることを教えられるべきである」(Gutmann, 1987, p. 81)．ガットマンは，既成の権威に対して批判的な距離を置くこと，ディタッチの能力こそ市民に必須のものだと考えるのである．しかし，ギャルストンの診断では，事態はまったく逆である．「現代のリベラルな社会において，子供にとっての最大の脅威は，彼らが何かをあまりに深く信じ込んでいることにあるのではなく，深く信ずるものが何もないということにある．リベラリズムが賞賛する自由な自己反省を達成するためにも，何かを信ずることから始めるほうがよい」(Galston, 1989, p. 101).

第4節　アフター・リベラリズムを生きる作法に向かって

これまでのリベラル・デモクラシーの臨界を測定する作業を通じて明らかになったことからすれば，われわれは，次のような厄介な二者択一を迫られているように見える．一方には，規範に関するいっさいの基礎づけの試みの無効を宣言し，われわれは，合理的な立脚点を欠いたまま，暗闇のなかで自らの善を決断するほかないとする立場がある．この場合には，無制約な多様性の錯乱か，あるいは，それが多様性の暴力的な抑圧に反転する可能性を除去することができない．他方には，共同体の統合を支える基底的な善を特定化しようとする試みがある．この場合には，多様性の繁茂は，基底的な善に背反しない範囲へ予め制限されることになる．また，そもそもこの共同体を基礎づける基底的な善自体，最終的には，非合理な決定に由来するものにならないかどうかは大いに疑問である．

興味深いことに，哲学が取り憑かれてきた「基礎づけ」というオブセッションからの解放をテーマとしてきたR. ローティが主張する「ポスト・モダン型ブルジョア的リベラリズム」も，R. バーンスタインの見るところでは，同様の袋小路に陥っている．われわれが，もはや永遠の非歴史的な基盤（例えば，自然法のような）に依存できないとするならば，残された選択肢は，「局所的で自民族中心的な」ものを援用することであるとローティは考える．尊重に値する善の観念と，そうでないものとを区分する規準は，ある特定の共同体が有する伝統や特定の文化に含まれる合意以外にはない．合理的か，そうでないかは，結局のところ，共同体に相対的なのである．認識論を優位に置いた基礎づけ主義的な哲学のあり方が，「所与性の神話」に依拠していることを暴いたはずのローティは，ここで自分自身が，「所与性の歴史的神話」に依拠してしまっているとバーンスタインは論じている．伝統や文化に潜在する合意が所与と見なされてしまえば，そこに含まれているはずの「不調和」や「異なった声」が聴き取られるチャンスは，失われてしまう．もしわれわれの中心的信念が，それが所与であるという以上の説明の余地をもたないとすれば，「ローティがわれわれに語っているのは，まるで，自分の究極の語彙について疑問が投げかけられるときに，適切な唯一の応答は「私はこの立場に立っている（そして私は，あなたもこの立場に立つことを期待する）」ということであるかのように見える」（バーンスタイン，1997，p. 436）．そうだとすれば，ローティは，基礎づけを放棄した果てに，再び決断主義に回帰してしまっていると言わざるをえない．

バーンスタインは，A. マッキンタイアの議論を援用しながら，伝統を，むしろ次のように捉えるよう提案している．「伝統（リベラリズムの伝統を含む）は「活力をもっているときは，対立の連続である」．さらに，伝統が「順調なときには，それは，いつも，その部分的構成要素として，さまざまな善――これの追求こそがその伝統にそれ固有の主眼点ないし目的を与えるのだが――についての議論を含むものである」．政治やリベラルな民主主義をめぐってわれわれが真面目な態度を取るにせよ，遊戯的に茶化すにせよ，［伝統そのもののなかにいつも対立や議論が含まれているのだから，そのなかで］進行中のこの議論にこそ，われわれの注目の焦点を合わせるべきなのである」（バーンスタイン，1997，p. 381）．

H. G. ガダマーは，同じく伝統の意義を強調し，われわれがつねにすでに世界に投げ込まれてあるという被投性の契機を重視しながらも，伝統との対話を通じて，伝統そのものを再創造しつつあるわれわれの能作性にも注意を促している．「ガダマーにとって伝統とは真理の貯蔵庫であり，伝統との対話においてこの真理を発掘することがわれわれの課題」（バーンスタイン，1997，p. 33）なのである．ガダマーは，先行する地平の存在によってはじめて「理解」という世界経験が可能になっていることを説得的に示しているが，より注目すべきなのは，「理解」の誘因となっているのは異質なものとの出会いであるという点である．「あらゆる理解の基本条件として，ラディカルに「他なるもの」や異他的なものと出会うことが要求される，そしてその出会いをとおして自己自身の信念や予断を試し危険にさらすということが要求され」（バーンスタイン，1997，p. 5）ているのである．決断主義に決定的に欠けているのは，「他者性」に対する感受能力である．

R. ドゥオーキンが展開している法類型論は，「過去と未来の間」にある――過去によって造られていると同時に，ある程度まで，未来を創造することのできる――われわれの存在様態を，「連鎖小説」という例を用いて，巧みに表現していると思われる．ドゥオーキンによれば，判決理由が引き出される方法論の違いによって法理論を3つの類型に区別しておくことができる．「慣例主義」，「プラグマティズム法学」，「純一性としての法」が，それである．

「慣例主義」は，判決が下される場合に，厳密に先行する慣例に基づいて法的決裁がおこなわれると考えるものである．この見方は，「裁判官の任務は法を適用すること」（ドゥオーキン，1995，p. 190）であると見なしている一般的な常識にうまく適っている．慣例主義では，判断における「過去の決定力」（ドゥオーキン，1995，p. 196）が強調されるが，適用すべき慣例が異論の余地なく選択されることがこの考えの前提になっている．しかし，「制定法や判例の「正しい」解釈に対して裁判官や法律家が常に示す深い関心」（ドゥオーキン，1995，p. 218）を考えれば，解釈の過程を経ずに慣例の意味が解明されることは，むしろ稀なケースと言わなければならない．

「プラグマティズム法学」は，決定の正当性を，それが「過去の決定と整合している」（ドゥオーキン，1995，p. 245）ことに求めるのではなく，「裁判官により下された強制的決定自体に内在し，この決定が下された時点で意図されていたような何らかの価値の中に見出す」ものである．プラグマティズム法学では，未来の決定力が強調され，法は最善の共同体を生み出すための道具と捉えられるため，真正な法的権利は重視されないことになってしまう．

ドゥオーキンが，唯一正しいものと考える「純一性としての法」は，複数の人間が次々に書き継いでいく「連鎖小説」になぞらえると理解しやすい．連鎖小説の場合，「各々の小説家は，彼に与えられた素材と彼がこれに付け加える内容，そして（彼がこれを制御できる限りにおいて）彼の後継者たちがおそらく付け加えることを望み，あるいは付け加えることが可能であるような内容から，単一の小説を創作しようと試みる」（ドゥオーキン，1995，p. 359）．彼はまず，先行する諸章で示されているはずの「小説の性格，筋，ジャンル，テーマそして趣旨などに関する作業仮説的な」解釈を施す．その際，彼の採用する解釈は，「テクストの全体を通じて妥当するもの」でなければならない．そして，テクストの大半と適合する解釈が複数発見される場合には，「どれが進行中の作品を最善のものにするか」に関する実質的な判断が求められるのである．純一性としての法の枠組みに従って判決文が起草される場合にも，裁判官は自分の判決が過去の判例と符合するよう考慮する．しかし，過去の判例は，単独で解釈されるのではなく，法秩序の全体が最善の意義を実現するような文脈のなかで解釈されるのである．純一性としての法においても，過去はもちろん重要な意味をもつ．「しかしそれは，現代の関心の焦点が過去の追求を命ずるかぎりにおいてのみ，そして，それが命ずるようなやり方でのみ，過去を追求するのである」（ドゥオーキン，1995，p. 356）．法の物語は，書き継がれていくのだが，それは進行中の作品を最善のものにしようとする方向へと向けられている．ドゥオーキンの純一性としての法をめぐる議論は，本節の冒頭に掲げた二者択一をすり抜ける１つの方途を示唆しているように思われる．

F. フクヤマが，『歴史の終わり』のなかで述べたリベラル・デモクラシーが「人類のイデオロギー上の進歩の終点」（フクヤマ，1992，p. 13）であるとする宣言には，確かに，かなりの程度，説得力があることは認められねばならない．しかし，われわれがいま検討してみなければならないのは，むしろこの「終わり」のもつ苦い含意ではないだろうか．フクヤマの『歴史の終わり』に先立って，「イデオロギーの終焉」を論じたD. ベルは，この苦い含意に関して，『資本主義の文化的矛盾』のなかで，極めて示唆的な議論をしている．本章を閉じるにあたって，最後にわれわれは，ベルの思考の軌跡を再訪しておくことにしたい．

ベルの見るところによれば，現代社会の特徴は，それが分裂した社会であるということにある．現代社会は，内なる原理によって統一された1つの存在ではなく，異なるリズムと原理をもった3つの領域から成り立っている．機能的合理性を追求する経済，合法性を求める政治，人間存在の意味を探求する文化がそれである．そして，「社会内部の様々な矛盾は，これらの領域の間に存在する不調和が原因」（ベル，1977，p. 37）になっていると考えられる．

しかし，こうした分裂は，はじめから存在していたわけではなく，歴史的にはむしろ「経済と文化という2つの領域は，結合して単一の性格構造を構成していた」（ベル，1977，p. 47）．初期の資本主義の起動力となった天職に対する義務意識は，プロテスタンティズムの倫理観に支えられていたのである．モダニティの基本的な仮定は，個人こそが社会の本来的な単位であるというものであり，それは自己決定する主体としての自律的人間像を理想としたため，過去や伝統からのいっさいの拘束を拒絶する方向性をもっていた．しかし，そこには同時に，抑制なき人間に対する恐れを基調とした宗教的権威がバランサーとして働いており，人々を共同体へと繋ぎとめる紐帯としての役割を果たしていたのである．だが，19世紀の半ばに，宗教的権威が崩壊すると抑制は解放へと向かい，自律的人間は，自己の欲望を無批判に肯定する快楽主義的人間に転化する．こうして，経済と文化は引き裂かれ，資本主義は，「自己の存在を正当化する本来の理由を」（ベル，1977，p. 335）もたないまま，暴走を始めるのである．この結果，人々を公的なものにコミットさせる市民意識が大きく損なわれることになった．「リベラルな社会の基盤は，あらゆるグループが公共の利益のために私的な利益を犠牲にする意志にある」（ベル，1977，p. 126）とするならば，市民意識の衰退は，政治を単なる私的利益の草刈り場に変えてしまったのであり，われわれは，社会政策の優先順位を定める公共の原理を見出せないでいるのである．

もっとも，ベルが危惧しているのは，諸領域の分裂そのものというよりは，経済領域の肥大化が他領域を侵食することであると言ったほうがよいかもしれない．というのも，経済のみならず文化の領域でも，「欲望の充足があくことなく追求」（ベル，1977，p. 144）されているとベルは考えているからである．「経済にあっては，私的な物質的利益を追求し，文化活動にあっては自己の高揚と拡大」が目指されている．古典的な文化は，個人の特異な精神傾向ではなく，過去との連続性の感覚に基礎を置いていた．これに対して，モダニティの文化は，過去との断絶を特徴としており，その関心の中心は伝統や権威ではなく，自己に置かれている．他者とは区別された自己の経験が自己認識の基盤となる．しかし，この自己の権威化は，失敗せざるをえない．なぜなら，「過去と切り離すと，人間は未来の恐怖，そしてそれがもっている虚無という最終的な感覚から逃れられなくなってしまう」（ベル，1977，p. 558）からである．

こうした袋小路を脱出するために，ベルが掲げる処方箋が，「公共家族」の再建である．公共家族は，個人的な欲求ではなく，公共的なニーズを満たすための機関であり，価値の多様性を認めながらも，「社会の正当性を再び確立すること」を狙いとしている．リベラリズムは，個人や集団間の差異を尊重するから，公共家族の活動領域には限界がなければならず，また，それは，「唯一絶対の原理」に依拠するものであってはならない．とはいえ，そこには，「必要とあれば自己の利益をある程度犠牲にできるような，超越的な連帯感が存在し，人々の心を結びつけていること」が必要なのだとベルは考えている．そして，公共家族の再建の希望を，自己の欲求を絶対視するのではなく，「自己が将来に生きていくことを基盤として，自己とは何か，自分の所属するリベラルな社会とは何かを考え直す人間」（ベル，1977，p. 195）の登場に賭けようとするのである．

さて，「過去と未来の間」に立つわれわれは，アフター・リベラリズムを生きる作法を首尾よく発見することができるだろうか．

参考文献

ベル，ダニエル（1977）林雄二郎訳『資本主義の文化的矛盾』講談社（講談社学術文庫）．

ベネスタッド，ブライアン（1999）有賀誠訳「ウィリアム・ギャルストンによる自由主義の擁護」『岐路に立つ自由主義』ナカニシヤ出版．

バーンスタイン，リチャード（1997）谷徹他訳『手すりなき思考』産業図書．

ドゥオーキン，ロナルド（1995）小林公訳『法の帝国』未来社．

フクヤマ，フランシス（1992）渡部昇一訳『歴史の終わり』三笠書房．

Galston, William,（1982）“Defending Liberalism,” *The American Political Science Review*, 76.

———（1989）“Civic Education in the Liberal State,”in *Liberalism and the Moral Life*, Harvard University Press.

———（1991）*Liberal Purposes*, Cambridge University Press.

ギュボー，ジャン・クロード（1996）菊池昌美他訳『啓蒙思想の背任』法政大学出版局．

Gutmann, Amy（1987）*Democratic Education*, Princeton University Press.

今井弘道（1997）「戦後民主主義の問題性——民主主義の過剰と反権威主義的自由主義の

縮小」『丸山真男を読む』情況出版.
ケルゼン, ハンス（1948）西島芳二訳『デモクラシーの本質と価値』岩波書店（岩波文庫）.
――――（1959）古市恵太郎訳『民主主義の真偽を分かつもの』理想社.
――――（1974）鵜飼信成／長尾龍一編『ハンス・ケルゼン』東京大学出版会.
――――（1977）上原行雄他訳『デモクラシー論』木鐸社.
Larmore, Christopher,（1987）, *Patterns of Moral Complexity*, Cambridge University Press.
ラッシュ，クリストファー（1981）石川弘義訳『ナルシシズムの時代』ナツメ社.
――――（1997）森下伸也訳『エリートの反逆』新曜社.
長尾龍一（1977）「訳者解説」『デモクラシー論』木鐸社.
丸山眞男（1964）『増補版　現代政治の思想と行動』未来社.
――――（1995）「夜店と本店と」『図書』7月号.
Raz, Joseph（1986）*The Morality of Freedom*, Cambridge University Press.
ラズ，ジョセフ（1996）井上達夫訳「リベラリズム，懐疑，民主制」『自由と権利』勁草書房.
Shklar, Judith（1984）*Ordinary Vices*, Harverd University Press.
シュトラウス，レオ（1988）塚崎智他訳『自然権と歴史』昭和堂.
土屋恵一郎（1985）『社会のレトリック』新曜社.
筒井清忠（1987）『現代思想の社会史』木鐸社.
ウルフ，クリストファー／ヒッティンガー，ジョン（1999）有賀誠訳「序論」『岐路に立つ自由主義』ナカニシヤ出版.

第3章　ラディカルな政治のスタイル
――ローティ，ライシュ，アンガー――

第1節　希望の党派でなくなった左翼
――R. ローティの不満――

A. ギデンズは，『左と右を超えて』の冒頭に，「今日，政治的にラディカルであることは，いったい何を意味するのだろうか」（ギデンズ，2002，p. 11）という問いを置いている．この問いの背景となっているのは，右翼と左翼の間に生じた皮肉な役割の交代劇である．

従来，ラディカルな政治思想とは，資本主義体制の変革を目標に掲げる社会主義思想そのものであった．しかし，とりわけ80年代以降，状況は明らかに変化している．いまや，西欧先進諸国で一定の実現を見た福祉国家体制を守ろうとする現状維持のイデオロギーが社会主義（左翼）であり，それに対して，市場の力を信頼する「自由競争資本主義」を掲げ，ソ連の崩壊も追い風にしながら，福祉国家の問い直しを強力に推進する現状変革のイデオロギー――サッチャリズムやレーガノミックスがそうであったように――となっているのが保守主義（右翼）なのである．

E. バークを引くまでもなく，ラディカルな変化に対する懐疑こそが保守主義のメルクマールであったことを考えれば，これは確かに奇妙な事態ではある．しかし，現代の保守主義は，いまや，福祉国家を「甘やかし国家」と断じ，国家の過剰な保護が市民の自発性をスポイルしてしまったことを批判しながら，国家の役割を可能な限り縮減し，市場原理の導入によって競争化，効率化を図ろうとする新自由主義――より正確に言うなら，A. ギャンブルがサッチャリズムに関して分析しているように，市場の自由プラス伝統的権威という矛盾含みの政策パッケージをもったニューライト（ギャンブル，1990）――へと変貌を遂げているのである．かくして，「ラディカルになった保守主義が，保守的になった社会主義と対峙」(ギデンズ, 2002, p. 12) するという倒錯した構図が生じている. 社会主義は, もはや, 未来を構想するラディカルな政治哲学としてのポテンシャルを喪失し,「福祉制度の擁護というかなり控えめな任務」(ギデンズ, 2002, p. 13) に自己限定することで, かろうじて延命を図っているというのが, 旧来型の左翼に対するギデンズの診断である.

よく知られているように, ギデンズ自身は, 国家の再分配政策に過剰な信頼を置く「旧いスタイルの社会民主主義」と市場の資源配分の効率性に過剰な信頼を置く新自由主義の両者——旧左翼と新右翼——を超えたところに「第3の道」を構想しようとしている (カリニコス, 2003, p. 5) のだが, ここでは, ギデンズが旧左翼に見出している問題が, 新自由主義の攻勢に対して, 有効なオールタナティブを出すことができない構想力の欠如にあるという点だけを確認して, 先を急ぐことにしよう.

ところで, R. ローティが『われわれの国を完成する』や『哲学と社会的希望』といった著作で描き出している旧左翼ならぬ新左翼の閉塞状況は, 先に見たギデンズの議論と重ね合わせてみると, 相互補完的な意味合いをもっており——イギリスとアメリカというコンテクストの差異を, 完全に見過ごすわけにはいかないとしても——, 併せて, 左翼退潮の過不足のない原因分析を形成していると言えるのではないだろうか.

ローティの定義によれば,「右翼」とは,「国家は基本的によい状態にあり, 過去のほうがもっとずっとよかったかもしれない」と考える党派である. これに対して,「左翼」は,「希望の党派」であり, もっぱら「私たちの国家はまだ完成されていない」(ローティ, 2000, p. 14) ことを主張する. とすれば, 左翼が, 国家をより良くしてゆこうとする意欲を失い,「傍観者になり, 回顧的になる」とすれば, 左翼は「左翼」でなくなってしまうはずなのだが, 現在, アメリカで生じているのは, まさしくそのような事態であるとローティは診断している. では, なぜそうなってしまったのか. ローティが挙げる主要な原因は, 60年代以降, とりわけアカデミズムのなかで顕著になった「文化左翼」(フーコー派左翼, ルサンチマン学派) の台頭である.

文化左翼の特徴を, ローティは, 彼が「健全」であったと評価する1900年から1964年までの「改良主義的左翼」——ローティは, より一般的な「旧左翼」という呼称に換えて,「弱者を強者から守るために立憲民主主義の枠組の中で奮闘していたすべてのアメリカ人を包括」(ローティ, 2000, p. 46) する言葉として,

この語を用いるよう提案している――と対比することで，ネガティブに特徴づけている（北田，2002，p. 44）

改良主義的左翼のあり方を，もっともよく体現している人物として，ローティが挙げているのは，W. ホイットマンとJ. デューイである．彼らは，ともに，「人間の手による創作物でないもの，人間を支配する権威を持つものという意味での〈真理〉の存在を拒絶すること」（ローティ，2000，p. 29）を自らの信条としていた，とローティは述べている．

デューイの，プラトンの「形而上学」に対する執拗な反対も，実は，同一の信条に発している．プラトンは，人為から自由な，発見されるべき「本性を備えた実在が「向こう側」にあるという観念」（ローティ，2000，p. 31）を生み出したのだが，ここから，予め存在する実在（客観）を，人間の関心（主観）によって歪めることなく正確に表象することを，真理性の資格として要求する「真理の対応説」が帰結する．しかし，デューイにとっては，知識を，実在（現実）を表象しようとする試みであると見なすこの考え方は，放棄されるべき有害な考え方であった．そうではなく，むしろ，われわれのおこなう「探求は現実を使用する１つのやり方として考えられるべきである．だから，真なる信念とそれ以外の世界との関係は表象的というよりは因果的である」（ローティ，2002，p. 94）．一見，客観的表象と思われるものも，実は，われわれの社会的必要性と密接に結びついた記述であること，これが，デューイが真理の対応説に置き換えようとする考え方である．

ところで，ローティによれば，真理の対応説を拒絶することで，デューイが望んだのは，政治を真理の支配から解き放つことであった．「哲学の原理」にせよ，「神の命令」にせよ，人間の営為を超えた場所に発見された真理が，何らかの政治のあり方を正当化してくれるという期待を捨て去るようデューイは教えているのである．民主主義とは，「人間以外の権威に服従することを認めず，人間の間で自由に形成される合意だけが権威を持つという見解」（ローティ，2000，p. 19）と別のものではない．そして，このデューイの見解に，「このアメリカ世界に，それ自身が最終的な権威であり，最終的な信頼であることを分からせるのにどれくらい時間がかかるのだろうか」と嘆いたホイットマンは，完全に同意するはずである．

多様性をもった国民の間で，自発的に形成されてくる合意以外のものに権威を認めない国にとって，民主的討議への参加を制約するカーストや階級といった社会的区分の存在は容認できるものではないだろう．とはいえ，デューイやホイットマンにとって，カーストも階級もない社会の望ましさは，何らかの合理的な道徳法則との一致によって，哲学的に基礎づけられるというものではない．われわれに言うことができるのは，「その社会が他の社会よりも不必要な苦しみをもたらさないだろうということであり，その社会がある目的，つまりより多様な個人——もっと心が広く，もっと心が豊かで，もっと想像力に富み，もっと勇敢な個人——を創造するという目的を達成する最善の手段である」（ローティ，2000，p. 32）ということだけなのである．それゆえ，苦しみを減少させること，多様性を増大させること，が目指すべき最重要の政治的目標であることの「論証を求める人々に対しては，デューイもホイットマンも何も言うべきことがない」．

ホイットマンやデューイが推し進めた徹底した「世俗主義」は，アメリカ社会において，大きな成功を収めた．人々の合意を超えた上位の審級を否定することによって，「幸福を求めるわれわれの欲求」を「真理を求めるわれわれの欲求」（ローティ，2002，p. 311）に——「希望」を「知識」に——優先させることが，左翼の共通の信条として定着したのである．こうして，改良主義的左翼は，マルクスを必要とすることなく，アメリカ社会が抱える極端な不平等という問題の解決に向けて——「私たちの国を完成させる」べく——，着実に「希望の政治」を推進してきたのだ，とローティは考える．

ところが，このような状況は，60年代に入って，大きく変化する．改良主義的左翼衰退のもっとも重要な契機となったのは，ベトナム戦争であった．ベトナム戦争は，アメリカという国のアイデンティティに深刻な疑いをもたらし，それまでは，社会の不正義は，立憲民主主義という制度の利用を通じて，漸進的に正すことが可能であるという確信を共有していた「非マルクス主義左翼」を，バラバラに引き裂くことになった．ベトナム戦争の幻滅は，自国をトータルに否定する理論装置としてのマルクス主義の積極的な受容をもたらしたのである．「資本主義は打倒されねばならないと確信している人々だけが左翼と見なされ，それ以外のすべての人々は，弱虫のリベラルであり，自己欺瞞のブルジョワ改良主義者」（ローティ，2000，p. 45）であるとされた．左翼（新左翼）とリベラルの間には決定的な境界線が引かれることになったのである．そして，60年代の新左翼は，アカデミズムの内部に，その後継者である「文化左翼」を生むことになる．

マルクス主義という「形而上学」の流入と席捲は，アメリカの左翼に，いったいどのような変化をもたらしたのだろうか．ローティは，この変化を，「〈アメリカの左翼〉は，自らが「理論」と呼ぶものに身を委ねて，あまりにも宗教に似たものを手にしてしまった」（ローティ，2000，p. 102）と評している．ここに生じているのは，「民主主義に対する哲学の優位」という転倒した事態なのである．「政治的見解と理論的な（神学的，形而上学的，認識論的，メタ哲学的な）大問題にかんする見解のあいだには堅い結びつきのあることが望ましい」（ローティ，2002，pp. 70-71）と考えられるようになる．もっとはっきり言えば，政治的選択は，哲学的思索によって，基礎づけられねばならない，というわけだ．しかし，異なった言語ゲームの間に論理的な包摂関係を認めないローティにとっては，政治と哲学の言語ゲームの間に，因果的な作用関係はありえるとしても，政治的構想が何等かの哲学的原理――「無限の責任」（E. レヴィナス）や「社会の不可能性」（E. ラクラウ／C. ムフ）といった――から，演繹的に導出されるということはありえないのである．

ホイットマンやデューイが力強い表現を与えた「哲学に対する民主主義の優位」の，文化左翼によるこのような逆転は，どのような帰結をもたらしたであろうか．ローティが下しているのは，次のような診断である．「人が政治に係わる方法を哲学的に思索する，こうした無謀な試みは，〈左翼〉が実践主義から後退し，国家の問題に対して傍観者の態度を取る時に生じてくるものの徴候である」（ローティ，2000，p. 100）．文化左翼は，哲学から政治までを包摂する理論を目指して，抽象化のレベルを高めてきた．そして，そうすることで，現存する秩序に対する批判は，よりラディカルなものになり，トータルにそれを覆す可能性が高まると考えたのであった．しかし，事態の推移は，むしろ正反対ではなかったか．この上空飛翔的な批判の方向性は，皮肉なことに「自分たちの国を傍観者のように嫌悪感を抱いて嘲笑している〈左翼〉」を生んだのではなかっただろうか．

「傍観者」ではなく，「私たちの国を完成」させようとする「行為者」であること，このためには，自国に対する一定の誇りが必要である――もちろん，過剰な誇りが好戦性を生むことにも，同時に，敏感でなければならないが――と，ローティは主張する．というのも，自尊心をもたない個人が，自らを向上させようとする動機づけを欠いているのと同様に，「国家に対して誇りを持たなくなると，国家の政策について活発で効果的な討議がおこなわれる見込みはなくなる」（ローティ，2000，p. 2）からである．さらに言うならば，コスモポリタンこそ，まさに愛国者であらねばならない（ローティ自身，各所で，自らがコスモポリタンであることを明言している）．「世界連邦」に国民国家が主権を譲り渡す日は，そのような構想に進んで協力しようとする自国の努力に誇りをもち，支援する国民を欠いては永遠にやって来ないからである．

にもかかわらず，「この〈左翼〉のメンバーたちは，自分たちの国から一歩退き，……自分たちの国を「理論化」する．……現実の政治よりも文化の政治を優先させ，社会的正義にかなうように民主主義の制度が創り直されるかもしれないという，まさにそのような考え方をばかにする．そうして彼らは希望よりも知識を優先させるのである」（ローティ，2000，pp. 38-39）．

例えば，J. デリダやE. レヴィナスに依拠しつつ語られる「他者性の政治学」が標的にするのは，経済的問題ではなく，もっぱら考え方――例えば，西欧の家父長的資本主義制度に内在する「男根＝ロゴス中心主義」といった――である．そして，これまで社会的に容認されてきたサディズムの犠牲者を救うべく，他者を承認すること――サディズムを下支えしてきた考え方を改めること――が説かれることになる．文化左翼の関心は，貧困や失業といった金銭の問題ではなく，それ以外の理由で辱められている人々に向けられている．「他者となるためには，消し去ることのできない汚名を着せられていなければならない，つまりただ単に経済的利己心の犠牲者ではなく，社会的に容認されているサディズムの犠牲者にされる汚名を着せられていなければならない」（ローティ，2000，p. 86）というわけである．

もちろん，文化左翼がそれなりの成果を収めてきたことを，ローティも無視しているわけではない．長年にわたってアメリカ人が同胞に加えてきた侮辱を理解させようとする何十万もの教師の努力のおかげで，アメリカ社会のサディズムは，確実に減少してきた．「〈60年代〉以来，アメリカの法律はほとんど改善されなかった」が，「教育ある男性が女性について語る口調，教育ある白人が黒人について語る口調は，〈60年代〉以前とずいぶん異なって」（ローティ，2000，p. 86）きているのである．

しかし，侮辱の問題――考え方の問題――への関心の集中は，金銭の問題――再分配の問題――の無視を伴っていたと，ローティは述べる．実際，「社会的に容認されてきたサディズムが着実に減少していったのと同じ時期に，経済的不平等と経済的不安が着実に増加していった」（ローティ，2000，p. 89）のである．そして，このことは，必ずしも偶然ではない．

改良主義的左翼は，抑圧されてきた少数派の問題を，アメリカ人としての共通性――同胞として尊重し合えること，お互いのつきあいのなかで他者性が気にならなくなること――を宣言することを通じて，克服しようとしてきた．これに対して，文化左翼は，相違を認めた上で互いに尊敬し合う――他者性を存続させる――必要があるので，「アメリカがるつぼであってはならないと主張している」（ローティ，2000，p. 107）．しかし，「共通性のレトリックのみが総選挙で勝利を収める多数派を創り出すことができる」のだから，共通性の拒絶は，政治的には大きな不幸――法律には何の影響も与えることができず，経済的不平等に有効な対処法を示せないこと――をもたらしてしまうのである．

先に言及しておいた理論的抽象化への惑溺が，傍観者性を強化してしまうという論点についても，いま少し敷衍しておくことにしよう．ローティが槍玉に挙げるのは，例えば，福祉国家における再分配のような経済的不平等の是正を目指すリベラルな理念が，実は，規律＝訓練の権力装置としての機能を担ってきたことを暴露し，その陥穽を指摘するといったフーコー流の議論――あるいは，ボランティアに代表される「主体性」や「自発性」の賞揚は，主体がシステムから自立したものではないことを隠蔽し，実際には，システム動員に加担してしまうといった議論（中野，2001，p. 260）も同種のものと考えてよいだろうか――のスタイルである．この種の議論の鍵概念となっているのは，言うまでもなく，「権力」であるのだが，それは，「私たちの言語に含まれるすべての言葉と私たちの社会にあるすべての制度に消し去ることのできない染みを残してきている作用を意味」（ローティ，2000，p. 101）している．つまり，権力は，「機転の利く幽霊のように消えそうで消え」ず，つねにすでに，そこに存在しているのである．あらゆるものは権力に汚染されているのだから，われわれとしては，どのような営為も所詮その汚染を回避できないということに半ば絶望しつつ，高みから冷笑的に眺める――あるいは，果てしなく自己分析を続ける――ほかない．かくして，「どんなことでも嘲笑できるが，何も希望できず，すべてのことを説明できるが，何ごとにも心酔できない」と，H. ブルームが的確に表現した状態が生じることになる．新しい社会的実験の企ては，立案される前から，自らの権力性に無自覚な「信頼できない自由主義的「ヒューマニズム」の徴候」（ローティ，2000，p. 40）を示すものとして，早々に却下されてしまうのである．

かつてニーチェは，神や人権を，人間を超越した何ものかに祭り上げようとする道徳家の迷妄が，実は，「弱者が強者から自分を守るためにでっち上げた計略」であることを暴露した．形而上学者なら，神や人権に「合理的な基礎」があることを論証して，ニーチェに反論しようとするだろうし，フーコー派左翼ならば，ニーチェ風の暴露を様々な観念に関して巧みに反復してみせるだろう．こうしたフーコー派左翼の一見ラディカルな姿勢を，ローティは辛辣にも，次のように評している．彼らは，「まさに政府の黒幕が期待している〈左翼〉であり，そのメンバーが現状を暴露することに忙殺されているので，より良い未来を創造するためのいかなる法案を通過させる必要があるのか議論する暇のない〈左翼〉である」（ローティ，2000，p. 153）と．このいずれをも排して，「プラグマティストは，計略だからといって何も悪いことはないと返答する」（ローティ，2002，p. 173）．権力の外――あるいは，システムの外――を無邪気に希求することはできないとしても，そのような認識は，必然的に傍観者の道へと繋がっているわけではない．むしろ，ニーチェが示そうとしていたのは，正反対の道，つまり，「結局なにをやっても逃れられないのなら，やるっきゃない」（宮台／宮崎，2003，p. 171）という道ではなかっただろうか．

われわれは，第3節で，R. アンガーの近年の仕事を，ローティの言う「文化左翼」への退落と，ギデンズの言う新自由主義の行き過ぎに対する単なる補正的役割への退却を，ともに回避し，「より良い未来」（ローティ，2002，p. 85）に向かう構想力に溢れたビジョンの提示を志向する左翼の1つのモデル・ケースとして位置づけたいと考えている．しかし，その前に，いささかの迂回路を採り，ローティも指摘していた再分配の問題の軽視が，アメリカの分断をどのように深刻化しているのかを，鮮やかなロジックで解明し，おそらくローティならば，改良主義的左翼の伝統の良き継承者と見なすであろうR. ライシュ――実際，ローティは，J. ガルブレイスやJ. アダムス，J. ジャクソンらと並べて，ライシュを，百年後には「社会主義の運動を推し進めたことで思い起こされることになるだろう」（ローティ，2000，p. 48）と評している――の議論を駆け足で瞥見しておくことにしたい．

第2節　ますます分断化される社会
――R. ライシュの診断――

R. ライシュは，優れた政治経済学者であると同時に，クリントン政権の第1期に労働長官を務めた敏腕の実務家でもある．在任中には，アメリカ経済の競争力の強化を目指すとともに，公的資金を高い教育を受けた労働者の育成に投入するといった政策提言をおこなっている（カリニコス，2003，p. 42）．このような提言の背景をなしているのは，ライシュがアメリカ社会に見出した最大の問題――すなわち，社会的不平等の加速化――であった．では，何がこの不平等の拡大をもたらしているのだろうか．

ライシュによれば，「かつてアメリカ人はみな同じ船に乗っていた．彼らの雇用主である企業，それらの企業が属する産業，さらに国民経済が全体としてより生産力を高めていくか，それとも衰退していくかによって，大多数の人々が運命を共にした」（ライシュ，1991，pp. 287-288）．国民経済は強固な一体性を保っており，個人の幸福は，中核企業の成功，国家の繁栄と分かちがたく結ばれていたのである．というのも，国民経済は，システムとしてのある内在的論理を有していたからである．すなわち，中核企業は，大量生産方式による規模の経済を利用して生産コストを削減する．収益は，新たな設備投資へと向けられるが，それだけでなく，同時に，労働者にも相当量が分配される．こうして低所得者の購買力が増大することで，結果的に，すべての人にとって市場が大きくなるというわけである．「巨大企業，巨大労働組合および大衆は，より大きな規模の効率性を得るために大量生産を促進するために協力する」（ライシュ，1991，pp. 91-92）．かくして，この「国民的な約束事」とも言える仕組みは，平等を，かつての帝国主義のような「外国市場の支配に頼ることなしに達成」することに成功した．19世紀半ばのアメリカを旅したA. トクヴィルは，アメリカでは，愛国心が「啓発された自己利益」から引き出されていることに驚嘆しているが，「同胞の市民が豊かになり，生産力が増せば増すほど，こちらが提供するものと引き換えに彼らが与えてくれるものが増え，われわれは恩恵を受け」（ライシュ，1991，p. 415）るという洞察が，この時代には十分な現実性をもっていたのである．

しかし，グローバル・エコノミーの拡大は，このようなイメージ――同じ船に乗り合わせている国民という――が成立する条件を吹き飛ばしてしまった，とライシュは考える．現在では，すでに，製品の多くが明確な国籍をもつものではなくなっているが，それは，「多くの離れた地域で効率的に大量生産できるし，多くの地域の顧客のニーズに応えるためにあらゆる方法を組み合わせることもできる．知的資本と金融資本はどこからでも引きだせるし，必要な時にいつでも手に入る」（ライシュ，1991，p. 153）からである．このことは，もはや企業の国籍が，その国との特別な結びつきを失っていることを意味している．企業の組織網が蜘蛛の巣のように地球上に張り巡らされている状態を，ライシュは「グローバル・ウェブ」と呼んでいるが，「アメリカ企業がますます海外で生産したり調達したり，一方で外国人所有の企業がますます米国で生産したり調達したりするにつれて，いずれのグローバル・ウェブも，名目上の国籍があるにもかかわらずお互いに似通った存在になっている」（ライシュ，1991，p. 179）のである．それゆえ，もはや，アメリカ人の経済的豊かさの決定因となるのは，アメリカ企業――あるいは，国民経済――の強さや収益性の高さではなく，個々のアメリカ人がおこなう仕事それ自体――個々人が，その技術や洞察でグローバル・エコノミーに付け加えることのできる価値――になりつつある．「アメリカ人全体が１つの大きな船に乗っているかのように，すべての人が等しく浮き沈みすることはありえない．アメリカ人は，次第に，別々の小さな船に分かれて乗る運命にある」（ライシュ，1991，p. 239）と言わねばならないのである．

ライシュは，従来の職業区分――「専門経営者」，「サービス職」，「運輸・運搬職」といった――に代えて，付加価値を基準にした３つの職業区分を提案している．「ルティーン生産サービス」，「対人サービス」，「シンボル分析サービス」がそれであるが，このそれぞれに属する人々が，グローバル・エコノミーのなかで，それぞれ異なった競争の場をもっているのである．ルティーン生産サービスは，繰り返しの単純作業によって，製品を生産する職種である．対人サービスは，例えば，ウエーターやホテル従業員，介護者などがそれに当たるが，人間に対して直接提供されるサービスであるため，国際的な取引には馴染まない．シンボル分析サービスは，各種のシンボル――言語，音声，映像など――を操作することを通して，「問題発見」，「戦略的媒介」，「問題解決」に当たる人々によって担われる．各種コンサルタント業やヘッドハンター，ジャーナリスト，映画監督などがその代表的な事例と言えるだろう．前二者は，規格化されたモノやサービスの生産，提供を担っており，そのため，賃金は労働時間や仕事量によって測られるのに対し，シンボリック・アナリストの収入は，「仕事の質や独創性，頭の良さ，そして場合によっては問題解決の早さによって決まる」(ライシュ，1991，p. 246)．そして，ライシュによれば，われわれは，現在，この職業区分に基づいて，「別々の船に分かれて乗っているのであり，第1の船は急速に沈もうとしており，第2の船はゆっくりと沈みつつあるが，第3の船は着実に浮上しつつある」(ライシュ，1991，p. 288) のである．なぜだろうか．

アメリカのルティーン労働者は，いまや，はるかに安い賃金で喜んで働く世界中のルティーン労働者と競争しなければならなくなった．グローバル・ウェッブが出現した結果，企業はコスト・ダウンを求めて，世界中のどこへでも近代的な工場を設置することが可能になったからである．さらに，ルティーン労働者の賃金が過度に抑制されれば，商品の購買力をも国民経済全体から奪ってしまうことになるといったかつて成立していた関係が，アメリカ企業が，商品やサービスを世界中で販売することが可能な現在ではうまく働かなくなっていることも，彼らの苦境に追い打ちをかけている．

対人サービス労働者は，人に直接提供されるというサービスの性質上，グローバルな競争の直接的な影響を免れてはいる．とはいえ，対人サービス労働者の生活水準は，彼らがサービスを提供するアメリカ人の生活水準に従属している．なぜなら，「世界中で働くアメリカ人が，その活動を通じてアメリカ以外の世界から恵まれた報酬を受け取れば取るほど，彼らは対人サービスに気前よく金を注ぎこむからである」(ライシュ，1991，p. 300)．

ルティーン労働者や対人サービス労働者に比べて，シンボリック・アナリストは，極めて有利な立場にある．というのも．収益性の高い高付加価値型企業においては，企業の価値それ自体が，蜘蛛の巣状の組織に価値を付け加える問題発見者，戦略的媒介者，問題解決者の能力――人的資本――に決定的に依存しているからである．それゆえ，「高付加価値型企業においては，ルティーン生産の労働者と金融資本家の要求は，新たな問題を解決し，発見し，媒介する人々の要求に比べて，次第に軽視されるようになった」(ライシュ，1991，p. 142)．とりわけ，先進国においては，ルティーン労働者の賃金が圧縮されていくのと反比例するように，シンボリック・アナリストは高給を手にするようになっている．

50年代から60年代にかけて，アメリカ社会の所得分布は，中位所得者がもっとも多く，最富裕層も，最貧困層も少数だった．しかし，70年代半ばから分極化の傾向が始まり，最貧困層の所得比率が激減すると同時に，中位所得者のシェアも落ち込んでいる．かくして，「金持ちと中間層は，今や別々の世界に暮らしており，そして貧しい者は両者にとってほとんど見えない存在になってきている．20世紀の終わりにはアメリカの世帯の最も豊かな1％を占める270万人たらずの人が，税引後所得で，最低所得層の1億人分に匹敵するお金を持つようになった」（ライシュ，2002，p. 165）のである．

ここで注目しておく必要があるのは，この所得格差の拡大が，教育水準と密接なかかわりをもっているという点である．シンボリック・アナリストとなるのに必要な基礎的訓練――抽象化，体系的思考，実験，共同作業の4つのテクニックを修得するための――は，最高の教育機関で，恵まれたごく一部の若者に対して，提供されている．「これに，教育に関心を持ち，進学に熱心な親たち，行き届いた健康管理，絵画や音楽の鑑賞，……シンボル分析の素養を持つ両親たちが喜んで与えそうな，さまざまな文化的，教育的アイテムが付け加えられれば，この恵まれた少数の子供たちの教育は，これから開かれる世界への準備として申し分のない先例となる」（ライシュ，1991，pp. 321-322）．ここに出来上がっているのは，見事に閉ざされたシンボリック・アナリスト再生産のサイクルである．

ライシュは，このような所得格差の拡大とその固定化に対して，以下のようないくつかの処方箋を提案している．① 70年代後半と80年代の税制改革によって崩壊した累進課税を，税の抜け穴をきちんと塞いだ上で，再構築すること．② 才能に恵まれた子供が，その出自とは無関係に，シンボリック・アナリストになれる道を保証すること．③ ルティーン生産や対人サービスに，例えば，コンピューターの導入によって，シンボル分析を応用すること．④「社会的に独立した，生産的な人間になるための必要条件」の多くを欠いている長期的貧困層が利用しやすい職業訓練プログラムを設置すること．

ところで，これらの処方箋を実現するための費用負担は，最富裕層を占めるシンボリック・アナリストからの拠出に待たねばならないのだが，問題を厄介なものにしているのは，この拠出を支えるはずの社会的連帯感――かつては，同情心に訴えるまでもなく，トクヴィルの言う「啓発された自己利益」から見て，経済的相互依存関係の存在は現実のものであった――が，今日，ますます希薄化しつつあるという事態である．というのも，「最富裕層は，その専門技術によってグローバル市場で稼ぐ機会が多くなり，他のアメリカ人の生活水準が低下しているにもかかわらず，自分自身や子供たちの生活水準を維持し向上させることが可能になってきている」(ライシュ，1991，p. 347）からである．シンボリック・アナリストは，他のアメリカ人にほとんど依存することがなくなってしまっている．このため，むしろ，進行しているのは，「成功者の分離独立」であり，同種の人々だけが固まって住む「飛び地（エンクレーヴ）」の形成である．もっともシンボリック・アナリストたちも，公共投資のために自分たちの所得から拠出することそれ自体に反対しているわけではないのだが，所得に応じた棲み分けの進行は，その公共投資が，恵まれない人々への再分配ではなく，同じ恵まれた環境の人々の生活の向上に使われることを可能にしてしまっているのである．しかも，この選別メカニズムは，近年，より下位の経済階層にまで拡張しつつある．「門で閉ざされたコミュニティは，かつてはものすごい金持ちだけのものであったが，今では中流層の住宅購入者もそこに入りたがっている．……中層中流所得層世帯と下層中流所得層世帯との分離は，アメリカを人種的に差別された社会へと引き戻しつつある．黒人の生徒が白人の級友を持つ確率は1990年代の間中ずっと落ち込んでいる」(ライシュ，2002，p. 321）のが現状である．

A. ブラインダーは『ハードヘッド&ソフトハート』のなかで，望ましい経済政策が立案されるために必要なのは，ハードヘッド（冷徹な頭脳）とソフトハート（温かい心）の組み合わせであると述べている．ハードヘッドは，「多いことは少ないことより良い」という原理に従って，効率性が追求されるべきことを意味している．他方，ソフトハートは，「貧しい者は富める者よりも多くを必要としている」という原理に従って，「税や所得移転が市場機構を損なうほどに勤労意欲を喪失させることがないかぎり」(ブラインダー，1988，p. 60)，社会全体の福利を増進させるために，社会的弱者に対する扶助が要請されるという「衡平の原理」を意味している．この見方からすれば，伝統的な共和党の政策は，市場システムが効率的な資源の配分に寄与することをよく理解し，合理的な経済計算に長けてはいるのだが，弱者に対する同情心に欠けて――ハードヘッド＋ハードハート――いる．他方，民主党の政策は，「思いやりに満ちたソフトハートに基づくものではあるが，理屈抜きのソフトヘッドによって具体化されがち」(ブラインダー，1988，p. 34）だということになるだろう．ブラインダーは，共和党の合理的な経済計算と民主党の同情心を結合させる必要性を主張し，「自由市場の良さを十分に尊重しながらも，それが後方に取り残した人びとにも十分な配慮を施す」（ブラインダー，1988，p. 34）という基本精神を備えた哲学を「リベラリズム」と呼んでいる．

「カーター大統領とクリントン大統領の政権下で，〈民主党〉は，労働組合から遠ざかり，富の再分配を話題にしなくなり，「中道」と呼ばれる不毛の真空地帯へ移」（ローティ，2000，p. 81）ったというローティの現状認識からすれば，グローバル・エコノミーが進展するなかで，経済的不平等の問題から目を逸らすことなく，その帰結を鋭利に分析して見せたライシュの議論は，「強者による弱者の虐待を，特に人種差別が経済的不平等の副産物にほかならないことを明らかにしよう」（ローティ，2000，p. 81）としてきた改良主義的左翼の良き伝統を現代に引き継ぐものと評価できるかもしれない．しかし，それは，なおブラインダーの言うリベラリズムの思考枠組みに，捕らわれたままなのではないだろうか．つまり，市場競争がもたらす経済的不平等に対する矯正装置として社会的連帯感の必要性が説かれてはいるのだが，連帯感の源泉がもはや枯渇してしまっているとすれば，競争と連帯という2つのモメントは，二律背反的に並置されたままであるように思われるのである．

次節で，われわれが，アンガーの議論に目を向けるのは，彼が，このような袋小路を，市場の民主化というラディカルな構想を掲げながら乗り越えようとしているからである．

第3節　民主主義的実験主義に向かって
――R. アンガーの希望――

C. ウェストによれば，R. アンガーもその重要な担い手の1人である「批判的法学研究」は，「学問領域において支配的な合理性の形態……が，いかに価値関与的，イデオロギー負荷的，歴史的に偶然のものであるかを示そうと試みている」（West，1993，p. 198）．リベラルの伝統は，法が，権力の汚染を免れた中立性を主張しうる領域であると想定してきたが，これに対して，批判的法学研究は，「リベラルの視座が，自らの仮定や前提によって強化された盲目性や沈黙のために，自分自身に対してどの程度正直でありえないか」（West，1993，p. 218），より具体的に言えば，法実践の形成や施行が，階級的，人種的，家父長制的支配といったものから，いかに影響を受けているか，に焦点を当てようとしているのである．そのメタ制度的な探求は，「歪曲のない対話や強制のない知的交換のために必要な条件を充足するべき学問領域の能力」(West, 1993, p. 197) に，強力な懐疑の矢を放とうとするものであると性格づけておくことができる．

その意味では，批判的法学研究は，「「権力」を目に見えずに偏在している悪意ある存在の名として採用」(ローティ，2000, p. 110) し，「すべての「構造や権力の言説」(われわれが，普通，「諸制度」と呼んでいるもののフーコー的表現) と手を切る傾向にある」(Rorty, 1988, p. 32) としてローティが厳しく批判する文化左翼と共通の志向性をもっている．実際，批判的法学研究に好意的なウェストも，その重大な欠陥として，リベラリズムを権力の単なる覆いとして記述し，その一切をお払い箱にしてしまう傾向を指摘しているのである (West, 1993, p. 200).

アンガーは，確かに，このような傾向をもつ批判的法学研究運動を主導してきた重要人物の1人である．しかし，彼がわれわれにとって極めて興味深いのは，文化左翼が――そして，批判的法学研究が――総じてロマン主義を嘲笑するのに対して，「過去よりも，むしろ未来に向かう方向性――すなわち，希望――」(Rorty, 1988, p. 31) を維持し，より良い未来を目指してオールタナティブな制度構想――新しい社会的実験の立案――を弛まず提出し続けているという点なのである．

アンガーが，理論家を2つの類型に区別していたことを思い出しておこう (Unger, 1987, pp. 165-169)．社会的現実の複雑性を強引に縮減し，理論的一般化を生み出そうとする――例えば，マルクス主義――のが，「スーパー理論家」である．これに対して，「ウルトラ理論家」は，流動的な社会的現実の諸特徴，諸側面を保存するために，広範な理論体系を拒絶――説明的，規範的理論の構築を回避するグラムシやフーコーは，こちらの類型に当てはまる――しようとする．後者の前者に対する批判には，確かに，一定の正当性があると言わなければならない．しかし，ウルトラ理論家も，実は，「あらゆる理論体系のなかに深層構造の論理を見出し，説明のための一般化を認識論的な基礎づけ主義と混同し，唯名論的な形態の慣習的な社会科学に退歩する危険を冒している」(West, 1987, p. 262) のである．あらゆる理論体系の拒絶は，結局のところ，実効性のある解放の思想や実践を予め不能化してしまうのではないか．それゆえ，アンガーは，慣習的な社会科学への退落――実証主義――も，深層構造の論理の罠――必然性の名において，歴史過程に一定のシナリオを押しつけるマルクス主義の「制度的，構造的フェティシズム」――も，ともに回避しようとするプラグマティックなスーパー理論家として振舞おうとするのである．

アンガーにとって，理論は，それ自体が実践の一形態であることに注意しておく必要がある（Unger, 2002b, p. 9)．「すべては政治である」というよく知られたアンガーのスローガンは,「一切は社会的構築である」(ローティ, 2002, p. 116) というローティが掲げるプラグマティズムのスローガンと，実際には，同じことを語っている．デューイの哲学が，「すべてのことを世俗化し，何ごとも固定されたままにしておかない体系的試み」(ローティ, 2000, p. 21) であったように，アンガーも「社会生活の形成的コンテクスト……，あるいは，問題解決や利害の調停の手続き的枠組み……を，凝固した政治と見な」(Unger, 1987, p. 145)．している．この「凝固した政治」が，ある社会生活の形式——あるいは，お馴染みの言語ゲーム——を不可避なものに見せてしまうのである．アンガーにとって，理論とは，凝固した政治を解きほぐす役割——「行為の規範や制度化された組織からの逸脱が，新たな社会の組織形態の基礎として役立ちうる道を指摘することで，実践の教訓を展開する」(West, 1993, p. 211) 役割——を担っている．

凝固した政治を拒絶するアンガーの徹底した「反自然主義」の「背景」——「基礎」ではなく，クワインの言う全体論を構成する1つの背景——には，実は，ある人間像が置かれている．アンガーは，次のように述べている．確かに，「われわれが打ち立て，そこに住まう制度的，言説的構造は，われわれが何者であるかを形作っている」(Unger, 2002a, p. 8)．しかし，「われわれのなかには，つねに，われわれのコンテクストのなかにある以上のものがある．コンテクストは有限である．それに比して，われわれはそうではない」(Unger, 1998, p. 9)．それゆえ，アンガーにとって，われわれの洞察や経験，情念，創意を汲み尽くし，われわれを包摂しうるような最終的な社会や言説のコンテクストはありえないのである．ローティは，デューイの人間像が，「人間は時代と場所の子であり，その可塑性には形而上学的ないし生物学的な限界がない」(ローティ, 2002, p. 64) とする見解を含んでいたと述べているが，アンガーのプロジェクトにとっても可塑性——つねにすでになんらかのコンテクストのなかにあるが，同時に，コンテクストそれ自体を再形成する人間の力能——は，決定的に重要な役割を果たしている．アンガーは，この可塑性を制度化し，「われわれのコンテクスト超越能力をより支援するような制度的，文化的世界を構築することによって，環境と人格の間の不均衡を縮小」(Unger, 1998, p. 9) しようとするのである．可塑化された社会では，コンテクストのなかでの通常の改訂とコンテクストそれ自体の革命的改訂の間の区別——社会構造のなかで行為することと社会構造について決定することの間の差異——は，最小化される．こうしていっさいの社会構造が，凝固したものから可塑化したものへと転換される．しかし，注意しなければならないのは，アンガーにおいては，改訂がより容易な構造は，あくまで「個人的にも，集団的にも，われわれの力能を高める手助けをする」(Unger, 1987, p. 5) ために必要とされているということである．言い換えれば，「可塑性が推奨されるのは，それが民主主義的に行為する社会の能力を増大させるから」(Lessig, 1989, p. 1180) なのである．

可塑性の強調は，アンガーが提起するオールタナティブな制度構造にも一定の性格を付与することになる．アンガーは，繰り返し，オールタナティブが青写真ではなく，一定の方向性を示唆するものであることを明言している．いわば，それは，未来社会の直接的な記述ではなく，ある種の統制的理念として役立てられることを企図しているのである．その意味で，アンガーは，確かに，素朴なユートピア主義者ではありえない．しかし，同時に，強調しておかねばならないのは，アンガーにとって，ユートピア主義は，依然として真正な現実主義の核心にあるということである．「われわれは，現実主義者になるために，幻視者でなくてはならない」(Unger, 1998, p. 74) といういささか逆説的なアンガーの言葉は，彼が現実主義／理想主義の二元論それ自体を拒絶していることをよく示している．

近年のアンガーの関心は，「ポスト福祉国家の民主政治」とでも呼ぶべきものの概略を描き出すことに向けられている．それが，ポスト福祉国家であるのは，アンガーが，新自由主義の席捲に対する社会民主主義の応答にまったく満足していないからである（しかし，同時に，それが，ポスト福祉国家であるのは，アンガーが，福祉国家の基本的な目標であった平等の推進や個人の自律は，手放してはならないと考えているからである）．アンガーによれば，社会民主主義者の手持ちのプログラムは，実際には，「不満つきの新自由主義のプログラム」(Unger, 1998, p. 53) にほかならない．つまり，それが求めているのは，「唯一の正しい道を，自由と繁栄への途上で苦しむ人々にとって，できるだけ残酷なものでないようにすること」——すなわち，「不可避なものの人道化」(Unger/West, 1998, p. 3) ——なのである．期待されているのは，すでにわれわれがブラインダーの議論に見出しておいた市場の効率性を社会の良心と接合することである．結局のところ，「制度的に保守的な社会民主主義は，新自由主義のビジョンの不可欠の部分」(Unger, 1998, p. 54) になってしまっている．かくして，社会的想像力の衰弱こそ，現代の病の根幹であると考えるアンガーは，ラディカルなオールタナティブの展開へと乗り出すのである．

アンガーは，彼の提起するプログラムの根本精神を「力能（エンパワーメント）の増大を連帯と結びつけること」(Unger, 2002b, p. 1) と表現している．個人的にも，集団的にも，われわれの力能を増大させると同時に，われわれを結びつける方法を発見すること．これが，アンガーが自らに課した課題である．アンガーのプログラムは，この根本精神へと収斂し，相互に関連し合ったいくつかの柱から構成されている (Unger, 2002a, pp. 5-7)．① イノベーション，独創性，新たな商品の生産を促進し，財政支援すること．「株式市場は，生産的な投資に向けられる貯蓄の支柱と想定されてきた．しかし，実際には，それらは，標準的な財政理論が信じさせようとしている以上にカジノに似ている」(Unger, 1998, p. 61)．貯蓄と生産的投資の乖離を防ぐため，貯蓄レベルの強制的な向上が図られるとともに，例えば，準―公的なベンチャー・キャピタル基金のようなイノベーション促進へ向けた回路の創設が必要である．② 人々が自律した労働者や市民として行為するための身支度が確実に与えられること．アンガーは富と権力の世代間継承を許す私的相続権を「社会的相続権」に置き換えるという大胆な提案をおこなっている．「すべての市民は，社会から，その人生のターニング・ポイントにおいて，高等教育を受けたり，家族を形成したり，ビジネスを始めたりするのに利用できるような最小限の原資を，基金として相続すべきである」(Unger／Salinas, 1999, p. 14)．また，現行の労働運動が往々にしてそうであるように，地位を権利に転化することによって，インサイダー――資本と知識に恵まれた領域に職をもつ組織された労働者――とアウトサイダー――資本も知識も貧しい領域に職をもつ不安定な労働者――の分断を固定化することは決して許されるべきではない（アンガーは，政治経済において，前衛と後衛の分断を克服する以上に重要な課題はないと繰り返し述べている）．「人々に現在の仕事への在職権のようなものを与える代わりに，われわれは，変化の渦中にあって，成長するための手段を保障すべきなのである」(Unger/West, 1998, p. 25)．そのためには，例えば，技能訓練センターのような労働者の能力を高める制度的工夫が必要となるだろう．③ 市場を民主化すること．市場の民主化は，市場を規制することでも，事後的な移転によって不平等を補填することでもない．それが意味しているのは，資本や知識の配分や交換の新たな形態を見出し，生産資源，機会へのアクセスを根本的に分権化することである．そのために，アンガーは，前述のベンチャー・キャピタル基金や，あるいは，技術支援センターといった手段を提案している．④ケアを，そして，その生産システムとの結合を発展させること．原則的には，すべての人は，ケアと生産システムの両方に場所をもつべきである．これは，「家族という枠を超えて，人々をお互いの人生に関与させるかたちで，実践的な社会的連帯の組織化を確かなものにする」(Unger, 2002a, p. 7) ことを目的としている．⑤高度のエネルギーを維持する民主制を発展させること．新自由主義者は，人々が力を発揮するためには，政治は小さくなければならないと考える．しかし，アンガーにとっては，事態は逆であり，「小さな政治は，民主主義の血液を象徴する制度改革を枯渇させることによって，人々を小さくしてしまう」(Unger/Salinas, 1999, p. 30)．アンガーは，「社会における政治的動員の水準は，特定のルールや実践――投票制度，政治における金銭の利用，マスコミュニケーション手段へのアクセスといったものを支配するルール――に高度に応答的である」(Unger, 1998, p. 66) と考えている．そのようなルールの変更によって活性化された民主主義は，高いレベルの政治的動員を，加速化された改革実験と統合することができるのである．⑥国家とは別に，市民社会が，一定の独立性をもち，組織化されていること．「われわれは，市民社会が，地域や仕事，健康といった共通の利益である議題をめぐって，自らを組織化しやすく」(Unger, 2002a, p. 7) することによって，政府から独立した枠組みを構想しなければならない．例えば，子供の教育という問題を考えた場合にも，「衰弱した家族と福祉国家の官僚制とのパートナーシップでは，十分とは言えない」(Unger, 1998, p. 67)．それは，コミュニティ組織によっても，バックアップされる必要があるのである．しかし，コミュニティの再生は，ただ連帯を呼びかけるだけで得られるわけではないのだから，そこには，連帯が成長可能な制度的環境の整備――地方政府法，税法などの改革――が伴っていなければならない．

このようなラディカルな改革案を支える「背景」の１つとして，アンガーが，愛国心に言及していることにも，触れておく必要があるだろう．「あなたの国を理解するためには，あなたは国を愛さなければならない．国を愛するためには，ある意味で，それを受け入れなければならない．しかしながら，あるがままにそれを受け入れることは，国を裏切ることである」（Unger/West, 1989, p. 93）．ローティ同様，アンガーも「忠誠と反逆」（丸山眞男）の逆説的な一致の側に掛け金を積んでいる．

もはや，アンガーのプログラムの各項目を詳細に検討する――あるいは，ギデンズの「第3の道」との異同を吟味する――紙数は残されていないが，左翼が，「ルサンチマン学派」（H. ホワイト）ではなく，希望の党派であるべきだとするなら，アンガーのプロジェクトは，そのような要件を充足するラディカルな政治の1つのスタイル――ユートピアを大胆に構想しつつ，決してユートピアを完成させない――を示していることは間違いないと思われる．

ところで，N. ヘントフは，デューク・エリントンを評したトランペット奏者クラーク・テリーの言葉を，次のように伝えている．「「彼は生命と音楽を同じものと考えていた．両方とも，つねに転生の過程にあるものだと思っていたんだ．だから彼が書いた曲にはエンディングがないんだ．演奏を締め括るにしても，またどこかでそれが始まる余韻をのこすこと，これに彼はこだわっていた」／そう，こうしたものすべてが，ジャズの真骨頂だ」（ヘントフ, 2003, p. 104）．そして，こうしたものすべては，ラディカルな政治のスタイルの真骨頂でもあるのではないだろうか．

参考文献

ブラインダー，アラン（1988）佐和隆光訳『ハードヘッド&ソフトハート』TBSブリタニカ．
カリニコス，アレックス（2003）中谷義和監訳『第三の道を越えて』日本経済評論社．
ギャンブル，アンドリュー（1990）小笠原欣幸訳『自由経済と強い国家』みすず書房．
ギデンズ，アンソニー（2002）松尾精文他訳『右派左派を超えて　ラディカルな政治の未来』而立書房．
ヘントフ，ナット（2003）藤永康政訳『アメリカ，自由の名のもとに』岩波書店．
北田暁大（2001）「政治と／の哲学，そして正義」『反＝理論のアクチュアリティー』ナカニシヤ出版．
Lessig, Lawrence (1989) "Plastics: Unger and Ackerman on Transformation," *Yale Law Review*, 98.
宮台真司／宮崎哲弥（2003）『ニッポン問題』インフォバーン．
三本卓也（2003）「法の支配と不確実性（1）――ロベルト・アンガー「構造」概念の変容とその示唆」『立命館法学』285号．

中野敏男（2001）『大塚久雄と丸山眞男　動員，主体，戦争責任』青土社．
ライシュ，ロバート（1991）中谷巌訳『ザ・ワーク・オブ・ネーションズ』ダイヤモンド社．
――――（2002）清家篤訳『勝者の代償』東洋経済新報社．
Rorty, Richard（1988）“Unger, Castoriadis, and the Romance of a National Future,” *New York University Law Review*, 82.
ローティ，リチャード（2000）小澤照彦訳『アメリカ　未完のプロジェクト』晃洋書房．
――――（2002）須藤訓任他訳『リベラル・ユートピアという希望』岩波書店．
Unger, Roberto（1987）*Social Theory*, Cambridge University Press.
――――（1998）*Democracy Realized*, Verso.
――――（2002a）The Boutwood Lectures: First Lecture,
――――（2002b）The Boutwood Lectures: Second Lecture（http://www. Law.harvard.edu/faculty/ unger/ English/newwr.php　2017年12月16日閲覧）.
Unger, Roberto/West, Cornel（1998）*The Future of American Progressivism*, Beacon Press.
Unger, Roberto/Salinas, Carlos（1999）“The Market Turn without Neoliberalism,” *Challenge*, 42.
渡辺幹雄（1999）『リチャード・ローティ　ポストモダンの魔術師』春秋社．
West, Cornel（1987）“Between Dewey and Gramsci: Unger's Emancipatory Experimentalism,” *New York University Law Review*, 81.
――――（1993）*Keeping Faith*, Routledge.

第4章 「アーキテクチャ」の問い直しと民主主義
——レッシグとアンガー——

第1節 インターネット空間と民主主義

インターネットが切り拓いた新たな世界について一般に思い描かれているイメージは次のようなものではないだろうか．すなわち，インターネットは国境という壁を無化し，世界中に暮らす多種多様な人々を瞬時に結びつけることに成功した．それはこれまで孤立したコミュニティに暮らしていた人々に，より広い出会いと情報へのアクセスを与えたのである．だとすれば，ここに民主主義の成熟に寄与する新たな公共空間が誕生したのだ，と言うこともできそうに思われる．

しかし，C. サンスティーンは，インターネット空間で進行しているのは，むしろ正反対の事態ではないか，と論じている．なぜ，そう言えるのだろうか．鍵となるのは，「フィルタリング」である．人間の知覚能力は無限ではないため，われわれはつねに情報を篩いにかけて選択的に受容している．その意味では，フィルタリングは，情報を摂取する場合に普遍的に見られる現象である．しかし，インターネット空間においては，フィルタリングが，民主主義に与える影響がもっとも先鋭なかたちで現われる．テクノロジーの進展が推進するのは，自分の見たいものだけを見るという情報に関する「消費者主権」である．ウェブ上にはヘイトグループや過激組織のサイトが多数存在しているが，それらは「お互いにリンクしあって，考え方が同じ人たちの勧誘や議論の盛り上がりを狙っている」（サンスティーン，2003, p. 78）．よく知られていることだが，もともと考えを同じくする人々が集まって議論すれば，相互に刺激し合って，より過激な立場へと移行しやすい．こうして情報通信市場における消費者主権は，同質的な集団への内閉と過激化を促進することになるというのである．

これは民主主義にとって，座視することのできない事態である．「自由国家の背景にある政治的主権という概念」は，「自由市場の背景にある消費者主権という概念」（サンスティーン，2003，p. 60）と同じものではない．政治的主権は，消費者主権のように「個人の嗜好を普遍とはみなさずに，民主的な自治に高い評価を与え」るものなのである．そして，優れた民主的な自治が営まれるためには，適切な討議と熟考の機会が確保されるような――単なる過半数の意思表示に終わらない――システムが含まれている必要がある．

新聞や雑誌といった旧来型のメディアは，広範な話題を取り上げることで，本来は読むつもりのなかった多数の記事を目にする機会を人々に与えていた．そうすることで，それらは，多様な人々の間に共通体験を生み出していたのである．自分とは異なった種類の人々や異なった考え方に触れることが，進歩のためにどれほど重要であるかを力説するJ. S. ミルを引用しつつ，「各自が前もって見たいもの，見たくないものを決めるシステム」（サンスティーン，2003，p. 8）が民主主義にもたらすリスクにサンスティーンは警鐘を鳴らしている．

しかし，サンスティーンは，以上のような論拠から，インターネットは民主主義にとって害悪であるという結論を引き出しているわけではない．そうではなく，われわれは，情報通信システムを，それがいかに個人――消費者としての――の選択肢を広げてくれるかで評価しがちなのだが，「自由共和制の下では，自由言論のシステムは――消費者ではなく市民に奉仕するために――民主的自治の条件を維持すべく設計」（サンスティーン，2003，p. 196）されなければならない，と主張するのである．サンスティーンの考えでは，民主的自治の理念は，単なる消費者主権の尊重ではなく，様々な話題や意見に触れる機会を増やすようなコミュニケーション・システムを構築することを通じて――例えば，「マスト・キャリー（掲載義務）」ルールを導入して，反対意見のサイトへのリンクを義務づけるといった規制によって――，自由を促進することを求めている．つまり，われわれは，民主的自治に貢献する公開フォーラムを実現する方向へと，新テクノロジーをハンドリングしていかねばならないというのである．ここで語られているのは，規制を通じた自由の実現という理路であると言ってよいだろう．同様の理路に基づきながら，インターネットの「アーキテクチャ」が密かに実現しつつある新たな「管理社会」の到来を押し止めようとしているのが，次にわれわれが見ようとしているL. レッシグである．

第2節 「アーキテクチャ」を開くことの必要性
——L. レッシグ——

レッシグによれば，個人や集団を「規制」する方法には4つの種類を区別しておくことができる．第1は，「法律」による規制であり，事前にルールを設定し，違反者は処罰すると脅すことによって制約する．第2は，「規範」による規制であり，コミュニティから与えられる評判がもつある種の圧力によって制約する．第3は，「市場」による規制であり，価格という指標によって財に対するアクセスに条件をつけることで制約する．第4は，「アーキテクチャ」による規制であり，行為者を取り囲む物理的な環境によって行動を制約する．例えば,「橋が落ちていたら，川を渡る能力の制約になる」(レッシグ, 2004, p. 152）といった場合がこれに当たる．

この4つの規制の方法は，分析的には区別しうるが，実際には，相互に関連し合いながら作動している．とりわけ，アーキテクチャは，いわば規制のインフラストラクチャーに当たり，その下支えがなくては，国家権力も強力なものにはなりえない．例えば，書かれた法を見る限りでは，ベトナムの法はアメリカの法よりはるかに厳しいのだが，その規制を有効にするアーキテクチャが十分に整えられているとは言えない．このため，ベトナムには実質的に大きな自由が存在している．また，法律による規制が撤廃されたにもかかわらず，アーキテクチャによって実質的な規制が維持されてしまうといったケースを考えることもできる．例えば，アメリカでは，1948年に，土地の登記書に特定の人種には売らないという条項を入れること——それ以前には可能だった——は，憲法違反であるという判決が出された．このように，法廷は，人種分離を終わらせたのだが，人種分離を維持したい地方自治体が取ったのは，アーキテクチャを利用する戦略であった．コミュニティ間に横断することが難しい高速道路を建設したのである．ある場所から別の場所への移動を切断するようにアーキテクチャを設計することによって，法的には解消されたはずのコミュニティの分離が実質的に維持されてしまったのである．

アーキテクチャが発揮する規制力は，法律や規範と比較した場合，どのような特徴をもっているだろうか．レッシグは次のように述べている．「アーキテクチャ上の制約は，その対象者がその存在を知ろうと知るまいと機能するけれど，法や規範は，その対象者がその存在についてある程度知っていないと機能しない」（レッシグ，2001，p. 436）．つまり，アーキテクチャによる規制は，制約されている人間に，制約されているという自覚を与えないまま，その目的を達成することができるのである．

ところで，規制と自由との関係について，現代のリバタリアンは，通常，次のように考えている．政府による規制こそ自由を脅かすものなのだから，政府を小さくすればするほど，社会の自由は増大する．しかし，同じく自由の擁護者であったミルは，このようには考えなかった．自由を脅かすのは，国家権力だけではない．社会権力も同様に——場合によっては，国家権力以上に——自由に対する大きな脅威になりうる．というのも，それは「政治的な抑圧ほど厳しい刑罰を使うわけではないが，はるかに深く生活の細部にまで目を光らせ，人の心まで支配するので，抑圧から逃れる余地がはるかに小さくなるからである」（ミル，2006，p. 17）．われわれは，国家権力だけでなく，社会権力にも十分な警戒を払っておかねばならない．それゆえ，自由への脅威は，時間と空間に応じて具体的に考えておく必要があるのである．西欧近代を考えた場合には，その変遷は次のように要約することができる，とレッシグは述べている．「19世紀半ばに自由を脅かしていたのが規範で，20世紀頭にはそれが国家の力で，20世紀半ばのかなりの部分で自由を脅かしていたのが市場だったなら，わたしの議論というのは，20世紀末から21世紀にかけて別の規制手段——コード——こそが懸念となることを理解すべきだということだ」（レッシグ，2001，p. 154）（「コード」は，一般には，立法機関が制定する規則を指すが，レッシグは，この言葉を，インターネット空間を機能させるソフトやハードに埋め込まれた命令という意味で用いており，「アーキテクチャ」とほぼ同義と考えてよい）．

さらに，インターネット空間それ自体の性質に関しても，広範に広がった1つの誤解が存在している．「どんな政府もインターネットの富なしには生き残れないけれど，でもどんな政府もインターネット上で起こることをコントロールできない」（レッシグ，2001，p. 6）というのがそれである．インターネット空間は，その本来的な性質からして，自由の空間であるというわけだ．しかし，レッシグによれば，インターネット空間における自由は，政府のコントロールがないことから生じているわけではない．「自由が花開く世界を構築するには，それをある特定の自覚的なコントロールが生き残っている場所に置いてやらなくてはならない」（レッシグ，2001，p. 7）のである．われわれは，アメリカの建国の父たちが，社会を「憲法」という土台の上に築くことによって，自由を構築したという故事を思い起こす必要があるだろう．

インターネット空間も，憲法に相当する何らかのアーキテクチャの上に築かれているのであって，それが，自由度の高いものにもなるか，高度の規制を可能にするものになるかは，アーキテクチャの選択に大きく依存している．そして，レッシグが危惧しているのは，インターネット空間の「見えざる手は，商業を通じてコントロールを完全にするアーキテクチャを構築しつつ」（レッシグ，2001，p. 8）あり，いまや誕生時とは正反対の効率の良い制御を実現するアーキテクチャへと変貌を遂げつつあるということである．社会のアーキテクチャである憲法をいったい誰が決定するかという「立法者」の問題に，当該社会のメンバーがまったく無関心であるといった事態は考えられないだろう．インターネット空間においては，そのデフォルト――プライバシーはどの程度保護されるのか，匿名性はどこまで認められるのか，アクセスはどこまで保証されるのか――を設定する「コード作者」が，立法者の役割を担っていると言うことができる．ところが，現状では，インターネット空間の構築は市場の論理に委ねられ，われわれはただ消費者としてそれに関わっているに過ぎない．しかしながら，「重要な古来からの伝統は，人間は消費者としての役割をこえて，自分がメンバーであるところの文脈を豊かにするようにしなくてはならない」（レッシグ，2001，p. 368）ということを教えてはいないだろうか．レッシグがわれわれに突きつけているのは，このような問いである．

インターネット空間に本来的に自由な性質が帰属しているわけではなく，その性質はあくまでアーキテクチャの関数である．インターネット空間に自由や匿名性があるとしても，そうした性質は，現行のコードがいまのところもっている不完全性に依存しているのである．逆に言うなら，例えば，厳格な身元確認のアーキテクチャを組み込むことによって，それを規制の容易な空間に作り変えるのは難しいことではない．それゆえ，もし自由や匿名性を守りたければ，まさに適切に規制することによって不完全性を人工的に保存することがぜひとも必要なはずである．しかし，アーキテクチャに一定の価値観が内包されているという事実は，十分に自覚化されているとは言い難い．アーキテクチャの決定が，何の規制も受けないまま，市場の論理に委ねられるならば，そこに姿を現すのは，オンライン・ビジネスをサポートするための「アイデンティティのアーキテクチャ」ということになるだろう．われわれに「なしえること」と「なしえないこと」をアーキテクチャが規定しているのだから，それは一種の法であると言っても過言ではない．にもかかわらず，「商業的利害がアーキテクチャを決定するなら，それは私法の一種をつくること」（レッシグ，2001，p. 105）をわれわれが許してしまっているということなのである．

どのようにインターネット空間を秩序づけるかの鍵をアーキテクチャが握っており，その背後には一定の価値観が潜んでいるのだとすれば，コードを単に工学の問題として市場の決定に任せてしまうわけにはいかないだろう．自分たちがそこで暮らす世界のありようをどのような価値観に基づいて作り上げていくかという選択は，まさしく「政治的」と呼ばれてきたのだから，こう言わねばならないはずだ．「アーキテクチャは政治だ」（レッシグ，2002，p. 62）と．そして，そうであるならば，どのアーキテクチャを選ぶのかという選択は，何らかの意味で，われわれが集合的に自分たちの生き方を決めるプロセスに開かれているべきだ，とレッシグは主張するのである．

「アーキテクチャは政治だ」というテーゼは，本章のもう１人の主人公であるロベルト・アンガーのよく知られたテーゼ「すべては政治だ」へとまっすぐに繋がっている．事実，レッシグは『コード』の中で，アンガーのテーゼを引用しつつ，それを次のようにパラフレーズしている．「世界を現状として定義づけているなに１つについてであれ，政治とは無関係だという考えを受け入れてはいけない．……個別の社会秩序がなにを必要としているかをちゃんと調べよう，かれらの要求する権力が，そういう必要性によって正当化されるものとなるように要求しよう」（レッシグ，2001，p. 106）．アーキテクチャが何らかの価値観に支えられたものであって，中立的ではありえないとしても，われわれは何らかのアーキテクチャをもたないわけにはいかない．それゆえ，レッシグは規制するものとしてのコードの存在それ自体に反対しているのではない．「わたしが主張しているのは，われわれは規制における透明性を強く要求し，そして透明性を高めるようにコードの構造を変えようということだ」（レッシグ，2001，p. 411）．

それでは，いよいよ，アーキテクチャが他でもありうるという偶然性を刻印されていることの意味を，近代思想全体を俯瞰する広大なパースペクティブから，より一般的な水準で問い直しているアンガーの議論へと歩を進めることにしよう．レッシグがインターネット空間のアーキテクチャを問題化しているとすれば，アンガーは社会空間のアーキテクチャ――もっともアンガーは，「コンテクスト」,「構造」,「フレームワーク」といった用語を用いているのだが――を問題化しているのである.

第3節 「人工物としての社会」というビジョンの射程
――R. アンガー――

アンガーは,その主著である浩瀚な3部作『政治学』のなかで,自らを,近代における人間解放の偉大な教説――自由主義,社会主義,共産主義――の後継者として位置づけている.これは,ある意味で,反時代的なスタンスと言わなければならない.というのも,ポストモダニズム以降,人間解放の理論は,総じて根源的な懐疑に晒されてきたはずだからである.しかし,アンガーによれば,こうした懐疑の念は,実のところ,近代の解放の教説が,そのもっとも啓発的な理念――「偽りの必然性からの解放」(Unger, 1987a, p. 137)――の徹底的な追求に失敗してきたことに由来している.

「近代の社会思想は,社会は作られ想像されたものであって,基底にある自然的秩序の表現であるよりも,人間の人工物であることを宣言しつつ誕生した」(Unger, 1987a, p. 1).こう宣言することによって,それは,特定の社会秩序のあり方を,自然なもの,必然性をもったものとして擁護しようとする勢力に戦いを挑もうとしたのである.しかしながら,この戦いは完遂されることなく,やがて近代の社会思想は2つの方向へと分岐することになった.一方での「実証主義的社会科学」は,社会生活の根本をなしている制度的,想像的構造――それをアンガーは「形成的(フォーマティブ)コンテクスト」と呼んでいる――それ自体をめぐる対立に眼を塞ぎ,現存する社会秩序を自明視した上で,分析の精緻さを競い合っている.他方での,「深層構造の社会理論」――その代表例は,マルクス主義である――は,キリスト教的終末論を破棄したにもかかわらず,終末論的な問いに呪縛されており,「歴史の科学」を発展させることによって,それに答えようとしている.こうして近代の社会思想は,自然主義的な社会観の解体に着手したにもかかわらず,ある地点まで来ると不完全なまま後退し,必然的な社会構造や歴史発展といった観念を再び導入してしまうのである.これに対して,アンガーは,「人工物としての社会」という観念を――近代の社会思想の嫡子として――,その最終地点まで,歩み尽くそうとしている.

P. アンダーソンは,アンガーの用いる形成的コンテクストという概念が,マルクス主義における生産様式に対するオールタナティブとして提起されていることを指摘しつつ，次のように評している.「形成的コンテクストは，よりルーズでより特異な何か――重要な資源をめぐる標準的な期待とルティーン化した紛争の両者を統制している偶然的，制度的，イデオロギー的結合物――である」(Anderson, 1992, p. 135)．アンガーは，われわれの思考や行動を制約している組織化された網目を広く記述するものとして,「コンテクスト」のほかにも「フレームワーク」や「構造」といった言葉をインターチェンジアブルに用いている．これらの概念の援用は，先に挙げた実証主義的社会理論と深層構造の社会理論という2類型のうち，アンガーが取ろうとする方向性が後者に親和的であることを示している．しかし，その概念に含まれているある種の「ルーズ」さが，コンテクストに規定されるだけでなく，コンテクストの制約を突破する可能性を引き出す鍵にもなっているのである.

可能なもの／不可能なもの，望ましいもの／望ましくないもの，有意味なもの／無意味なものを定義し，われわれの社会生活の受け入れられた限界を作り上げているコンテクストがまったく存在しないとすれば，確かにわれわれは，相互に関係をもつことも，さらには生きていくことすら難しいだろう．その意味では，われわれはつねにすでに何らかのコンテクストに埋め込まれており，「決してコンテクストへの依存を克服することはできない」(Unger, 1987a, p. 21)．しかし，コンテクストは「それがわれわれに課する限界の厳格さにおいて異なっている」ので，揺さぶりをかけることは可能なのだ，とアンガーは主張する．つまり，アンガーは，形成的コンテクストの必要性やその拘束力を認めると同時に，そこから必然性や正当性を剥奪しているのである.

あらゆる所与の形成的コンテクストを乗り越える人間の能力を，アンガーは，「否定的能力」と名づけているが，この否定的能力が存在の中心にあるとする人間理解――「人格の無限性」という構想――は，『政治学』のいわばプロレゴメナにあたる『情念』のなかで主題的に論じられている．このようなアンガーの人格の捉え方には，「人格に関するキリスト教的・ロマン主義的思考の伝統」(Unger, 1984, p. 24) が色濃く反映しており，『情念』の表紙に楽園を追われたアダムとイブの絵が使われているのも偶然ではない．「林檎は，単に知識のではなく，偶然性に関する知識――人格のであれ，社会のであれ，構造によって課された恣意的な限界――のメタファーである」(Boyle, 1985, p. 1066)．われわれは，われわれがそのなかにある世界の現実性や正常性を定義している概念構造の偶然性に気づいてしまったのである．それゆえ，社会的な構築物である――自然的なものではない――「理性」の境界線を守護しようとすることは，極めて「政治的な」――中立的ではない――振る舞いと言わなければならない．

偶然性の発見が教えるのは，どのような社会や人格に関する構想も，人間の潜在能力を完全に表現したものではありえないということである．なぜなら，人格という本来「無限なもの」が，一定の社会秩序という「有限なもの」に閉じ込められているのであるから．こうしてあらゆる社会秩序や人格概念から唯一性が剥奪されることになるのだが，そこに1つだけ偶然的でない事実が残されている，とアンガーは考える．すなわち，偶然性それ自体である．現存するコンテクストが措定する境界線を人格がつねに超越するという事実だけが偶然的ではないというわけである．

これまでも，現存する社会秩序を批判するものとして，様々なオールタナティブが提起されてきた．リベラリズムに対しても，マルクス主義や共和主義のような対抗イデオロギーが，リベラリズムが抑圧する人間の潜在能力――「連帯」や「政治参加」――を発現させる具体的な制度的配置を描き，解放されたユートピア像を提出している．しかし，アンガーが提起するビジョンは，それらとはその性質を異にしていると言わねばならない．従来の対抗イデオロギーが，支配的イデオロギーとは別の，しかし特定化された善き生の構想を目指すべき目標として掲げるのに対して，アンガーは，固定した目標ではなく，社会変革のプロセスにその関心の多くを傾注しているのである．

また，アンガーのプログラムは，すべての絶対的な価値基準への不信が，現存の社会秩序への批判の根拠それ自体を奪ってしまい，保守主義へと反転しがちなポストモダニズムのジレンマへ1つの処方箋を提供しようとする試みであると言うこともできるだろう．というのも，それは，どのような制度的コンテクストにも収まりきれない過剰をつねに抱えてしまう人間存在の本性により適合的な制度的コンテクスト――より正確には，脱制度的コンテクストと言ったほうがよいだろうが――を創出しようとしているのであるから．こうしてアンガーは，「脱安定化権」という極めて逆説的な権利を提起する．これは，あらゆる既存の社会制度に挑戦する権利を市民に与えようとする――どのように有力な社会制度にも，自らを改訂から除外することを許さない――ものである．脱安定化権が目指しているのは，「コンテクストを保持するルティーンとコンテクストを転換する紛争との間の距離を小さくする」（Unger, 1987a, pp. 7-8）

ような社会構造の創設であり，それをアンガーは「構造否定的構造」と呼んでいる．構造否定的構造は，自らをつねに挑戦や改訂の試みへと開いており，何らかの支配形態が固定されてしまうことを決して許さないのである．

このアンガーの構想を，B. ヤックは，「社会制度の自由市場」を目指そうとするものと捉え，次のように述べている．「レッセ・フェールの自由主義者は，経済的資源の自由な利用を尊重し，推進する制度的構造を要求している．政治的自由主義者は，理念の自由な表現を尊重し，推進する構造を要求している．そして，アンガーのスーパーリベラリズムは，「コンテクストを粉砕する能力を尊重し，奨励する」構造を要求しているのである」（Yack, 1988, p. 1966）．ミルは，『自由論』のなかで，思想と討論の自由の重要性を訴え，対立する理念の挑戦へと開かれていることからいかに多くの利益を得ることができるか――もし挑戦者が正しければ，われわれは誤りを正すことができ，もし挑戦者が誤っていれば，元の理念の正しさがより確実性を増す――を力説しているが，アンガーも同様に，すべての社会制度をつねに変革の可能性へと開いておくことから得られる利益を強調している．『政治学』の第２巻にあたる『力への可塑性』が，比較歴史学的な視座から論証しようとしているのは，社会の「可塑性」の高まりこそが，力と富の増大にとって鍵となるという点であった．農業を中心とした官僚制に基づく帝国から工業社会への転換は，まさにより高度な可塑性に向かう突破口が切り開かれたことを示しているのである．さらに，軍事的成功にとっても「可塑性」は欠くことのできない条件になっている，とアンガーは論じている．

アンガーにとって，現存の制度的配置は，考えられる制度的配置の可能性の１つを現実化したものにすぎない．それゆえ，アンガーは，「代議制民主主義」，「市場経済」，「市民社会」といった抽象的な理念を，現存の制度的配置と等値してしまうことを「制度的フェティシズム」と呼んで強く批判している．かつてF. フクヤマは，リベラル・デモクラシーを決定的な矛盾を回避することに成功した乗り越え不可能な最終イデオロギーと見て，「歴史の終わり」を宣言したのであった．しかし，このような収斂テーゼは，西欧先進諸国の現行の制度的配置が，人類史を導く歴史法則を反映した必然的なものであることを含意しているのだから，典型的な制度的フェティシズムの症例であると言わねばならないだろう．そうではなく，むしろ現行の制度的配置が，いかに偶然的なものであるかに気づくことこそ重要なのである．

ところで，アンガーの見るところでは，冷戦体制の終焉以降，その勢力を拡大し続けている新自由主義は，従来は社会民主主義のプログラムであった社会保障を，一定程度，自らの制度的配置に組み込むまでに成長を遂げた．そのため，社会民主主義は，「社会制度の自由市場」において，新鮮さを欠いた魅力のない商品になってしまっている．いまでは，社会民主主義は，新自由主義が課す社会のヒエラルヒーや構造的な分断の負の帰結を，事後的に手当てする補完物としての役割を果たしているにすぎないのである．それゆえ，アンガーが『政治学』の第３巻にあたる『偽りの必然性』のなかで提起する変革のプログラムは，単に新自由主義に対抗するだけでなく，社会民主主義に対するオールタナティブでもあることを目指している．一連のプログラムは，支配形態の固定化を突き崩し，社会の流動性を高めようとしている点で一貫しており，例えば，現代の資本主義経済の問題点を，先進産業部門の資本や労働者の既得権を保護するような現行の制度的配置の存在によって，インサイダーとアウトサイダーの分断が固定化され，経済の分権化や革新が阻害されている点に見出そうとしているのである．いっそう興味深いのは，「所有権」に関するアンガーの構想であるかもしれない．われわれは，使用，収益，処分の絶対的な権利といったふうに統合された形態で所有権を理解しているが，それが可能な唯一の形態ではない，とアンガーは主張する．財が有する複数の機能に基づいて，複数の所有者——企業，労働者，中央政府と地方政府，社会的基金といった——が所有権を分散化したかたちで保有することが可能であるというのである．つまり，現行の制度的配置が，経済的，社会的な分断を，税の徴収を通じた所得再分配によって，弥縫的に取り繕おうとしているとすれば，アンガーは，所有の諸要素それ自体を再分配するという大胆な制度的再配置を試みようとしている[1)]．

では，アンガーのこのような野心的な挑戦は，ポスト・リベラリズムの構想として十分に魅力的なものになりえているだろうか．

第４節　闘技民主主義の「ゲームのルール」を超えて？

S. ジジェクは，『イラク』のなかで，「国家社会主義」と「西欧の社会民主主義の福祉主義イデオロギー」というすでに打ち倒されてしまったイデオロギーが共有していたものは何か，という挑発的かつ啓発的な問いを投げかけている．ジジェクによれば，それは「非個人的で匿名的な社会歴史的な発展を何らかの方法によって統制し，また望ましい方向へとそれを差し向けることができる能力を，人間は集団的主体として持っている，という考えであった」（ジジェク，2004，p. 105）．しかし，今日では，こうした考えに基づいて，既存の体制に挑戦するプロジェクトは，すぐさま「全体主義」の亡霊を呼び起こすものとして却下されてしまう．「社会的プロセスを支配するのは，社会的統制を逃れる〈運命〉であると理解されている．グローバル資本主義の出現は，そのような〈運命〉としてわれわれに提示されている」のだから，われわれがなしうるのは，精々のところ，それをできるだけ「人間の顔をした」ものに修正することだけというわけである．

冷戦体制の崩壊を受けて，リベラル・デモクラシーが「歴史の終わり」に位置する完全な政治形態であると喧伝されてきた．こうした動向に対して，C. ムフらが，精力的に推進しようとしている「闘技民主主義」は，収斂論のもつ閉鎖性を，差異や異質性への鋭敏な感受性を梃子に，打ち破ろうとするものであると言うことができるだろう．さらに，闘技民主主義からすれば，J. ハーバーマスらが教導する「討議民主主義」も，「近代多元主義が内包する対立という本性」（ムフ，2006，p. 161）を十分に汲み取ったものとは言いえない．なぜなら，それは，「ある合理的合意が獲得されるような，排除をともなわない公的討議空間の可能性を措定」することによって，結局のところ，多元性を解消してしまおうとするものだからである．

しかしながら，実はこの闘技民主主義の称揚する多元性も，無制限のものではありえない．というのも，政治共同体への参加それ自体が，民主主義の諸原理とその主要な制度的遺産への忠誠を前提としているからである．つまり，闘技民主主義は，あくまで政治共同体の枠組みを破壊することなく，可能な限り「異なった声」を聴き取り，多元性を擁護しようとする試みに留まっている．ジジェクの苛立ちは，まさにこの点にある．ムフは，闘技民主主義においては，敵対者は，もはや破壊されるべき「敵」ではなく，その存在が許容されねばならない「対抗者」へと変貌すると述べている．そして，「対抗者とは正当な敵なのであり，われわれはその敵と民主主義の倫理的・政治的原則への確固たる支持を共有している」（ジジェク，2001，p. 124に引用されているムフの言葉）のである．しかし，ジジェクは，ここに重大な見落しを発見している．すなわち，「敵対を闘技へとこのように翻訳することは，政治的競争という統制されたゲームへの翻訳なのであり，その定義からして制度的排除をともなう」（ジジェク，2004，

p. 125）ということが看過されているというのである．闘技民主主義は，討議民主主義とは異なり，確かに多元性が還元不可能であることを承認してはいるのだが，そこでの多元性は，すでに民主主義のゲームのルールに乗るように切り詰められており，ルールそれ自体を疑うことは抑圧されている．こうしてイデオロギーとなった民主主義は，現存の権力関係が変化しうる可能性を掲げることによって，現存の権力関係を受忍しうるものにするといういわばガス抜きとしての機能を果たすことになる．「これら現存の諸関係は，偽の開放性によって，安定化され，許容されうるものとなっている」（ジジェク，2004，p. 153）のである．

一般には，1990年の共産主義の崩壊は，政治的ユートピア構想が徹底的に崩壊した年として記憶されている．しかし，「ユートピアの終わり」の宣言それ自体がユートピアを反復している，とジジェクは述べる．というのも，「究極のユートピアとは，ユートピアの終わりの後，われわれは「歴史の終わり」にいるのだ，という観念そのものだった」（ジジェク，2004，p. 165）からである．実際，「歴史の終わり」は，「グローバル資本主義的リベラル民主制」という最後のユートピアによって引き継がれたのではなかっただろうか．

この最後のユートピアによる囲い込みを，ジジェクは，「レーニン主義的ユートピアの狂気」をあえて支持してみせることで打ち破ろうとする．ユートピアとは，不可能な理想社会を空想することではない．「それは既存の限界の，すなわち現存の社会空間において「可能」であると思われるものの限界の，外側にあるような社会領域の構築である．「ユートピア的」な身振りとは，可能なものの配置を変化させるような身振りなのだ」（ジジェク，2004，p. 165）．

アンガーの構造否定的構造というパラドキシカルな社会秩序の構想は，ジジェクが賭け金を積もうとしている「ユートピアの狂気」を，万人のものとして普遍化し常態化しようとするものであると言えるかもしれない．アンガーは次のように述べている．「真の充足は，人々が確立した生の環境に対して，個人的にであれ，集団的にであれ，反撃に転じること——そうした環境に抵抗し，それを作り直ししさえすること——を可能にするような活動の中にのみ見出すことができる」（Unger, 1987a, p. 11）．アンガーの強化（エンパワード）された民主主義においては，社会秩序の全領域が闘争や紛争へと開かれており，「高められた相互的脆弱性の空間」を構成しているのである．しかしながら，このような極度の社会的流動性に耐えうるだけでなく，そこに「真の充足」を感じることができる市民がどれほどいるかは，大いに疑問だと言わなければならないだろう．

アンガーやジジェクが現行の社会秩序に感じている苛立ちは，結局のところ，どのように社会設計がおこなわれようとも，「ソーシャル・デザインがわれわれの幸福へと向けたものであることは，原理的に不可能」（宮台／鈴木／堀内，2007，p. 15）だという厄介な事実に由来しているように思われる．というのも，「「われわれ」の範囲は恣意的であり，どんな公正原理も排除と選別を前提」にせざるをえないからである．

このような事態を前にして，一方には，いずれにしても恣意性を免れないだから反動的に現行の境界線に固着する――排除と選別を強化する――方向性が，他方には，アンガーのようにいわばすべての市民が革命家であるような社会的流動性の加速化した社会を構想する方向性が，対抗的に並立しているというわけだ．しかし，この二者択一は，リヴァイアサンとビヒモスの間での選択になってはいないだろうか．ここで思い出しておきたいのが，アーキテクチャが行使する権力を自覚化すること――そして，それをハンドリングすること――の重要性を主張するレッシグが，しかし同時に，市民間のアーキテクチャをめぐる情報格差を解消することが不可能であることにも自覚的であったという点である．「できるのは情報アクセス可能性を開くことだけだ．だが開かれた機会が利用される保証はない」（宮台／鈴木／堀内，2007，p. 14）．いくばくかの諦念とエリーティズムに彩られたこのクールなスタンスから，われわれが学びうることは少なくないように思われる．

注

1）ここまでの説明から明らかなように，アンガーの議論のスタイルは，一般的な学術的著作のそれとは大きく異なっている．アンガーにおいては，人間や社会に関する説明が，大規模な社会変革のためのプログラムの提示と不可分に結び合わされている――そのような理論のあり方を，彼自身は「構築的社会理論」と呼んでいる――のである．これは，一見したところ，「ヒュームのギロチン」――記述的な前提（～である）から規範的な結論（～であるべし）を引き出すことはできない――の格好の餌食であるように見える．しかし，アンガーは，人間の人格性のように，記述と規範を峻別することのできない現象が存在しているのだと主張している．純粋な記述だと思われているものも，実は，暗黙のうちに規範性を帯びているのである．というのも，「記述は，他でもなく，その記述を妥当なものと見なす解釈的な構築の先行的な受容に依存しているのだから」（Belliotti，1989，p. 327）．われわれの世界把握それ自体が，社会的に創造された表象のシステムに依存しているのであって，自然な事実の純粋な反映ではありえないからである．

参考文献

Anderson, Perry（1992）*A Zone of Engagement*, Verso.

Belliotti, Raymond（1989）"Beyond Capitalism and Communism: Roberto Unger's Superliberal Political Theory," *Praxis International* 9 : 3.

Boyle, James（1985）"Modernist Social Theory: Roberto Unger's Passion," *Harvard Law Review*, 98.

Cui, Zhiyuan（1997）"Introduction", in *Politics: The Central Texts*, Verso.

レッシグ，ローレンス（2001）山形浩生他訳『コード』翔泳社.

――――（2002）山形浩生訳『コモンズ』翔泳社.

――――（2004）山形浩生他訳『フリー・カルチャー』翔泳社.

ミル，ジョン・スチュアート（2006）山岡洋一訳『自由論』光文社（光文社古典新訳文庫).

宮台真司／鈴木弘輝／堀内進之介（2007）『幸福論』日本放送出版協会.

ムフ，シャンタル（2006）葛西弘隆訳『民主主義の逆説』以文社.

岡本裕一朗（2005）『ポストモダンの思想的根拠』ナカニシヤ出版.

サンスティーン，キャス（2003）石川幸憲訳『インターネットは民主主義の敵か』毎日新聞社.

Unger, Roberto（1984）*Passion: An Essay on Personality*, The Free Press.

――――（1987a）*Social Theory: Its Situation and Its Task*, Cambridge Unversity Press.

――――（1987b）*Plasticity into Power*, Cambridge University Press.

――――（2001）*False Necessity*, new edn, Verso.

Yack, Bernard（1988）'Toward a Free Marketplace of Social Institutiond: Roberto Unger's "Super-Liberal"Theory of Emancipation,' *Harvard Law Review*, 101.

ジジェク，スラヴォイ（2004）松本潤一郎他訳『イラク』河出書房新社.

第Ⅱ部　法と政治の境域

第5章　批判的法学研究とは何か？

第1節 「法の支配」としてのリベラリズム
――F. ハイエク――

おそらくもっとも高名でかつ強力なリベラリズムの擁護者の1人であるF. ハイエクは，リベラリズムの中核に「法の支配」を見ている．ハイエクによれば，その思想的淵源は，遠く古代アテネにまで遡ることができる．アテネ人たちは，専制君主の恣意的支配に対比される「イソノミア」という言葉をもち，この言葉が意味する「法の前の平等」を民主主義より尊いものと考えていたのである．キリスト教の影響を被りつつ，このイソノミアの理念は，ヨーロッパ中世へと受け継がれた．中世人の考えによれば，法の唯一の創造者は神であり，それゆえ，国家は法を廃止したり，作成したりすることはできない．地上の権威である国王がなしうることは，すでにある法を発見すること，それを明示的に布告することに限られているとする学説が広く支持されていたのである．

現代的な個人的自由の教説は，17世紀イギリスの国王と議会との闘争という政治的経験のなかからしだいにその姿を明らかにしてくる．産業の統制を強めようとする国王に対して，議会が抵抗の重要な武器としたのが，恣意的で，不確実な政府に統治されるのではなく，確実な法の支配に導かれる臣民の伝統的権利であった．

その後，この自由の原則は，立憲制の定着というかたちで，アメリカにおいて新たな発展を見ることになる．立憲制が意味しているのは，直接的には，特定の目的を実現するために，現在世代の多数派が利用できる手段は，過去世代の多数派が制定した一般的原則によって制約されるということである．しかし，ハイエクの考えでは，この権威の分割にはより深い含意がある．すなわち，そこには，「目的意識的な理性の力に対する制限を認め，またその場その場の解決よりも証明ずみの原則を信頼するという意味が」（ハイエク，1989，p. 69）秘められているのである．さらに，それは，規則の階梯が，明文化された憲法の規則で完結するものでないことも示している．「人間のある集団が法をつくることのできる社会を形成できるのは，かれらが討論と説得を可能とする共通の信念をすでにわかちあって」（ハイエク，1987a，p. 70）いるからであり，それゆえ，憲法自体がより根本的な原則に関する暗黙の合意を前提にしているとハイエクは論じている．

第2節　前史としてのリアリズム法学
――J. フランク――

批判的法学研究運動が，その着想の多くを継承しているリアリズム法学は，ハイエクがアメリカの立憲主義的伝統からの決定的な逸脱と非難する「ニュー・ディール時代」をその興隆の時代背景としている．1930年に発表されたJ. フランクの『法と現代精神』は，この思潮のもっともラディカルな側面を代表するものである．

フランクは，彼が批判する伝統的見解を，次のように要約している．法は完璧な体系をなしており，立法府による法の変更を除けば，不変である．裁判官には裁量の余地は与えられておらず，法を適用するのみであり，彼はただひたすら「物をいう法」として機能する．個々の判決に先在する法へのこの徹底的な従属によって，法は完全に予測可能なものとなり，法的確実性が維持されるのである．

しかし，このような伝統的見解の描き出す法のビジョンは，ひとたび現実の裁判過程を詳細に検討すれば，神話にすぎないことが明らかになる．フランクによれば，伝統的見解は，裁判を，① 事実認定と，② 事実に対する法準則の適用という2つの要素に区分し，その論理的結合が判決であると想定している．つまり，裁判官は，事実に，予め確立された法準則を機械的に適用することによって判決に到達するのであり，この過程に裁量の余地が含まれていないことが，法の平等な適用と安定性を保証しているのである．しかし，フランクによれば，まず第1に，認定者と無関係に「事実」そのものが客観的に存在しているわけではない．複数の証人の不正確さや意識的・無意識的な歪曲が伴った相互に矛盾する証言から事実を再構成する過程には，裁判官の主観的判断の介在が避けられず，その意味で，「事実とは，裁判官がこれが事実だと考えるところのものである」(フランク，1974，p. 15)．また第2に，事実に対する法準則の適用も，想定されているような三段論法的な推論過程になっていない．「裁判上の判断も，……たいていの場合，試験的に形成された結論から逆行して引き出され」(フランク，1974，p. 162) ているのである．というのも，どのような結論に対しても，それを正当化してくれる先例を見つけることは難しいことではないのであって，実際には，裁判官は，下したいと望む結論から法準則へと遡及しているのである．裁判官がどの法準則を採用すべきであるかを決定するメタ準則は存在しない．「それゆえ，法は，準則からではなくて判決から成り立っている．そうであるならば，裁判官が判決を下す時はいつでも，彼は法をつくっているのである」(フランク，1974，p. 195)．

伝統的見解は，「裁量」を剥奪することによって，裁判官の個人的偏差は除去され，法は確実なものとなると考えてきた．しかし，裁判の実際が上述のようなものであるとすると，むしろ判決に不可避的に個人的な偏向が介入することの徹底した自覚こそが，偏見の影響を極小化してくれるのではないかとフランクは論じる．さらに言えば，法の不確実性は，必ずしも悲しむべき不幸ではなく，「それ自体非常に大きな社会的価値をもつ」(フランク，1974，p. 42)．なぜなら，完全に静的な社会ならともかく，法の予想しない事態が絶え間なく惹起する現代社会では，「もし裁判所が……社会・産業，そして政治状況の現実に法を適用させていくことがなければ，……身動きがとれなくなってしまう」(フランク，1974，p. 41) からである．それゆえ，フランクは，既存の法への依存を「死者による生者の支配」と捉え，過去との歴史的連続性はあくまで要請であって，「現在は，可能なかぎり自分自身を支配する権利を有する」と述べたO. ホームズを大人の裁判官として共感を込めて引用するのである．フランクの議論は，法準則が伝統的見解が述べるほど強い拘束力をもたないと主張することで，裁判官の裁量の余地を拡張し，むしろ法を道具として，裁判官が社会変化に敏感に対応した実質的な社会正義の実現に貢献する道を開こうとするものであった．

第3節　批判的法学研究運動
――D. ケネディ――

1960年代の公民権運動やベトナム戦争の経験は，リベラリズム内部での権力志向的な改革は，結局，十分な「解放」をもたらさないのではないかという疑念を生み出した．70年代後半以降，活性化する「批判的法学研究運動」は，こうした問題意識を根源的なリベラリズム批判への取り組みによって深化させようとした試みであると言うことができる．

D. ケアリズは，批判的法学研究が共有する要素として次の４点を挙げている．① ある法文化に特有の議論の作法や語彙といったものは，確かに存在しているとしても，特定の正しい結論に導くものとしての法的推論それ自体といったものはない．裁判所の選択を導いているのは，実際には，社会的・政治的判断である．② 法が自明のものとして固定する公的領域／私的領域の区分は，それ自身がイデオロギー的な機能を果たしている．法は投票権や表現の自由を守ることで，民主主義の推進に貢献することになっているのだが，実際には，民主主義的参加を公的領域に制約することによって，私的領域における「主として企業の支配を正統化し，本当の参加や民主主義の欠如を隠蔽」（ケアリズ編，1991，p. x）しているのである．③ 法や国家を「社会的経済的関係，政治権力，文化的現象から独立」した価値中立的な調停者と見なすことはできない．このことは，しかし，法が基底にある経済的関係を反映した「上部構造」にすぎないということだけを意味しているわけではない．「法は，複雑な社会全体の一部であり，その全体を構築するだけでなく，全体によって構築」（ケアリズ編，1991，p. xii）されているのである．④ 法の重要な機能の１つは，現存の社会構造を擁護し，それを正当化することである．「人の支配ではなく，法の支配であるという歪曲された観念」（ケアリズ編，1991，p. xiii）によって人々の同意が調達される．この正当化機能は，法が本来的に中立的かつ客観的なものであるという神話に依存しているのである．

批判的法学研究は，法的推論が価値負荷的な性質をもっているというそのもっとも重要な発想を，リアリズム法学から継承している．しかし，リアリズム法学が法的判断に裁判官の個人的な価値観が介入することがもたらす偏向を問題にしたのに対して，批判的法学研究運動が焦点を合わせるのは，社会の法文化総体が暗黙の裡に前提としている価値的偏向である．

例えば，R. W. ゴードンは，次のように論じている．「社会的現実」は，それ自体として存在する客観的実在ではなく，その現実性を作り出しているのは，われわれ自身の日常的な解釈行為の繰り返しである．しかし，われわれ自身の関係を媒介するために作り上げた構造が，今度は「偽の必然性」と化して，われわれの関係のあり方を縛るようになる．こうした事態を，ゴードンは，マルクスやサルトルに倣って，「物象化」と呼んでいる．法は，政治，経済，文化といった諸領域と複雑な相互作用を営みながら，われわれの「社会的現実」を支える「信仰体系」の一翼として機能していると考えられるのである．「真の敵はわれわれ，われわれすべてであり，われわれが頭に中に備えている構造，われわれの想像力に加えられた限界である」（ケアリズ編，1991，p. 258）．批判的法学研究は，このように法意識というわれわれを呪縛する信仰体系全体へとその戦線を拡張するのだが，それは同時にあるジレンマを抱え込むことでもあった．批判的法学研究の先駆的業績であるD. ケネディの「ブラックストンの注釈の構造」には，批判的法学研究の手法がもつ分析の鋭利さとその理論的難点がよく示されている．

ケネディによれば，われわれの法意識は，人間と社会に関する1つの包括的な思想であるリベラリズムと強く結びついている．では，このようなリベラリズムの法意識は，どのようにして生じてきたのだろうか．ケネディは，封建的法体系をリベラリズムの法意識に基づいた古典的法体系に構造転換するにあたって，決定的な役割を演じたのが，W. ブラックストンの『注釈』であったと考える．当初は革命的な政治的思考様式であったリベラリズムは，ブラックストンの『注釈』を通じて，法的思考の様式へと組み直されたのである．

法理論の役割は，法的現実を処理するカテゴリー図式を作り上げることにある．われわれは，カテゴリー図式の整序なしに，現実の無限の多様性をそれ自体として把握することはできない．それゆえ，カテゴリー図式こそ，われわれの知を可能にする基盤である．しかし，他方，それはまた1つの虚構でもあり，われわれの直接的な経験を体系的に制約し，歪曲する．ブラックストンは，カテゴリー図式を洗練することによって，法的現実の処理を容易にすると同時に，われわれの現実が，本来，孕んでいたはずの矛盾を巧みに隠蔽することに成功したのである．ケネディの考えでは，原子論的な個人から社会を構成しようとするリベラリズムは，本来的に，「根本的矛盾」を抱えている．すなわち，われわれには他者との結びつきが必要ではあるのだが，他者は同時に脅威でもあるため，それはわれわれの自由と両立しないという矛盾である．T. ホッブズの立論が端的に示しているように，脅威である他者との協力関係を成り立たせるために必要とされるのが，「国家」である．しかし，これは，矛盾の先送りにすぎない．なぜなら，国家は，強力な暴力装置であるため，それ自体が，万人の脅威になりかねないからである．リベラリズムが「法」を召喚するのが，この地点である．法は，万人の「権利」を規定することによって，国家がなしえることとなしえないことに明確な境界線を引く．あくまで法それ自体が権利を定めるのであって，個別事例の権利の有無の判定にあたって，裁判官の偏向が介入してはならない．それゆえ，裁判官は，法の忠実な使徒であることを求められるのである．

ブラックストンが『注釈』で取り組んだのは，当時すでに時代遅れと見なされつつあったコモン・ローを「権利」と「不法行為」（権利侵害からの救済）というカテゴリー図式を用いて再整理し，リベラリズムの政治理念との整合性を確保することであった．つまり，ブラックストンは，リベラリズムの政治理念をコモン・ローのなかに読み込むことで，その正当性を擁護しようとしたのである．また，それは，政治理論としてのリベラリズムを法理論へと組み替えることで，そこに孕まれていた「根源的矛盾」を止揚しようとすることでもあった．このようなブラックストンの試みを，単なる「社会的正義の条件を発見しようとする努力」と見ることはできないとケネディは考える．それは，同時に，「社会的世界における人間関係の現実のありように関してわれわれが抱く，苦しみに満ちた矛盾の感覚の真理を否定する試み」でもあったのである．こうして，『注釈』は，リベラリズムの政治理念が内包する支配的な社会関係を，自然で必然的なものと確信させる正当化の機能を暗黙の裡に果たすことになる．それは，「弁明の道具――支配者と被支配者の双方に「中立性」，「自由」，制約条件の「合理性」を確信させることによって，そのいずれをも煙に巻いてしまう試み」（Kennedy，1979，p. 210）だったのである．

こうして，ケネディは，リベラリズムが想定する社会像のなかで，「法の支配」という理念が果たすイデオロギー的役割を暴露して見せるのだが，法を政治へと還元するこの手法は，当の批判的法学研究それ自体にも向けられねばならないはずではないのか．ケネディは，「権利によって語ることは罠である」と語る．なぜなら，権利のディスコースは，われわれを，一方の権利を保護する法と，他方の原子としての個人という二項対立的な思考枠組みへと封じ込め，ありうべき連帯の経験を疎外してしまうからである．しかし，このような連帯への志向それ自体も，1つのイデオロギーにほかならないとすれば，代替案の提示は，結局のところ，1つの「信仰体系」から別の「信仰体系」への移行を促すものにすぎないことになってしまう．「われわれを，矛盾が歴史的人工物であるという事実に直面させることによって，われわれの志向を脱神秘化すること」(Kennedy, 1979, p. 221) は，解決をもたらすのではなく，すべてをイデオロギー闘争に変えてしまうように思われるのである．

第４節　批判的法学研究のパラドキシカルな制度化
――R. アンガーの政治学――

R. アンガーもケネディと同様，リベラリズムが内包するアンチノミーを剔抉することから考察を開始する．しかし，彼が，このアンチノミーの処方箋として提示する議論は，極めて興味深い．それは，リベラリズムがその初発の時点でもっていたにもかかわらず，その後，十分に展開されなかったままになっている可能性を，その極限まで拡張することなのである．

アンガーによれば，リベラリズムとは，人格が自らの生の方向性を決定する自律的能力を基盤として，社会構成のあり方を考えようとする思考枠組みである．この思考枠組みにおいては，価値（＝善き生の構想）の究極の源泉は，個人なのであって，多元的な価値観の相違を通約するような人間に「共通の本質」は存在しない．人間の目的の多元性とそれを満たす資源の稀少性という制約条件から，個人の価値追求が他の個人の価値追求と決定的な対立を起こさない棲み分けの必要性――言い換えれば，自由と秩序を両立させる必要性――が生じ，われわれは，リベラリズムに特有の「権利」という防御壁によって互いに隔てられた個人というビジョンへと導かれるのである．

秩序が自由と両立するためには，構築された秩序が，どの個人の目的も他の個人の目的より優遇するものであってはならない．「秩序と自由の問題に対する共通の解決は，非人格的なルールや法を作り，それを適用することである」(Unger, 1975, p. 16)．つまり，リベラリズムは，善き生の構想を異にする個人の間に，各人が固有の構想を追求するにあたって遵守すべき共通のルールを，競合するどの構想からも中立的なかたちで確立することが可能であると考えている．このようなルールの確立と執行こそが，「法の支配」の核心である．しかし，アンガーによれば，リベラリズムが前提とする価値の主観性は，自由と秩序の両立を可能にするはずの法の支配の基盤を掘り崩してしまうのである．アンガーは，それを，「ルールと価値のアンチノミー」と呼んでいる．

古典的哲学は，人間の選択から独立した行為の規準としての客観的価値の研究をテーマにしていたが，政治的教説としてのリベラリズムは，個人の多様な価値観を通約しうるそのような価値の存在を認めない．事象には，本来的な同一性がある――こうした考えを，アンガーは「理解可能な本質の教説」と呼んでいる――わけではなく，無数の差異を孕むはずの事象を同一のものとして括り込むことを可能にしているのは，われわれの側の名辞の付与である．言い換えれば，人間の言語は，「自然の鏡」ではなく，それを用いる人間の目的や意図に応じて構成されたカテゴリーなのである．ところで，ルールの適用とは，「個々の人間や行為をルールが構成する一般的な名辞のもとに包摂すること」(Unger, 1975, p. 23) である．しかし，「理解可能な本質の教説」が放棄されてしまった後では，「特定の事例をルールのもとに分類するための明確な規準は存在しない」(Unger, 1975, p. 24)．それゆえ，ルールを解釈する裁判官は，もっとも価値のある目的はどれであるのかに関して判断をおこなわねばならず，また，そうした判断は，人間の生において何が善であり悪であるのかに関する構想に依存している．結局のところ，「法の支配（法の正義）は，裁定過程において価値を考慮することを避けることはできないし，また，そのような考慮と法の支配を矛盾のないものにすることもできない」(Unger, 1975, p. 62) のである．

リベラリズムは，善に関する構想を共有していない人々が，にもかかわらず，合意しうる安定化の力としてルールに依存しようとする．ルールがそのような社会生活を安定化させる力を発揮するためには，ルールが立案される手続きと，それが解釈される過程の両方について合意の調達が可能でなければならない．しかし，「リベラリズムの前提に基づけば，社会生活を統制するルールを必要なものとする多元性それ自身が，われわれがルールを立案したり，その意味を解釈したりする過程について合意することを不可能にするのである」(Unger, 1975, p. 66)．

『知と政治』に代表される初期のアンガーは，このようなリベラリズムの袋小路を脱出する方途として，「理解可能な本質の教説」への回帰を通じて，個人と社会の矛盾を解消する道を提案していた．しかし，近年のアンガーは，こうした矛盾それ自体を，アクロバティックに制度化して見せたものとでも言うべき「スーパーリベラリズム」を提起するに至っている．

アンガーによれば，前近代に支配的であったのは，人間存在にはある本性が備わっており，その本性に合致したものこそ正しい社会秩序であるとする「自然主義テーゼ」である．このように，前近代の社会思想が人間本性に見合った自然な社会秩序を想定していたのに対して,「近代の社会思想は,社会は作られ,創造されたものであること,すなわち,基底にある自然の秩序の表現ではなく,人間の作った人工物であることを宣言しつつ誕生したのである」(Unger, 1987a, p. 1).社会秩序の作為性を徹底的に暴露し,「必然性という誤謬」からの解放を可能にしたことこそ,近代社会理論のもっとも偉大な達成だったとアンガーは論じている.

とはいえ,アンガーは,人間にはある本性が存在しうると考えている.しかし,それは,極めて逆説的な本性である.すなわち,人間は,どのような固定された本性ももたないという本性を有しているのである.この逆説的な事態を,アンガーは,「コンテクスト依存性」と「コンテクスト超越性」という言葉を用いて説明している.前者は,人間の生が,つねにある社会的枠組みのなかで営まれることを意味している.ところが,一方,後者が示しているのは,どのような社会的枠組みも人間の本性を完全に掬い取ることはできず,人間にはつねに所与の社会的枠組みを乗り越える能力が備わっているということなのである.アンガーは,われわれを,「制約のなかに捕えられた無制約」として理解しており,そのような人間の無限性が継続的に保証されるような制度化プログラムの構想へと向かおうとする.それは,近代の社会思想が,初発のモチーフとして有していた「人工物としての社会」という着想をラディカルに追求する社会である.既存の社会構造のどの部分も問い直しから免除しないような社会構造――このいわば秩序破壊そのものを制度的に保証するパラドキシカルな秩序を,アンガーは「構造否定的構造」と呼んでいる.アンガーによれば,それは,「偏見と迷信に対するリベラルの闘いを,リベラリズムに伝統的に結びついている統治形態や経済・法構成の放棄が必要な地点まで推し進めたもの」なのであり,その意味で「スーパーリベラリズム」と呼ばれるべきなのである.こうした構想のなかでは,従来リベラリズムが重要視してきた「権利」概念も,その意味の変容を被ることになる.リベラリズム的権利が対抗的に用いられることの多い本質的に他者否定的な道具であったのに対して,アンガーは権利に社会への参加を促進し,責任の認識を深めるものとしての意味を付加しようとしている.アンガーは,他者に対抗する絶対的な「不可侵権」や市場で競争する「市場権」だけでなく,既存の制度を問い直す「脱安定化権」や共同的権利に法的意義を与える「連帯権」といったものを権利に数えようとするのである.

しかし,注意が必要なのは,アンガーが「人工物としての社会」というビジョンがもたらす論理的帰結を2種類に区分している点である．1つは,「ウルトラ・セオリー」であり，ケネディやゴードンらがその代表的な提唱者である．ウルトラ・セオリーは，リアリズム法学がもっていた法的ルールに対する懐疑主義を社会的ルールの全域にラディカルに拡張したものであり，いっさいの社会的ルールは，われわれの選択の結果として，偶々，そのようにあるということ以上の根拠をもたないと考える．物象化の罠から解き放たれれば，われわれは過去の支配からは本来的に自由であり，社会の未来は，われわれの選択に完全に開かれていることが理解される．社会的枠組みの形式や作用について何らかの一般理論を構築しようとすることは，それ自体，自然主義への許されざる回帰なのである．もう1つは，「スーパー・セオリー」であり，アンガー自身がその提唱者である．スーパー・セオリーは，社会的現実を説明するためには，安定した社会には個々人の思考と行動をある幅のなかへと枠づける社会的ルールが存在することと，人間には既存の社会的ルールから超越する可能性がつねに残されていることの両側面を統合的に捉える必要があると考え，社会的ルールが受容され，また問題化される，安定化と脱安定化の過程に関して，何らかの理論的説明を与えようと試みるものである．

批判的法学研究は，現行のリベラル・デモクラシーの社会では，政治的紛争の領域が過度に制約されており，そうした制約のもっとも重要な道具となっているのが，法であると見なしている．法と政治の区分は，人間相互の関係を規定する諸条件のある部分を法の領域に振り分けることで，そこに含まれている政治的・道徳的紛争を隠蔽してしまう．いったん法の領域に組み込まれてしまえば，政治的問題は，一般の人間には理解不能な秘教的語彙へと置き換えられ，その政治的起源は抹消されるのである．こうして，法の形を借りた政治が，法的言語や法的手続きに通暁したエリートのみがエントリーを許される場で密かに営まれることになる．批判的法学研究が問題だと考えるのは，こうした詐術によって，重要な政治的課題が，広い公的な討議の過程から隔離されてしまっていることである．

アンガーも，こうした志向を共有してはいるのだが，ウルトラ・セオリストが主張するように，リベラリズムの歴史的遺産である法の支配と，それが擁護する個人の権利が，人間の集団的力能の解放にとっての決定的な障害であり，その全面的な廃棄が必要であると考えているわけではない．例えば，権利の境界をめぐる局所的な論争の裁定は，直接的な政治闘争の現場からは距離を置いている法曹専門家に委ねられるほうが良い場合がありうることを，アンガーは認めている．つまり，アンガーは，リベラリズムの放棄ではなく，リベラル・デモクラシーの社会におけるデモクラシー的要素の過少を修正しようとしていると考えることができる．しかし，この穏健化された批判的法学研究が，「人工物としての社会」というビジョンの追求とどのように整合性をもちうるのかは，必ずしも明らかではない．

第５節　対照軸としてのリベラリズム
――R. ドゥオーキンの法学――

リベラリズムは，「法の支配」のイデオロギー性を糾弾する批判的法学研究の告発にどのように応答するのだろうか．ここでは，おそらく現在もっとも強力な「法の支配」の擁護論を展開していると思われるR. ドゥオーキンの議論を対照軸として借りながら，「法の支配」の行方を，いま少し考えておきたい．

『権利論』のなかで，ドゥオーキンは，彼が批判の対象とする「法実証主義」の考え方を，次のように要約している．法実証主義によれば，法とは公権力が，罰したり，強制したりする行為を確定するための法的ルールの総体である．法的ルールは，内容によってではなく，それが採用される方法によって，その他のルール――例えば，道徳的ルール――から区別される．そして，ある事例を明確に包摂する法的ルールが存在しない場合には，裁判官が裁量を行使することによって，判断をおこなうのである．法実証主義者の間の差異は，法的ルールをその他のルールから区別するためのテストをどのように記述するかの違いである．J. オースティンは，ルールを発する人間，あるいは集団の種類を，そのテストに用いている．彼によれば，法的ルールと認められるのは，それが，当該社会の主権者が発する一般的命令である場合である．H. L. A. ハートは，オースティンの簡潔なモデルに対して，より洗練された代案を提示している．ハートは，法を１次的ルールと２次的ルールの結合として記述する．１次的ルールは，社会のメンバーに権利と義務を付与するルールである．これに対して，２次的ルールは，「１次的ルールの形成，承認，改正ないし廃止がどのように，また誰によりなされるかを規定するルール」（ドゥオーキン，1986, p. 11）である．つまり，２次的ルールが定める手続きに従って制定されることで，１次的ルールは拘束力を認められるのである．その意味で，２次的ルールの根幹は，「承認のルール」にあると言ってよい．予想されることだが，承認のルールそれ自体の妥当性を判定するテストは，もはや存在しない．「承認のルールは，法体系においてその効力が受容のみに基づく唯一のルール」(ドゥオーキン, 1986, p. 13)なのである．オースティンにとって，法は主権者の命令であり，物理的強制力を背景とした赤裸々な権力行使という含意を強くもつのに対して，ハートは，規律対象となる当のメンバーによって予め受容済みの規範として承認のルールを設定することで，法に義務的色彩を与えることに成功している．しかし，いずれの場合にも，法はテストに合致した法的ルールの総体であると捉えられており，法的ルール――ハートによれば，その「織り目」は「粗い」――が適切にカバーしえない事例（ハード・ケース）が生じた場合には，裁判官は「裁量」を行使することによって，裁定をおこなうとされるのである．ドゥオーキンが批判するのは，法実証主義が「法の支配」の貫徹を法的ルールの内側にのみ縮約し，臨界点の外部を易々と裁量に委ねてしまっている点である．

ドゥオーキンの考えでは，法は憲法や制定法のような明示的な実定法的ルールからのみ成るのではなく，その背景にあって法体系やそれを解釈する裁判所の営為の全体を正当化する社会的･政治的道徳の諸原理をも含んだものである．つまり，法は，「白か黒かはっきりしたかたちで適用される」(ドゥオーキン, 1986, p. 17) 法的ルールだけでなく，「論証を一定方向へと導く根拠を提供する」法的原理からも成っている．それゆえ，適切な法的ルールが欠落しているように思われる事例においても，裁判官は，恣意的な判断（あるいは，社会全体の福祉の最大化や多数派の意志への配慮のような政策的な判断）の実行を許されているわけではなく，あくまで法に内在する諸原理に遡り，もし複数の原理が対立した場合には，その相対的な重要性を勘案することによって，裁定を下さなければならない．十分に発達した法制度においては，ハード・ケースであっても，到達すべき唯一の正しい解答が存在している．そして，法制度の総体的な意味の解釈を通じて，原理のなかに，それを発見することが裁判官の任務なのである．

法実証主義においては，「権利」の存在は，立法行為による確定や，それを社会のメンバーが是認しているという社会的事実に依存すると考えられている．これに対して，ドゥオーキンにとっての「権利」は，社会的事実とは無関係に，法制度全体の内在的意味のなかに実在するものである．そうであるがゆえに，「権利」は，安易な政策的配慮からする譲歩を許さず，多数派の選好が少数派の「権利」を侵害しようとすることに対する防波堤の役割を果たすことができるのである．ドゥオーキンによれば，すべての市民には，「平等な尊重と配慮を受ける権利」が備わっているのであって，その尊重の保証を担うのが，政治過程からは区別された司法過程の役割なのである．こうして，裂け目のない法の傘に守られたわれわれは，その無限に多様な属性を剥ぎ取られることと引き換えに，「法の帝国」の臣民として平等な権利を享受することになる．つまり，ドゥオーキンは，リベラル・デモクラシーの社会におけるデモクラシーを，リベラリズムという外枠のなかに囲い込もうとしていると考えることができる．

批判的法学研究は，「人工物としての社会」という着想を，既存の社会制度がそうあることの正当性を解体するものと捉え，法を含めたすべての社会制度を，動的な闘争過程へと組み替えようとするものであった．ところで，冒頭で援用したハイエクは，社会秩序の人工性に関して，これとは異なった興味深い見解を示している．確かに社会秩序は，人間の営為がそれを形成したのであって，自然物とは言えない．しかし，古代ギリシア人は，秩序に２種類のものを区別し，一方をタクシス（作られた秩序），他方をコスモス（成長した秩序）と呼び慣らわしていた．われわれは，自然的／人工的という二分法を広く受容しており，人工的なものは，人間の意図に合わせて，どのようにも変更可能であると考えがちである．しかし，この思考枠組みからは，決定的に抜け落ちてしまう第３のカテゴリーが存在している．それが，ギリシア人がコスモスと呼び，後にA. ファーガソンが「人間行為の結果ではあるが，人間的設計の結果ではないもの」と表現した「自生的秩序」である．それゆえ，ハイエクは，社会秩序を支える法にも２種類のものを区別している．「法というルールの一部のみ（これらの場合でも，決して全部ではない）が熟慮の上の設計の所産であり，道徳や習慣というルールの大部分は自生的に成長してきたものである」（ハイエク，1987b，p. 61）．つまり，法には，特定の意図を実現するために権威によって制定されたテシス（立法の法）と自生的秩序の諸条件から導かれるノモス（自由の法）があるのである．法実証主義の誤り――そして，それは批判的法学研究の誤りでもある――は，「人間がその文化と諸制度の全てを「つくった」という表現を字義通りに受け取って，全ての法は誰かの意志の産物である」（ハイエク，1987b，p. 40）と考えたことにある．ここから，「法をつくる全ての権力は恣意的なものである」といった誤解が生じるのである．ハイエクの考えでは，裁判官が忠誠を捧げるよう求められているのは，テシスではなく，ノモスに対してである.「裁判官は，特定の現状を支持することに従事してはいないが，既存秩序の基礎をなす諸原理を支持することには従事している」(ハイエク，1987b, p. 155). 裁判官は，成文法の字句に固執することによってではなく,「法の精神」に従うことによって自生的秩序としての法の成長に寄与するのである.

こうして，議論は再び振り出しに戻ってしまったように見える．しかし，ノモスそれ自体が語るわけではなく，ノモスが何を指し示しているのかは，結局のところ，人間の解釈として取り出されるほかないとすれば，そこにもやはり解釈をめぐる闘争が潜在していることを見過ごしてはならないであろう.

批判的法学研究の重要な知的源泉でもあるJ. デリダは，合衆国の「独立宣言」を論じた興味深い論文のなかで，法の創設行為が無根拠な「力の一撃」であると論じている.「独立宣言」は，その正当性を，それが「自由かつ独立したこれら諸邦の善良なる人民の名において，またその権威によって公布し，宣言」されたものであることに帰着させている．しかし，よく考えてみれば,「独立宣言」に署名する「権利」を有するとされる「自由かつ独立した人民」自身,「独立宣言」以前に存在していたわけではなく,「独立宣言」という文書の遂行的な効果(力の一撃)によって生み出されたものなのではないか．だとすれば,「独立宣言」の正当性は，この起源にある暴力を隠蔽することによって仮構されたものだと言わざるをえない.「ある法は〈法の支配〉のもとで合法的でありうるけれども,〈法の支配〉それ自体は合法的ではありえない.〈法の支配〉はその「起源」において，先行するいかなる法もないところで力によって樹立される」(高橋，1998, p. 194) のである.

ドゥオーキンの「深層の慣習主義」やハイエクの「ノモス」への着目は，法の創設に先立つ規則や慣習に依拠することによって，法に潜む原暴力性を回避しようとする試みであると考えられる．しかし，規則や慣習への遡行は，規則や慣習それ自体の遂行的な暴力性を完全に除去するものではないのではないか．われわれは，リベラリズムを悩ませかつ豊饒化する虻としての批判的法学研究を，もはやなかったことにすることはできないように思われるのである.

参考文献

Altman, Andrew (1990) *Criticl Legal Studies*, Princeton University Press.
Derrida, Jacques (1986) "Declalations of Independence," *New Politics*, 15.

ドゥオーキン，ロナルド（1986）木下毅他訳『権利論』木鐸社.
――――（1995）小林公訳『法の帝国』平凡社.
フランク，ジェローム（1974）棚瀬孝雄他訳『法と現代精神』弘文堂.
ハイエク，フリードリッヒ（1987a）気賀健三他訳『自由の条件Ⅱ　自由と法』春秋社.
――――（1987b）矢島鈞次他訳『法と立法と自由Ⅰ　ルールと秩序』春秋社.
ケアリズ，デヴィド編（1991）松浦好治他訳『政治としての法――批判的法学入門』風行社.
Kennedy, Duncan（1979）“The Structure of Blackstone's Commentaries,” *Buffalo Law Review*, 28.
高橋哲哉（1998）『デリダ――脱構築』講談社.
Unger, Roberto（1975）*Knowledge and Politics*, The Free Press.
――――（1987a）*Social Theory*, Cambridge University Press.
――――（1987b）*Plasticity into Power*, Cambridge University Press.
――――（1987c）*False Necessity*, Cambridge University Press.
内田貴（1990）『契約の再生』弘文堂.
和田仁孝（1996）『法社会学の解体と再生』弘文堂.

第6章 「法の支配」は可能か?
——リベラリズムと批判的法学研究の係争の行方——

第1節 「純一性としての法」

「自由」を中核的な価値とする伝統的「リベラリズム」は,「多数者の圧制」(「人の支配」) という「民主主義」の暴走に対抗する切り札として「法の支配」を求めてきた. しかし,「人の支配」を制約する上位の審級として法を設定するこの着想には, 答えられねばならない問題が含まれている. というのも, それは,「選挙されてもいなければ, 他に意味ある仕方で政治的責任を負ってもいない機関が, 人民の選挙された代表者に対し, その望むように統治することはできないと告げ」(イリィ, 1990, p. 5) るものだからである. それゆえ, 法は, 民主政治の単なる道具であってはならないが, 同時に, 法の仮面を被った司法エリートによる密かな政治的決定の道具であってもならない. 法は, 中立的な審級として司法エリートをも拘束するのであって, そのようなものとして「政治的なもの」の汚染から徹底して浄化されている必要があるのである.

法の支配という理念を維持するためには, 法を究極的には主権者の「命令」へと還元し, 主権者を無拘束の状態に置くような端的な「法実証主義」は, 退けられねばならない. H. L. A. ハートは, そのようなT. ホッブズ由来の法実証主義のモデルに対して, 法を「第1次的ルール」と「第2次的ルール」の結合として捉えるより洗練されたモデルを提起している. 第1次的ルールは, 社会のメンバーに守るべき責務を示す義務付与的ルールである. しかし, この第1次的ルールだけからなる社会には, ある欠陥が存在している. ルールの正確な範囲に関して複数の解釈が生じた場合, それを確定する手段がないという「不確定性」の問題がそれである. このような問題を解消するために, ハートは, 第1次的ルールの承認や変更が, 誰によって, どのようになされるのかを規定する第2次的ルールを導入する. この「承認のルール」によって, 社会のルールは，その妥当性が最終的に確認されるのである．承認のルールそれ自体は，もはやより上位の審級によって，その妥当性を保証されるものではない．それは，「裁判所，公機関，私人が一定の基準を参照して法を確認するさいの，複雑ではあるが，普通は調和した習慣的活動としてのみ存在」（ハート，1976, p. 120）している．

ハートは，ルールの不確定性を除去するために，法を複合的構造をもつものとして把握した．しかし，承認のルールが習慣的に受容されているという事実は，それ自体では，受容の継続を十分に理由づけるものではない．だとすれば，法は，その受容を維持する外部の力に開かれてしまっていることになる．

同様の綻びは，ハートの「司法裁量論」にも見て取ることができる．ハートは，すべてのルールは，「確実な核心」と「疑わしい半影」からなることを認めている．この疑わしい半影部分に関しては，ルールを決定する公的機関が裁量を行使するのであって，「あたかも１つの正しい答えがあるかのように取り扱うことはできない」（ハート，1976, p. 143）というのである．恣意的な力の行使から個人の自由を守るために要請されたはずの法は，第２次的ルールを経由して，今度は裁判官の解釈という力の行使へと帰着してしまう．

法の支配のもっとも強力な擁護者の１人であるドゥオーキンにとって，ハートが力へと開いてしまった疑わしい半影は，もう一度，「法の帝国」の領内へと回収されなければならない．裁判官の仕事は，どのような難事件（ハード・ケース）においても，「法が何であるべきか」ではなく，「法が何であるか」を述べることにあるのである．ドゥオーキンによれば，法は，「白か黒か」のかたちで適用される明示化された法であるルールからだけでなく，「論証を一定方向へと導く根拠を提供する」（ドゥオーキン，1986, p. 19）「原理」からも成っている．確かに，ハード・ケースにおいては，ルールに事件を包摂することによって，三段論法的に法的結論を引き出すことはできない．しかし，その場合にも，裁判官は，裁量を行使するのではなく，法制度全体に内在する原理に照らして，「１つの正しい答え」を発見するのである．ドゥオーキンは，明示的ルールが途絶えた先にも，明示的ルールを下支えする共同体の共有する黙示的ルールとしての原理が存在しており，それが裁判官に対する他律的規範として働くと考えている．原理は，特定の作者をもたず，無数の法的実践のなかから姿を現すものであり，変化を含みつつも，一貫性のあるそれ自身の歴史を有している．

原理への依拠は，どのような法の見方をもたらすのだろうか．ドゥオーキンが『法の帝国』のなかで提起している法類型論によれば，判決理由が引き出される方法論の違いによって，法理論は3つの類型に区別される．「慣例主義」が強調するのは，「過去の決定力」である．判決は，先行する慣例に厳密に基づいて下されるとされるが，その場合，適用すべき慣例は，異論の余地なく選択されるものと想定されている．しかし，裁判官が，制定法や判例の正しい解釈に深い関心をもっていることを考えれば，この見方は，法実務の説明として適格性を欠いている．これに対して，「プラグマティズム法学」では，「未来の決定力」が強調される．ここでは，過去との整合性は顧慮されることなく，法は最善の共同体を作り出すための道具であるとされるが，そのため，法的権利が十分に尊重されるかどうかは，保証の限りではない．ドゥオーキンが，唯一，正しいものと考えるのは，「純一性」として法を捉える見方である．純一性としての法を，ドゥオーキンは，1つの物語を複数の作家が書き継いでゆく連作小説になぞらえている．各々の小説家は，先行する諸章に示されている小説の筋やテーマに関して作業仮説的な解釈を施す．もしテクストの大半と適合する解釈が複数発見された場合には，「どれが進行中の作品を最善のものにするか」が判断の決め手になる．同様に，判決文を起草するにあたって，裁判官は，それが過去の判例と符合するよう心掛けねばならないが，判例は単独でではなく，法秩序の全体が最善の意義を実現するような広範な文脈のなかで解釈される．法という物語は，進行中の作品を，最善のものにしようとする方向へと書き継がれていくというわけである．もちろん，現実には，物語を最善のものにする解釈が何であるかについて，裁判官の判断が一致することは，稀であろう．しかし，ドゥオーキンは，法秩序全体のあらゆる細部を把握し，吟味することのできるヘラクレスと名づけられた超人的な裁判官を想定し，「1つの正しい答え」が存在していると主張するのである．

ドゥオーキンによれば，われわれが純一性としての法を受け入れるのは，「単一の整合的なビジョンによって規律された共同体として，自分たちを取り扱いたいからである」（ドゥオーキン，1995，p. 617）．それゆえ，純一性としての法は，裁判官に対しても，「法的権利義務はすべて正義と公正に関して整合的な観念を表現する単一の作者——すなわち，擬人化された共同体——により創造されるという前提に立って，可能な限りこれらの権利義務を明確に特定化していくように教示」（ドゥオーキン，1995，p. 353）している．単一の作者によって「構成」された法と，それを最善にものにするような解釈を施すことによって「再構成」

しようとする超人的裁判官．法の自立性は，このモノローグ的な法律家の解釈共同体の内部で，再び，回復されることになる．

第２節　「政治としての法」

ドゥオーキンの「構成的解釈」は，解釈者は解釈の対象を「最善の光」で照らさなければならないと主張する．しかし，構成的解釈それ自体が解釈に関する１つの可能な解釈にすぎないのではないか．実際，ある註のなかで，ドゥオーキンは，ナチスのユダヤ人大虐殺を「最も魅力的な光のもとで提示しようと試みる」という例を挙げて，構成的解釈がパラダイム的な事例にのみ当てはまるものであることを認めている．

批判的法学研究は，「法と国家を中立的で価値自由な仲裁者であり，社会的経済的関係，政治権力，文化的現象から独立し，影響を受けないものだと描くような，よくある特徴付けを拒否」（ケアリズ，1991，p. xi）し，法が決して政治を超越した準拠枠組みではありえないことを暴露しようとする．「純一性としての法」に，いわば一人格の一貫性のある成長物語を読み取ろうとするのが，ドゥオーキンであるとすれば，「政治としての法」という批判的法学研究の法の見方は，リベラル法の内部に整合的に理解することが不可能な根源的に対立する原理の葛藤の物語を読み取ろうとするのである．

M. タシュネットによれば，リベラルの構想する法の支配は，恣意的な権力の行使からわれわれを守ることを意図しているのだが，それは立法府の決定を，ある場合には制約する司法審査として働くだけでなく，裁判官の司法審査に対しても，それが恣意的に行使されないよう制約を課すものでなければならない．このことが可能であるためには，制約を課す法の意味が確定的である必要がある．しかし，タシュネットは，S. クリプキのウィトゲンシュタイン理解に依拠しつつ，従うべきルールの根源的な不確定性を主張している．例えば，「１，３，５，７，（　）」の（　）に当てはまる数を答えるような問題の場合，そこにどのような数を入れようとも，最初の４項と両立可能なルールは，無数に考えることができる．判決が裁判官の恣意でないためには，裁判官は，先例の基底にあるルールに従う必要があるが，実は，「われわれはルールを，それが，われわれの望む答えを生み出すように組み立てることによって，途方もない範囲の多様な答えを正当化することができる」(Tushnet, 1983, p. 175)のである．もっとも，われわれは，先の問題の答えとして求められているのは，おそらくは9であることを知っている．しかし，それは，われわれがルールに従ったからではなく，すでに知能テストのような社会的実践に慣れ親しんでいたからなのである．すなわち，ここには，1つの転倒がある．ルールの要請に従ったから判断の一致が得られたわけではなく，むしろ逆に，生活形式を共有し，判断の大方の一致が見られる解釈共同体においてのみ，ルールというイデア的存在への希求が生れると考えられるのである．

ところで，「リベラリズムの原子論的な前提は，われわれ各人を，その選択や価値が，他者によってなされたり，抱かれたものからは独立している自立した個人として取り扱う」（Tushnet, 1983, p. 166）．このように，それぞれが意味の自立的な生産者である諸個人からなる多元的な社会では，社会制度に関するわれわれの理解を安定したものにするために依拠することのできる客観的価値は存在しない．タシュネットは，ここにリベラリズムに内在する「根源的矛盾」を見出す．司法審査は，「多数の専制」を制約するために必要であり，法の支配は，「裁判官の専制」を制約するために必要である．その法の支配が，実効性をもった制約原理として機能しうるためには，客観的価値が存在しなければならないのだが，リベラリズムの前提とする多元的社会には，それを見出すことができない．また，逆に，もしそのような客観的価値が存在しているとすれば，多数の専制を恐れる必要はないはずである．

R. アンガーは，より広い歴史的パースペクティヴから，近代の法理論が依拠しているリベラリズムの国家理論の批判へと向かっている．アンガーによれば，前近代に支配的であったのは，世界には「特定の諸事物から推論しうるか，抽象的な形式で知覚することのできる本質の連鎖や本来的性質」（Unger, 1975, p. 32）が備わっているとする「理解可能な本質の教説」であった．このような前近代的世界観の退潮と入れ替わるように，リベラルの教説は，17世紀にその古典的形態を確立する．事物の本性とその認識に関する近代的構想においては，「現実は精神によって組み立てられたもの」であるから「世界は無数の方法で分割することができる」（Unger, 1975, p. 31）．しかし，同時に，近代人は，「究極的には，世界に関する競合する理論の間で合理的な選択をおこなうことができる」（Unger, 1975, p. 33）と信じている．こうした矛盾した信念の並存状態を，アンガーは，「理論と事実のアンチノミー」と呼んでいる．われわれは，実践上の特定の判断を理論的に正当化しようと試みるのだが，理解可能な本質の消滅という近代の人間の条件が，われわれに告げているのは，特定の判断はすべて特定の判断にすぎないということなのである．

理論と事実のアンチノミーは，リベラルの自己の構造へも折り返され，「理性と欲求のアンチノミー」を形成する．欲求は恣意的なものであるため，われわれは理性によって，欲求の内容それ自体を正当化することはできない．そこで，リベラルの政治が，このアンチノミーに対して持ち出す調停案が，人間行動を公と私の二領域へと分割することである．こうして，私的領域では，「正に対する善（欲求の内容）の優先性」が，公的領域では，「善に対する正（非人格的なルール）の優先性」が，主張されることになる．リベラルの政治が目標とするのは，競合する善の構想を抱えた諸個人が，各人の固有の構想を追求するにあたって遵守すべき共通のルールを，どの構想にも加担することなく，中立的なかたちで確立することである．法の支配の核心には，このようなルールの確立と執行が可能であるという信念がある．しかし，この信念は，成就されることがない．なぜなら，「理論と事実のアンチノミー」と同様の事態が，ここでも「ルールと価値のアンチノミー」として反復されるのであって，「社会生活を統制するルールを必要なものとする多元性それ自体が，われわれがルールを立案したり，その意味を解釈したりする過程について合意することを不可能に」（Unger，1975，p. 66）してしまうからである．

法的正当化の方法を，イデオロギー的論争とは明確に区別可能なものとして，政治の汚染から隔離しようとすること．アンガーが倦むことなく批判するのは，法領域のこのような聖別である．法は，現実を織り上げている無数の力関係を超越した審級にあるわけではなく，それ自体が，１つの力として現実を構成している．求められているのは，本来，諸力の不安定な均衡状態にすぎないはずの法を聖化し，そこに走る亀裂を糊塗することではなく，「人間の結合の無限の可能性」に向けて，「法の不調和を認識し，発展させる」（Unger，1986，p. 582）ことなのである．

第３節　法と正義

法に「純一性」を読み取ろうとするドゥオーキンと，法に「根源的矛盾」を読み取ろうとする批判的法学研究の第一世代との対立は，しかし，法の本来的な意味をめぐる係争であるという点では，「本質主義」を共有していると言えるのかもしれない（Minda, 1995, p. 116）．J. デリダは，根源的矛盾それ自体が不可能であるとする批判的法学研究の第2世代に強い影響を与えているが，彼が行使する法の脱構築は，法の純一性や単一の声を持つ人格化された共同体といったドゥオーキンの想定に対する本質主義を脱したもう1つの挑戦として位置づけておくことができる．

デリダは，アメリカの「独立宣言」を論じた興味深い論文のなかで，「起源」という観念がいかに汚染されたものであるかを解き明かしている．問題は，何が「宣言」の署名者に署名をおこなう権利を与えるのかということである．署名者は，「自由かつ独立した諸邦の善良なる人民」の「代表」であると主張している．しかし，後に「憲法」で，「われわれ人民」と呼ばれることになるはずの署名の主体は，「宣言」に署名がおこなわれた後でなければ，単一の人民としては存在していない．つまり，「自由かつ独立した……人民」それ自体が，「宣言」というテクストの遂行的な効果（力の一撃）によって生み出されたものではないかとデリダは考えるのである．「起源」には，つねに「力の一撃」が隠されている．

『法の力』のなかで，デリダは，この法創設の起源にある「力の一撃」が孕む含意を，より詳細に展開している．デリダによれば，「法／権利は正義ではない．法／権利とは計算の作用する場であり，法／権利がいくらかでもあることは正義にかなっている．けれども正義とは，それを計算することが不可能なものである．正義は，計算不可能なものについて計算するよう要求する」（デリダ, 1999, p. 39）．デリダの言う「正義」は，法創設の原暴力が消し去ってしまった法の形式的適用からは漏れ落ちてしまう，予測不可能な「法外」の「他者」からの声に応答する責任であるとひとまず考えておくことができるだろう．しかし，デリダの戦略が，何らかの正義の原理に依拠しつつ，法を批判するものでないことに留意しなければならない．なぜなら，この「計算不可能なもの」の計算を求められる正義には，解消不可能なアポリアが付き纏っているからである．ある決断が正義に適っていると言いうるためには，それは自由かつ責任のあるものでなければならない．なぜなら，規則を機械的に適用するような計算には，そもそも決断の余地がなく，それを正義に適っている／適っていないとは言わないからである．しかし，反対に，決断がどのような規則にも準拠しないとすれば，それは単なる恣意と異ならない．「要するに，ある決断が正義にかなうものでありかつ責任ある／応答可能なものであるためには，その決断はそれに固有の瞬間において――このような瞬間があるとして――，規制されながらも同時に規制なしにあるのでなければならないし，掟を維持するけれども同時にそれを破壊したり宙吊りにするのでなければならない」（デリダ，1999，p. 56）．デリダは，このパラドキシカルな緊張関係を生きることに「正義」の可能性を垣間見ているのである．

『法の力』の第2部で，デリダは，再び法創設の問題に立ち戻り，W. ベンヤミンの『暴力批判論』を手掛かりにしつつ，そこから2種類の暴力の区別を引き出している．1つは，法／権利を設定し，維持する暴力，すなわち，（ギリシア的な）「神話的暴力」であり，いま1つは，法／権利を破壊する暴力，すなわち，（ユダヤ的な）「神的暴力」である．法の「神話的暴力」が支配する世界においては，各人は原暴力によって創設された法の領域の内側に，法の指定に合致する法／権利の主体として立ち現れることを強いられる．「神的暴力」とは，そのような法の設定する枠組みそれ自体を突破しようとする暴力である．かつてG. ソレルは，現存する国家を別の国家に置き換えようとする「政治的ゼネスト」と，新たな法／権利を立てようとはせず，むしろ国家の撤廃を求める「プロレタリア・ゼネスト」を区別したが，法の措定とその権力への転化を徹底して回避しようとする後者に魅了されたベンヤミンは，「神的暴力」の側に「正義」を見出そうとしているように思われる．これに対して，いっさいの権力性を含まない純粋な「神的暴力」の存在を懐疑するデリダは，このベンヤミン的対立図式それ自体を脱構築しようとする．「ソレルが言うような意味での政治的ゼネストとプロレタリア・ゼネストとの間にも厳密な区別はない．脱構築もまた，この差延による汚染の思想である――そしてこの汚染が必然的に起こるものであることから採用された思想である」（デリダ，1999，p. 121）．法／権力は，「力の一撃」によって汚染されているがゆえに，十全な正義ではありえない．しかし，また，法／権利の廃絶も，正義の実現をもたらすわけではないのである．デリダは，こう述べている．「正義というものは，次の2つの掟に同時に従うよう命令するであろう．その1つは，表象の掟である（表象とはすなわち，啓蒙，理性，対象化，比較，説明である．あるいはそれは，多様性を考慮に入れることであり，したがってもろもろの唯一無比のものを系列化することである）．そしてもう1つは，表象を超越しており，唯一無比のものや，さらにはあらゆる唯一性を，一般性の秩序ないしは比較作用の秩序のなかに再び書き込まれることのないように守る掟である」（デリダ，1999，p. 192）．

第4節 それで……

法は,「形式化」によって,その適用の一般性や普遍性を実現してきた．人は,それぞれがもつ無数の属性を剥ぎ取られることによって，身分や出自や社会的地位とは無関係に，法の前では平等な1人の人間として取り扱われることが可能になったのである．しかし，他方，法は，何らかの権利を主張しようとする者に対して，法の要求する「形式」に合った主体として法の領域に立つことを要求する．「形式」の網目からこぼれ落ちる残余は，法的には無意味なものとして省みられることがない．

かつてリベラル・フェミニズムは,「形式」のもつ解放の潜勢力を利用して,女性の平等な法的主体への参入を求めた．しかし，やがて気づかれたのは，法の「形式」が掲げる「人間」が，実は,「男性」を範型として構成されているのではないかという問題であった．「等しいものを等しく，等しくないものを等しくなく」という形式的平等の標語は，無前提に成り立つものではなく，そこには無視してよい差異と無視できない差異を選り分ける規準が暗黙のうちに差し挟まれている．批判的法学研究が示唆しているのは，結局のところ，この「形式」それ自体のもつ政治性だったのではないだろうか．デリダは,S. フィッシュの「新鮮な判断」という言葉を引きながら,規則に従った裁判官の判断が,それ自体，行為遂行的言明であり，再設定的な解釈行為であることに注意を促している．法実践そのもののなかで，法が再構築され続けているということ，ここに，われわれは「来たるべき未来（a-venir）」の可能性を見ることができるのかもしれない．「脱構築は，法（law［法則]）や合法性（lawfulness［合法則性]）といった概念を，それらがもはや超－堅固さとして考えられるのではないような仕方で考え直そうとする試みである．とはいえ，そうすれば何をしても許されるだろうとか，無罪放免されるだろうなどと思っているわけではない．……事情にイデア的・統一的な自己同一性を与えようとする欲望は，デリダが根本的他者性と呼ぶものの不安から解放されたいという欲望である」（ステーテン，1987，p. 302）．

参考文献

Derrida, Jacques（1986）“Declaration of Independence,” *New Politics* 15.

――――（1999）堅田研一訳『法の力』法政大学出版局.

ドゥオーキン，ロナルド（1986）木下毅他訳『権利論』木鐸社.

――――（1995）小林公訳『法の帝国』平凡社.

ハート，ハーバート. L. A（1976）矢崎光圀『法の概念』みすず書房.

Hoy, David C.（1997）“Dworkin's Constructive Optimism VS. Deconstructive Legal Nihilism,” *Law & Philosophy* 6.

イリィ，ジョン. H（1990）佐藤幸治他訳『民主主義と司法審査』成文堂.

ケアリズ，デヴィド編（1991）松浦好治他訳『政治としての法』風行社.

堅田研一（1996）「デリダと法哲学」『法哲学会年報』.

小林公（1997）「法の自立性について――意味論の観点から」『法哲学会年報』.

小泉良幸（1994）「コミュニティの解釈とその憲法解釈論上の含意（一）（二）（三）」『法学』58巻2，3，5号.

葛生栄二郎（1998）『自由社会の自然法論』法律文化社.

Minda, Gary（1995）*Postmodern Legal Movements*, New York University Press.

望月清世（2001）「ライツトークの語れなさ――法の言説分析と「語られないこと」の位置」『法の言説分析』ミネルヴァ書房.

仲正昌樹（2001）『〈法〉と〈法外なもの〉』御茶の水書房.

中山竜一（1991）「法理論における言語論的転回（一）（二）」『法学論叢』129巻5号，130巻2号.

――――（2000）『二十世紀の法思想』岩波書店.

那須耕介（1996）「「法の支配」に対する懐疑と信念」『法哲学会年報』.

岡野八代（1997）「法の前」『現代思想』25巻8号.

――――（1999）「分断する法／介入する法」『ジェンダー化する哲学』昭和堂.

Radin, Max J.（1989）“Reconsidering the Rule of Law,” *Boston University Law Review* 4.

佐藤憲一（1998）「法の不確定性（一）（二）――法理解のパラダイム転換に向けて」『法学論叢』143巻2号，144巻6号.

ステーテン，ヘンリー（1987）高橋哲哉訳『ウィトゲンシュタインとデリダ』産業図書.

Tushnet, Mark V.（1983）“Following the Rules Laid Down,” *Harvard Law Review*, 96

Unger, Roberto（1975）*Knowledge and Politics*, Free Press.

――――（1986）*The Critical Legal Studies Movement*, Harvard Unversity Press.

第7章　ロベルト・アンガーの法＝政治学
――スーパーリベラリズムの可能性と限界――

第1節　リベラル対コミュニタリアンを超えて

J. ロールズの『正義論』の発表を端緒とするここ数十年の政治哲学の活況には目を見張るものがある．そこで繰り広げられた華々しい論戦の数々は，極めて多様な論点にわたるものであった．しかしながら，またこれらの論戦が，大枠としては「リベラリズム」の思想圏に留まるものであったことも疑いえない．表面上の不一致にもかかわらず，そこには，ある共通前提が存在していたのである．

例えば，一方には「権利」は「善」に従属すべきであると考える論者たちがいる．R. ポズナーのようなベンサム以来の功利主義の思想的系譜を引く論者にとっては，行為の目的（善の実現）はその手段よりもプライオリティが高く，行為の正しさはその結果によって測定することができるものである．また他方には，これとはまったく反対に，「権利」は「善」に優先するのだと考える論者たちがいる．J. ロールズ, R. ノジック, R. ドゥオーキンのような「権利論者」にとっては，行為の正当性の源泉はその結果以上に重要なのであって，たとえそれが善を増大させないとしても，「正義」にかなった行為というものはありうるのである．両陣営の対立は根本的であり，到底，一致点は見いだせないように思われる．しかし，よく考えてみれば，両陣営とも分析の出発点はあくまで個人に置かれている．論戦はあくまで独立した「個」の多元的対立から社会構成の原理を導出するという問題枠組みのなかでおこなわれているのである．

ところで，リベラリズムが共通にもつこうした個人主義的な人間像・社会像には，次のようなよく知られたパラドクスが含まれている．すなわち，すべての個人の自由の増大は，ある個人にとっては他者からの安全保障の減少を意味してしまうのである．したがって，自由は自由の否定によってのみ可能であることになる．個人の自由を制約する権限をもった国家権力の創出は，いわばこの矛盾の制度的表現である．

自由を可能にするため十分な社会的安定性を確立するには，どの程度，自由は制約されるべきなのか．自由を実現するために，どの程度，国家は自由を制約してよいのか．この問題に対して，通例，リベラリズムは，「人権」のシェーマによって答えようとする．しかし「人権」の保証が必要なことについては同意があっても，権利の具体的内実については，論者の間に容易に一致点は見出せない．競合する諸権利の間で明確な選択をおこなおうとすれば，結局，「人権」そのものを基礎づけるなんらかのメタセオリーが必要になってしまうのである．

こうしたリベラリズム内部での内戦に対して，「コミュニタリアン」と呼ばれる一群の論者たちが，論争の枠組みそのものを問い直すというより原理的な地平での論戦を挑んできた．コミュニタリアンが求めるのは，リベラリズムが当然の前提としている個人主義的な人間像・社会像の転換であり，人間存在の基盤としての「共同体」の復権である．共同体から切り離され，自分自身のなかに退却してしまった個人を前提とするリベラリズムは，根源的な社会性という人間的条件を忘却しているとコミュニタリアンは考える．コミュニタリアンによれば，この前提のコロラリーとして，リベラリズムにおいては，「権利」もあたかも社会から独立した実体であるかのように見なされ，社会は「権利」をもった諸個人の加算的集合体としてイメージされることになってしまっている．かくして，個人にとって他者の存在は，つねに自らの自由の限界となるのである．これに対して，コミュニタリアンは，個人のアイデンティティが本来的にもつ社会性を強調することで，先のパラドックスから脱出しようと企てるのである．

「個人」か「共同体」か．極端な単純化をおこなってしまえば，政治哲学の現代的展開は，ある意味では，極めて古典的な対立図式に再び行き着いたのだと言いうるかもしれない．しかし，より正確を期するならば，コミュニタリアンが目指すのは，人間的主体性を抽象的なアトム的存在の自律性として捉えるのではなく，共同体のもつ歴史・社会的なコンテクストに根づいた具体的存在と把えることで，「個人」か「共同体」かという二項対立そのものを解消することである．

さて，われわれは，ここまで政治哲学の戦線を，リベラルとコミュニタリアンの対立として描いてきた．この論戦からは，すでに学ぶべき多くの果実が生まれているのだが，ときには，コミュニタリアンの1人として分類されることもあるR. アンガーの理論もそうした1つに数えることができる．しかし，アンガーの理論がとりわけ興味深いのは，それがリベラルとコミュニタリアンの対立点のまさに分水嶺に位置しているように見えることである．そのことは，例えば，アンガーが，「コンテクステュアリティの問題」と呼ぶ経験に深く執着していることによく示されている．それは，われわれが，①可能と不可能，意味と無意味との境界線を定める厚い文化的・社会的コンテクストに必然的に埋め込まれていると同時に，②ときには既成の基準に従った論理や言語では適切に表現することのできない思考や存在の瞬間を経験し，コンテクストの限界を超えうるのだというアンビバレントな存在感覚のことである．「コンテクストへの内在」と「コンテクストからの超越」．この2つの契機を，アンガーは，共に自らの理論のなかに把えようと試みている．アンガー自身が，自覚的にそうしたポジションを選択しているのかどうかはともかく，また，それが成功しているかどうかはともかく，彼の立論はリベラルとコミュニタリアンの対立を乗り越える1つの方向性を示しているように思われる．アンガーも，他のコミュニタリアン同様，リベラリズムに対する強い批判意識を共有しているのだが，彼の極めてユニークな点は，リベラリズムの限界を，リベラリズムが本来もっていた論理を徹底することで乗り越えようとしていることである．

本章では，アンガーの理論を素材として，リベラル対コミュニタリアンという対抗シェーマのもつ意味に深測鉛を下ろすことを試みる．その際，まずアンガー自身の理論構成の全体を，3つの局面に分けて再構成してみることにする．①法哲学者として出発したアンガーは，「批判的法学研究」という学派の主導者の1人として，支配的法学が主張する「中立性の神話」を破壊した．②この中立性への懐疑は，さらに価値中立的な「ルール」に統治の正当性を求めようとするリベラリズムにも向けられることになる．③そして，アンガーは，リベラリズム的社会構成の代替案として，リベラリズムの論理を徹底させた「スーパーリベラリズム」を提起することになる．極めてラディカルな問題提起でもあるアンガーの「政治学」を概観した後，われわれは，アンガーの理論の難点を指摘しながら，政治哲学の前線が抱える「プロブレマーティク」の一端を明らかにすることにしたい．

第2節　批判的法学研究

「スーパーリベラリズム」の，提起に至るアンガーの理論構成の出発点には，法的言説の性質に関する独自の考察が置かれている．逆に言えば，アンガーの「政治学」の基本モチーフは，その法哲学のなかに既に孕まれていると言えるかもしれない．アンガーは，われわれの法的言説がもつ深層の意味を暴き出そうとするが，それは，法のもつ根源的な政治性（コンテクストへの内在）を暴露することで，人間存在の実験的性質（コンテクストからの超越）を解放するためなのである．暗黙のまま，法的言説の基底に置かれている規範意識と歴史的前提を明るみに出すこと．こうした作業によって，われわれは，法的言説の限界を理解し，それを乗り越えることができるのだとアンガーは考える．ともあれ，われわれは，まずアンガーがD. ケネディーらと共に推し進めた「批判的法学研究」の主張を一瞥することから始めよう．

法が行為の是非を分割する権威として承認を受けているのは，それがあらゆる個人や集団のもつ価値理念から等しく距離をおいた「中立性」を帯びていると信じられているからである．「批判的法学研究」はまさに，この「中立性」の原理そのものに戦いを挑む．「法は別の装飾をまとった政治である．それは歴史的真空のなかで作用するものでもないし，社会のイデオロギー闘争と独立に存在するものでもない」(Hutchinson/Monahan, 1984a, p. 207)．「批判的法学研究」にとっては法的言説は，政治的支配の一形態である．したがって，価値中立性を装い，そうした事態を隠蔽してしまう現行の支配的な法分析のモードは，自己正当化的な役割を果たすことで，無自覚なままむしろ進歩的変革を阻む防波堤となっているのである．

支配的な法分析である「形式主義」は，価値自由な体系である「ルール」を準拠枠組みとすることで，社会的紛争は，特定のイデオロギー的偏向を被ることなく解決されうるのだと考える．個別の社会的紛争に対する法の適用過程は，あたかも論理演算のような主観的な解釈の余地のない過程である．言葉は，それ自身独立した存在であって，排他的な意味をもっているのだから，法的推論の過程は，演算を遂行する自動計算機のように機械的に進行する．ここでは，裁判官の役割は，法というテクストから正確な意味を抽出し，その意味を特定のケースに当てはめることにあるとされる．

「形式主義」が，法に価値判断が侵入することを極度に恐れる背景には，リベラリズム的な人間理解が存在している．リベラリズムは，社会生活を「人格が自ら方向づける能力に基礎づけられるもの」(Hutchinson/Monahan, 1984b, p. 1479) と見なしている．個人は，自己利益を追求する自由を最大化しようとする独立した実体である．リベラリズムは「人間的本質」といった概念を拒絶しており，そのため，「個人の価値・欲求・目標は不可避的に相対的」(Hutchinson/Monahan, 1984b, p. 1479) たらざるをえないと考える．「形式主義」は，この相対主義の哲学の法的表現であると言ってよい．諸個人の抱く価値は，どれ１つとして特権的な地位を主張しえないのであるから，自己の価値理念を追求する諸個人の間で調停をおこなう法は，あくまであらゆる価値から等しい距離を保った価値自由な判断基準でなければならない．

しかし，実際の法的判断は，「リアリズム法学」が暴露したように，いっさいの価値判断とは無縁の単なる論理演算ではない．「所与の一群の事実に「客観的に」適応された規則の体系は，同様にもっともらしいいくつかの結論を導きうる」(Hutchinson/Monahan, 1984a, p. 204)．「所有」や「権利」のような抽象的な概念は，それ自体では特定の法的権限を生み出すことはできない．法的推論には，必ず非決定の空白が残されてしまうのである．実際には，その空白は，暗黙の裡に前例に訴えたり，演繹的な推論をおこなうことによって埋められている．そこには，裁判官の価値意識が侵入することは避け難いのである．しかし，「リアリズム法学」の革命的考察は，ここで立ち止まる．「リアリズム法学」は，「法の神学のドグマ」が破壊されてしまえば，一貫性のあるパブリック・インタレストの発見は可能であると考える．そして，再び，科学的・合理的アプローチによるその実現へと向かうのである．結局のところ，「リアリズム法学」の運動は，リベラリズムと非イデオロギー的法学の擁護へと回帰するのであって，「実際には宮廷革命以上のものではなかった」(Johnson, 1984, p. 252)．

「批判的法学研究」は，この「リアリズム法学」の考察を，さらにラディカルに推し進める．アンガーの考えでは，そもそも人間存在に関して，いっさいの価値判断を排除した純粋な事実判断といったものはありえない．そもそも，われわれが，推論の過程で使用する意味やカテゴリー自体，自然的な事実の反映ではなく，社会的な創造物である表象体系を通しておこなわれるとすれば，そう考えるアンガーにとって，事実と価値の区別はある種のプラグマティックな意味を含んだ方法上の仮定以上のものではない．それは，言語や論理が必然的にもつ属性ではないのである．人間精神の活動には不可避的に事実と価値を融合させてしまうという特性がある．

「形式主義」は，法の客観性を保証するために，法というテクストが曖昧さの余地のない一義的な意味をもつと仮定する．しかし，「批判的法学研究」にとっては，そもそもテクストに内在する客観的意味といったものは存在しない．テクストの意味は，読み手の解釈行為と同時に立ち現れる．テクストの解読とは，予めテクストに内在する意味を掘り起こすネガティブな活動ではなく，意味の創造を含んだ極めてポジティブな活動なのである．したがって，法解釈は，読み手とテクストの間の出会いとして捉えられねばならない．このように，「解釈学」や「デコンストラクション」の知見を借りて，「批判的法学研究」は，意味の非決定性を主張する．法の言語が客観的意味を伝えることができないとすれば，法はもちろん自律的でも価値自由でもないことになる．こうして，われわれは，「批判的法学研究」の中心的なテーゼの1つに達する．すなわち，言語や解釈過程自体が価値を帯びたものであるから，法は，本来的に，非中立的であるということである．「形式主義とは対照的に，反形式主義はテクストを写真ではなく鏡だと考える．解釈者は意味という外在的な真理を追究するのではなく，自分自身の偏見や確信の反映を見るのである」（Hutchinson/Monahan, 1984b, p. 1504）．

とはいえ，解釈者（裁判官）は，テクストに自分の望むあらゆる意味を自由に与えているわけではない．解釈者は，暗黙のうちに支配的な解釈共同体の妥当性の規準に引照しているのであって，そこで説得力をもつであろうような意味の定立へと導かれている．解釈は，解釈者の経てきたライフ・ヒストリーや解釈者が巻き込まれている社会過程と分かち難く結びついている．解釈者の政治的・社会的・経済的環境が「コンテクスト」となり，それが，解釈者の「想像的前提」を限界づけているのである．アンガーが企図するのは，法的判断という一見明白な言語を形成している深層の「コンテクスト」を暴露し解明することである．現行の法規範を脱正当化し，法の隠された政治的機能が明らかにされねばならない．「形式主義」は，裁判官が法的判断の依り処としているはずの「コンテクスト」を無視している――あるいは，隠蔽している――がゆえに退けられる．法的言説は，これまで無自覚のまま「中立性，自由，制約条件の合理性を信じさせることによって，支配者と被支配者の双方を欺く」（Kennedy, 1979, p. 210）役割を果たしてきた．これに対して，「批判的法学研究」は，解釈の「コンテクスト依存性」を理解することを通して，テクストを脱神話化し超越しようとするのである．「私は，否定的・批判的行為が，自由化された未来へと続く唯一の道であると主張する．学者がなすべき仕事は，人々を抽象化から自由にすること，抽象物を具体的な歴史環境に置き直すこと，そうすることによって実証的事実や倫理的規範と見えるもののイデオロギー性を暴くことである」(Freeman, 1981, p. 1231)．自らのイデオロギー的内実を隠蔽しようという現存の法的言説とは対照的に，「拡張された学説」は，自らの言説がもつ政治的性質を率直に認める．法と政治の間に仮構された障壁は取り払われねばならない．とはいえ，このことは，法が権力による剥き出しの支配であってよいということを意味するのではない．現行の法解釈は，それ自身，議論の基盤となることができる．「正しく理解され行使された法学説は，法的素材を通した内在的発展の導き手である」(Unger, 1983, p. 580)．アンガーが，法の「コンテクスト依存症」の理解を強調するのは，単にコンテクストの破壊を奨励するためではない．規範的な議論は，未来志向的な議論と融合される必要があるのである．

「批判的法学研究」を推進するアンガーの手法には，後の「政治学」に結実する発想の萌芽がすでに十分に見てとれる．法が隠蔽された政治闘争であるとすれば，どのような法制度も歴史超越的な正当性を僭称することはできない．法を現実の外へと隔離するのではなく，政治闘争の現場へと差し戻すこと．しかし，あらゆるコンテクストは破壊できるし，変更しうるのだとすれば，最終的なコンテクスト破壊は存在しないことになってしまう．われわれは，シジフォスのような永遠の労苦に縛られるのである．そこで，アンガーは，コンテクストの可変性そのものの制度化へと考察を進める．アンガーが，その「政治学」で提示しようとする「構造否定的構造」がそれである．

しかし，先を急ぐ前に，われわれは，アンガーのリベラリズム批判を検討しておくことにしよう．「人はなにがおこなわれているのかを知ることから，リベラルの法世界観によって意識に植え付けられた神話的な幻想から自由になることから始めなければならない」(Freeman, 1981, p. 1230) のであるから．

第３節　リベラリズム批判

前節，および前々節でも，各所で触れてきたところであるが，アンガーのリベラリズム批判を検討するにあたって，必要な部分を繰り返しを恐れず，もう一度，整理しておこう．リベラリズムは，「人格が自ら方向づける能力」を基礎とした社会構成を構想する一般的な見地である．リベラリズムの出発点には，個人を自己の抱く価値理念を追求する相互に分離した独立の実体と見なす考えがある．したがって，リベラリズムは，「人間固有の本質」といった概念を拒絶するのであった．独立した実体を束ねる「共通の本質」など存在せず，個人は，それぞれが究極の価値の源泉である．個人が，それぞれに抱く価値の間で軽重を問うことはできない．メタ・レベルの価値基準に訴えないとすれば，リベラリズムは，「個人の価値，欲求，目標は不可避的に相対的である」と考えるほかない．

リベラリズムは，個人が自由に自己の信条とする価値を追求することを求める．しかし，そうするためには，同様な価値の追求をおこなっている他者の自由の制約が必要となる．かくて，「自由はその否定を通じてのみ可能になるのである」(Hutchinson/Monahan, 1984b, p. 1483)．ここに，個人の価値追求が，他の個人の同等の価値追求と決定的な対立をきたさない棲み分けの論理が必要とされることになる．そこで提起されるのが，「権利」という概念である．社会は，互いに同等の「権利」をもった市民の加算的集合体としてイメージされる．リベラリズムにおいては，個人と個人は「権利」という防壁によって互いに隔てられており，個人と社会が１つの全体性に至ることはない．個人と社会の間にはつねに解消され難い緊張が存在している．

さて，独立した実体としての個人から出発したリベラリズムは，「権利」概念に訴えることによって，個人と社会の間に一定の平衡を保とうとするのだが，個人には何らかの「権利」があるということにはすべての論者が同意しても，一度，問題が「権利」の内実になると，その確定には解決不可能な困難が伴うことになる．というのも，リベラリズムは「権利」をあたかも社会から独立した存在であるかのように想定しているため，様々の「権利」主張の当否を的確に判定する規準をもちえないからである．(諸個人の抱く) 価値の相対性から出発した議論は，ここで再び (諸権利の) 価値の相対性の袋小路に閉じ込められてしまう．競合する諸価値のなかから選択をするためのアルキメデスの点は，ここには存在しないのである．もし何らかの説得力のあるメタ・セオリーが，競合する諸権利の間での選択を可能にするのでなければ，「権利」のシェーマは，依然として，無内容な形式的シェーマに留まってしまう．結局のところ，選択は，政治的な論争と同様に，暗黙の裡に道徳的・倫理的議論に訴えることで果たされている．根源的な政治性を隠蔽したまま政治性の密輸入がなされているのである．それゆえ,「権利論」は,根本的に正当でないヒエラルヒー的構成に,自然で客観的な粉飾を与えてしまう点で受け入れることができないとアンガーは考える．

ところで，アンガーによれば，もしこうした暗黙の粉飾を施さないとすれば，リベラル・セオリーは，次のような両立不可能な二重の困難を引き受けることになる．① もし社会的ルールが正当なものと見なされるべきならば，諸個人の目的に関して中立的な諸原理を生み出さねばならない．② ルールが，具体的な決定に適応可能なものでなければならないとすると，それは，ある程度，特定化されたものでなくてはならない.この2つの要求を両立させるためには，高度の一般性をもちながら，現実に適用不可能なほど抽象的でない原理，言い換えれば高い具体性をもつが，他者のもつ価値を排除するようなある個人的な価値を包含していない原理を見出さなくてはならない．リベラル･セオリーは，こうして解決不可能なディレンマに直面するとアンガーは論じる．いっさいの主観性の排除は，過度に抽象的な一般理論に至るし，一方，原理に適用可能な具体性をもたせようとすれば，主観性が再燃してしまうのである．

自己完結した独立実体としての個人を議論の出発点に置き，価値の相対性を承認して，アルキメデスの点の存在を否定するリベラリズムは，様々な二元論に引き裂かれている．先のディレンマのコロラリーとして，アンガーは，さらに次の3つのアンチノミーを考察している．① 理論と事実，② 理性と欲求，③ ルールと価値がそれである．この3つのアンチノミーは，リベラリズムの思想圏にある限りは解決不可能である．

第1のアンチノミーである理論と事実の架橋不可能な二元性は,17世紀以降,「伝統理論」がしだいに支配力を失ってきたことに端を発している．ここで言う「伝統理論」とは，典型的には，次のような発想形式をとるものである．「世界には事象の決められた数のクラスがあって，それぞれの事象はそれが属するクラスを決定する固有の特性をもっている．この特性は直接的に精神によって知りうるものである」(Unger, 1975, p. 79)．「伝統理論」によれば，世界内に存在する事象は,それぞれ本質的な特性を自分自身の内に内包している．精神は，こうした客体のもつ本質をそのまま反映した言語のカテゴリーによって,直接,それを把握することができるとされる．これに対して，近代的な見方では，事象の本質といったものは，事後的に主体によって客体に投影された幻影にほかならないのであって，それ自体として存在するものではないと見なされる．本質が放棄されてしまえば，事象を見る唯一の視点は存在しない．近代人は，事象を分類する複数の言語を採用することになったのだとアンガーは述べている．言語はある目的に従って便宜的に選択されるのであって，事象の本質との照応関係とはかかわりのないものである．ここでは，言語は，もはや事象の本来的な秩序を指し示すものではなくなっている．

本質の放棄という近代の趨勢は，道徳的言語にも波及する．道徳的本質の存在もまた，否定されるのである．近代の道徳的言語は，その言語を使用する集団の目的という観点から理解されることになる．世界のあるべき道徳的秩序を指し示す言語は存在しない．アンガーが，ここで語ろうとしているのは，次のことである．すなわち，「ヒュームのギロチン」に代表される近代の強迫観念とも言うべき事実と価値の分離の問題は，事実的言明と道徳的言明の論理的ギャップから直接生じているのではなく，事実的本質にせよ道徳的本質にせよ，何らかの本質が存在するのだという「伝統理論」の信念を放棄したことに由来するのだということである．理論を通じて理解されたのでない事実は存在しないし，本来的な秩序を語りうる道徳的言説もないとすれば，結局，残されるのはその時々で変化するモラリストの決定不可能な「言語ゲーム」だけということになる．

第２のリベラリズムのサイコロジカルな面を支配するアンチノミーが，理性と欲求の二元論である．このアンチノミーは，事実と価値の分離が客体の側から主体の側に投影されたものと考えることができる．それは，人間を２つの要素――すなわち，理性と欲求――に分割することができるとするリベラリズムの仮定に基づいている．欲求は，理性とは独立したものであり，理性によっては正当化できないし，また限定づけることもできない．欲求は，能動的であって，自我の意志的部分である．理性は，欲求が決定する行動の目的に至る最良の手段を特定することができるだけである．リベラリズムは，「本質」の教義を放棄したが，その代案となるべき諸価値を秩序づけるアプローチを示しえてはいない．このため，理性の視点からすれば，欲求は単に恣意的な目的の選択をおこなっているにすぎないということになる．

このような人格の２つの要素への分離は，行為の一貫した規準の発見を困難にしている．こうして，リベラリズムは，互いに競合し，一致点のない２つの道徳的理論を生み出してしまう．１つは「欲求の道徳」である．それによれば，欲求の充足だけが唯一の善である．理性は，欲求の充足に相応しい手段の選択について分析することはできるが，競合する欲求から何を選ぶべきかの規準を与えることはできない．結局のところ，この道徳は，諸目的を秩序づける手立てを欠いているのである．いま１つは，「理性の道徳」である．「理性の道徳」は，特定の個人が追求する目的にかかわりなく適用することのできる純粋に形式的な教訓を与える．この道徳は，選択の規準として機能するには，具体性を欠いている．特定個人の目的に対して中立な形式的・一般的原理は，特定の決定を導くものにはなれないのである．いずれの理論も，十分に一貫性のある行動原理を生み出すことに失敗している．「欲求の道徳が，導きの糸を与えることに失敗しており，われわれをランダムで変わりやすい欲望に委ねてしまうとすると，理性の道徳は，個人的な目的をもった主体的存在としてのわれわれの実存を軽視し抑圧している」(Unger, 1975, p. 54).

実際には，「欲求の道徳」は，そもそも何らかの倫理性を含んだものとは言い難い．それは，よく言って，「出来の悪い記述心理学」であるにすぎない．そこには，われわれが，ときどきに抱く諸欲求を秩序づけたり，われわれの満足度を測る規準が欠如しているのであるから，この道徳が目標としている欲求の充足は，永遠に達成されることはないのである．「理性の道徳」も，具体的にあれこれの状況のもとで決断に直面している人には，まったく助けにならない．というのも，それは，特定の目的からは，中立的なものでなければならないからである．

第３は，ルールと価値のアンチノミーである．それぞれが，別個の追求すべき目標をもった諸個人の集合体である社会は，それが，単なるアナキーであってはならないとすれば，そこに，何らかの行動のルールを定めることが不可欠である．しかし，この秩序はある１人の人間の価値を具体化したものであってはならない．リベラリズムにおいては，ルールは，価値の具体化によって正当性を主張することはできないのだから，秩序は，非人格的ルールによってのみ自由と和解することができる．なぜなら，価値は，徹頭徹尾，主観的であり個人的なものだからである．価値は，個人のうちにある恣意的な欲求に根差しているがゆえに，深く主観性を刻印されている．「価値は社会的な粉飾を施した欲求」(Unger, 1975, p. 67) なのである．したがって，仮にある価値が集団のメンバーに共有されたとしても，それは，偶々，「特定のメンバーの間に変化しやすい利害の一致がある」(Unger, 1975, p. 82) ということを示しているにすぎない．リベラリズムでは，共有された価値も恣意的な個人的選択の偶然の一致なのであるから，それを，ルールの基礎づけに採用することはできない．リベラリズムの政治理論が目指すのは，ルールを個人的・集団的価値に基礎づけることではなく，誰の価値にも恣意的な優先権を与えない一般的なルールの構築である．

ところで，アンガーによれば，先に見た理性と欲求のアンチノミーがあるために，リベラリズムはルールの定式にあたって２つの異なったアプローチを発達させることになった．第１のアプローチは,「理性の道徳」に導かれるもので，諸価値から中立的なルールを引き出すために「形式主義」へと傾斜するものである．しかし，この試みは決して成功しない．「形式主義」が定立する原理は，禁止すべき行為も奨励すべき行為も特定できないため，行動の規制としてはまったく無力なのである．

第２のアプローチは,「欲求の道徳」が主導するものである．このアプローチでは，自己利益を追求する個人を出発点として，すべての個人が同意できるようなルール導出の手続きが見出しうると主張される．そのような手続きは，個人と集団の価値を公正に守るものでなくてはならない．アンガーは，この種のアプローチをまとめて「実質的理論」と呼んでいるが，それは，そこで目指されている帰結が個人的欲求の充足に置かれているからである．

アンガーは,「実質的理論」にいくつかの類型を想定している．第１は，ルールが守護する利益の総計を決定することによって，具体性のある規準を与えようとする「功利主義」の試みである．しかし，この試みは成功しない．なぜなら，利益の総計を算出するためには，諸個人がそれぞれにもつ利益を通約する共通の尺度がなければならないが，個人的・主観的選好から出発する功利主義は，利益の総計を最大にする諸価値の組み合わせを決定する中立的な立脚点を見つけることができないからである．そのような立脚点は，リベラリズムが放棄したはずの客観的善を導入することなしには発見できない．

第２は,「社会契約説」である．「社会契約説」は，客観的善の再導入なしに，誰もが同意するであろうルール形成の手続きを発見することが可能であると主張する．しかし，アンガーは，この試みも退ける．なぜなら,「特定の法を定める手続きが曖昧であればあるほど,誰かがそれに反対する理由は希薄になる」(Unger, 1975, p. 86) であろうが，他方,「手続きが具体的になればなるほど，あらゆる人の欲求に平等に答える可能性は減少」してしまうからである．

結局，リベラリズムの政治理論が展開する原理は，曖昧性か主観性に侵されており，実際には役に立たない規準か，まったく恣意的な規準かのいずれかを提示することができるだけである．例えば，ロールズの理論もその例外ではない．ロールズは，一方で，社会契約説的構成を用い，万人が自己利益に基づいて受容しうるルール形成の手続きを提示しており，他方で，この手続きから権力と富を統制するはっきりとしたルールが結実するのだという功利主義的な想定をしている．しかし，極めて高度な洗練を示すロールズ理論といえども，リベラル・パラドックスを回避しえてはいないのである．

なぜそう言えるのだろうか．ロールズは，アンガーの言う「欲求の道徳」を大筋として受け入れている．ロールズは，社会の基本構造をなす正義の原理を定式化するにあたって，人々が自らの善を達成する可能性を増大させるような原理を追究しようとするのだが，このとき善の内実については問うことがない．ある個人にとっての善は，彼が何を望むかによって定義されるとロールズは考える．ここでは選択される善には何の基盤も与えられていない．ロールズの政治哲学が与えることができるのは，あくまでも考察の手続き——あるいは手続きの考察——なのである．

ところで，個人の欲求の追求が善であるとしても，それは，公正のために正義の原理によって一定の制約を受けねばならない．ロールズの政治理論で正（ライト）が善（グッド）に優先するのはこのためである．しかし，このことは同時に——逆説的な言い方になるのだが——ロールズにとって，善が正より根源的であることを示している．なぜなら，個人的な欲求の満足である善は，正義の原理によって守られるべきものとされているからである．結局，価値の正当化は，善の概念を考慮することなしにはなしえない．

ロールズが想定する「原初状態」とそれに続くステージのポイントは，本質論——ある価値は，それ自体として，善であるという考え——を回避したままで社会的ルールは導出しえるし，適用しえるということにある．しかし，実際には，ロールズの言う仮説的状況という概念自体や，また，そこで得られる諸原理を判定する際に暗黙の裡に適用されている規準は，「原初状態」のなかではなく，その外側で共有されている諸価値である．「原初状態」の想定が，強い説得力をもつとしても，それは，仮説そのものから発するものではなく，特定の共同体が既に共有している価値意識にフィットするものであったからだと考えることができる.「原初状態を支える諸原理は，正義について推論する際の工夫として，ある特定の共同体の内部では非常に広範に共有されており，疑義を呼ぶことが少ない」(ドゥオーキン，1986，p. 209).

アンガー的視点からすれば，ロールズの議論の第1の弱点は，正義の二原理の正当化が，それ自身は正当化されていない信念の受容に依存していることである．もしそうなら，ロールズの正義の諸原理は，ただロールズ的前提を共有する人たちだけに受容される．例えば，特定の社会が過去から蓄積してきた伝統に強い関心を寄せるコミュニタリアンは，社会に関する一切の情報を取り除いた「無知」の状態から正義の諸原理を導くことに説得力を感じないはずであろう．さらに，こうして得られた正義の原理が，特定の状況に対して明白な決定を促す指針となるだけの具体性に達しているかどうかも疑問とされねばならない．ロールズは，「無知のヴェール」の段階的な解除に従って，正義の原理の次のステージへの適用可能性は高まると考えている．しかし，実際には，その原理は，後のステージでの選択の現実的な土台となりえていない．例えば，第一原理（「各人は，万人の同様な自由の体系と両立する限りで，最大限の基本的自由の体系に対する平等な権利をもつべきである」）には，限定的な意味が欠けているため，われわれは，それを手掛かりにして特定の自由の相対的な重要性について明白な判断を下すことはできないのである．したがって，体制選択のような大文字の問題を立てた場合にも，「資本主義」と彼自身が推奨している「自由主義的社会主義」の間で，どちらを選択すべきかという決定の土台は，正義の二原理からは引き出すことはできない．根本的な問題は，原理の抽象性によってあらゆる人の支持を得ることではなく，原理が具体的な意味内容を帯びたときに広範な合意を得られるかどうかということである．重要な政治的選択や決断のための基盤も論拠も提供しえない政治理論は不完全な理論と言わねばならないだろう．

第4節　近代社会理論と構造否定的構造

アンガーは，前節で見たように，「リベラリズム」に対する手強い批判者である．しかし，それは，彼の一面であるにすぎない．批判対象である「リベラリズム」を乗り越えるために，アンガーが提起するのは，リベラリズムを早計に放棄してしまうことではない．むしろ，リベラリズムがその思想のなかに当初もっていたモチーフをラディカルに推し進めること，彼の言葉によれば，「スーパーリベラリズム」の制度化をおこなうことなのである．アンガーは，自身を「リベラリズム」のもっていた解放性の直系と位置づけている．

ところで，こうしたアンガーの自己認識の背景には，彼独自の近代思想に対する理解がある．マルクス主義やリベラリズムのような近代社会理論のもっとも偉大な達成は，社会が人間の創造力の産物であって，「根底にある自然的秩序の表現」(Unger, 1987a, p. 1) でないということの発見である．社会が，「人工の構築物」であるとすれば，それは，それを作り出した当の人間の手で変えることが可能なはずである．「近代の社会思想のなかでもっとも成功した営為を生み出した偉大な理念は，必然性という誤謬からの解放という理念である」(Unger, 1987a, p. 137)．「必然性という誤謬」の粉砕をスローガンにして，近代の思想家たちは既存の――あるいは，ある特定の――支配形態を，必然的で不可避だとして擁護する者に対して果敢な挑戦をおこなったのだとアンガーは論じる．しかし，彼に先行するマルクス主義やリベラリストは，この着想をその最終的な帰結まで推し進めることをしない．ある地点で退却が起こり，理論には社会構造や歴史発展の必然性が再導入されてしまうのである．

マルクス主義は，われわれが，無意識のうちにそこに捕らえられている制度的・構造的フェティシズムを暴露することで，フェティシズムからの脱却に道を開いた．しかし，結局のところ，歴史の担い手と目されたプロレタリアートに与えられるのは，鉄の必然性の使徒となることだったのである．一方，リベラリズムは，偏見や迷信に対して戦いを繰り広げたが，その射程は制度の全体にまで達せず，周辺的なものの分配にのみ関心を集中する矮小化に陥ってしまっている．また，その後継者たちが進める社会科学は，いまや「小範囲の記述された現象の小範囲の限定された説明」(Unger, 1987a, p. 1) である．主流の社会科学は，「現存する社会生活という枠組みを自明のものとし，それに必然性と権威の外観を与える本来的な傾向をもっているのである」(Unger, 1987, p. 2)．

リベラリズムとマルクス主義の限界を突破する，生きた人間解放の理論を生みだすために，「反必然主義的アプローチ」を根底まで追求すること．アンガーが取る立場は，あらゆる「社会的配置」は政治的に作られたものであり，それゆえ，「再想像と再構築」が可能だというものである．アンガーにとって，何らかの「社会的配置」が社会発展の論理に根差しており，「より高度な合理的実践的必然性を反映している」(Unger, 1987b, p. 3) というような見方は，到底，容認できるものではない．それゆえ，アンガーの解放された社会秩序のイメージは，「人工物としての社会という考えを徹頭徹尾」(Unger, 1987a, p. 1) 追求することから成り立っている．それは，極めて逆説的なのだが，秩序破壊そのものを制度的に保証する秩序，すなわち，自らの必然性を突き崩す「構造否定的構造」をもった社会秩序である．この意味で，アンガーのアプローチは，「偏見と迷信に対するリベラルの戦いをリベラリズムに伝統的に結びついている統治形態や経済・法構成の放棄が必要な地点にまで推し進めたもの」(Unger, 1987b, p. 588) と言ってよい．かつて，D. ベルは，『資本主義の文化的矛盾』のなかで，西欧の産業社会は，統合よりもむしろ分離によって特徴づけられると語ったことがある．ベルによれば，社会を活性化している単一の精神といったものは存在していない．社会は，異なった領域に分割されており，それぞれは，固有の原理によって導かれている．経済やテクノロジーの領域では効率性という操作的原理が，政治の領域では平等な市民という考えに基づいた正当性の原理が，文化の領域では無限の自己実現というモダニストの理念が支配しているといった具合である．このベルの議論を援用して言うなら，アンガーは，ベルが「文化」に認めた原理――すなわち，自我の高揚と自己実現――を，社会がそれに従って再構成されるべき基軸に採用しようとしていると言える．モダニストが高々と掲げた人格の自由が生活の全領域に展開されるのである．啓蒙の夢であった合理的な社会は，本来，モダニスト的理念の追求の果てに見えてくるはずのものであった．しかし，これに反して，実際には，中途半端なリベラリズムを採用した西欧社会は，固定的な役割構造やヒエラルヒーによって凍結されてしまっているとアンガーは主張する．例えば，チェック・アンド・バランスのような制度的装置も，アンガーの考えでは，むしろモダニスト的な自己表現を満たす社会の実現を妨げるものでしかない．

　こうしたアンガーのプロジェクトの核心にあるのは，人間を限定的世界に巻き込まれた無限の存在と見る見方――すなわち，人格に関する世俗化された「キリスト教的・ロマン主義的」(Unger, 1984, p. vii) 理解である．確かに，人間存在は，ほとんどの場合，社会的・文化的コンテクストの「受動的な自動機械」であり，「予め定められた役割の顔のない表象」である．しかし，このようなコンテクストの包摂性は，必ずしも完全ではない．人格を完全にロボット化することはできないとアンガーは考える．人格は，つねにコンテクストをはみ出し，自己実現を求める可能性をもっている．「われわれは，制約のなかに捕らえられた無制約」なのである．アンガーは，このモダニスト的人格を「キャラクター」と「セルフ」の区分によって説明している．「キャラクター」は，個人の行動を固定したパターンに導くルティーン化した習慣や傾向性の束である．これに対して，「セルフ」は行為のルティーン化したパターンを拒絶して，それとは別のものをイメージする力能である．アンガーの力点がどちらに置かれているかは言うまでもない．

ここで注目しておきたいのは，ある意味で，アンガーが人間の本性についての特定の見方から規範的な結論を引き出すという古典的手法を採っている点である．もちろん，アンガーは，「伝統的理論」への単純な先祖帰りを主張しているわけではない．人間本性を固定しようとする理論は，あまりにしばしば単に現行の社会的・政治的秩序の投影であったことをアンガーは十分自覚している．人間本性に関する一切の固定的理論――そうした理論を，アンガーは，「形而上学的リアリズム」と呼んでいる．――は，思想と行動を人為的に制約しようとするものである．それは，決して，超歴史的な真理性を主張することはできない．しかし，アンガーは，人間存在についてただ1つだけ非偶然的な事実があるのだと主張する．すなわち，「永遠の可塑性」がそれである．固定的な本性が存在しないこと，これこそが人間の本性であるとアンガーは考える．一方で本性に訴える伝統的な社会理論を軽蔑しながら，他方でアンガーは「人間本性の可変性」を規範的な規準として提起する．「人々は基本的な安全の感覚を，つねに特定の社会的役割や仕事・生活様式の維持に置こうとする．しかし，こうした安全性の観念への固執は，強化された民主主義的制度とも，それを支える人格的・社会的理念とも両立しないことがわかるはずである．……人々は，防御の感覚を置くべき場所に関して，限定した固定的な見方から離れることができるはずであり，またそうすべきである」(Unger, 1987b, p. 524)．人格の無限性を掲げるアンガーの人間本性の理論からすれば，「自我の能力はそれが構成する想像的・社会的世界を無限に超え出る」．したがって，最終的なユートピアを到着点に思い描くような社会に関する目的論は，はっきりと否定されねばならない．なぜなら，「可能で望ましい人間の組織の多様性についての想像的なビジョンや制度化された秩序は，それがいかなるものであっても，われわれがそれを望む十分な理由があり，実現させる十分なチャンスをもつ実践的で情熱に満ちた人間の結合のすべてのタイプを尽くすことはできない」(Unger,

1984, p. 35）からである．

「人間性のもっとも目覚ましい特質は，乗り越え，改訂する能力である」と語るアンガーの立場は，確かにサルトル的実存主義に極めて近接している．とりわけ，印象的なのは，サルトルの『存在と無』における意識の説明との類似性である．しかし，初期のサルトルが本質的に非社会的であり，人間存在は「無益なパッション」であるという否定的な結論を導いたところで，アンガーは，同様の実存主義的前提に立ちながら，それを基礎とする社会構成を構想し，肯定的な解決策を探ろうとしている．つまり，実存主義がコンテクスト破壊という一時的な行為に自我を全面的に消尽してしまったのに対して，アンガーは人格の無限性が継続的に保障されるような国家や市場・権利の具体的制度化のプログラムを構想しようとするのである．

とはいえ，アンガーの国家論は，国家構成に関する具体的・体系的記述を含み社会的世界の再構成というユートピア的目標を掲げるある種のリベラリズムやマルクス主義の国家論とは大きく異なっている．アンガーのモダニスト的国家論は，現存の社会構成を掘り崩し，固定化する以前にヒエラルヒーを破壊する「脱安定化権」に基づいて構想されている．通常のイデオロギーが理想とする社会的世界を静的に特定化しようとするのに対して，アンガーのビジョンは社会変動という動的過程にのみ考察を集中するのである．

しかし，ここで付け加えておかねばならないのは，アンガーは，決して超越的な自我を想定しているわけではないということである．われわれは，お互いに制約を課する何らかのコンテクストを通して，初めて関係をもつことができるのであって，コンテクストの無化は無意味なアトムの錯乱でしかない．しかし，また，われわれは，特定の社会的コンテクストを拒否する自由ももっている．そうしたものを，まったく欠いては，生きられないとしてもである．つまり，「われわれは，コンテクストへの依存を決して乗り越えることはできない．しかし，それを緩めることはできる．というのも，代表や関係のあり方を規定する諸コンテクストは，それがわれわれに強いる限定の強度が違うからである」（Unger, 1987a, p. 21）．

社会生活の枠組みをなす「基本的な制度的配置と共有された先入見の体系」（Unger, 1987a, p. 62）を，アンガーは，「形成的（フォーマティブ）コンテクスト」と呼んでいる．それは，通常，社会の成員の「社会的役割や地位の体系」を生み出し，維持する働きをする．「形成的コンテクスト」は，日常生活のルティーンとなっている活動の性質と限界を定義する．日常生活の原形質を形成するルティーンは，経済的・政治的活動の反復パターンであって，これを通して支配と資源の分配の問題が解決されているのである．

「形成的コンテクスト」が転換するのは，支配と資源の分配をめぐる個人間，あるいは，集団間の紛争がエスカレートして，問題解決の枠組みそのものの問い直しに至った場合である．したがって，それぞれのコンテクストは「特定のユニークな実践的・想像的な闘争の歴史の結果」（Unger, 1987b, p. 34）と言わねばならない．１つのコンテクストから別のコンテクストへの移行の必然性を説明するメタ・セオリーは存在しない．しかし，それぞれのコンテクストは変動に対する抵抗度において多様でありうる．この記述的事実から，アンガーは，１つの規範的提言をおこなう．すなわち，変化に対してよりオープンである「形成的コンテクスト」がより望ましいと言うのである．アンガーが想定しているのは，「社会生活のあらゆる特性が集団的な挑戦と紛争に対して開かれて」（Unger, 1987b, p. 169）おり，すべての固定した役割とヒエラルヒーを弱体化する「動員的なデモクラシー」である．そのような「形成的コンテクスト」は，自己自身のうちに強い「否定能力」を備えているはずだが，アンガーは，それを「コンテクスト維持活動」と「コンテクスト超越活動」の対照性を緩和することとして定義している．われわれは，容易に変更可能で固定化することのない「形成的コンテクスト」を構築しなければならないのである．

したがって，アンガーにとって望ましい社会構造とは，「紛争を抑圧するより，むしろ紛争を招来するものである」（Unger, 1987b, p. 24）．「コンテクスト＝防御的ルティーンとコンテクスト＝変革的紛争の間の距離を縮小すること」（Unger, 1987a, p. 7）によって，「社会秩序のあらゆる局面を問題にし，秩序を紛争にさらさねばならない」．アンガーが構想する社会の住人は「不遜で大胆で無鉄砲ですらなければならない」（Unger, 1987b, p. 134）．なぜなら，アンガーの言う「強化されたデモクラシー」下における日常生活は，どのような行為領域も紛争化から逃れられない「相互的な脆弱性が高められたゾーン」のなかでの絶え間ない挑戦の日々であるからである．「真の満足は，人が，個人的にであれ，集団的にであれ，予め立てられた生の環境と戦うことを可能にする活動性のなかにのみ見つけ出すことができる」（Unger, 1987a, p. 11）．目標とされるべきは，「特定の社会的世界を，それがあたかも現実の限界を定義し社会生活の可能性を限定するものと捉える傾向に対抗してつねに戦う」（Unger, 1983,

p. 665）ことである．アンガー的世界では，政治は，解放と紛争を最大化するものなのである．

リベラリズムの世界では，「権利」は，絶対的な個人の自律の領域を境界設定するものであった．これに対して，スーパーリベラリズムの世界にも，主要な4つの「権利」が存在するが，それは集団的な自治を促し，社会的ヒエラルヒーの固定化を防ぐためのものである．「脱安定化権」は，個人に既存の制度と社会的支配力の行使を破壊する力を与える．「市場権」は，個人が社会資本の分け前を求める限定的な権利を与える．「免除権」は，国家や他の集団から基本的な市民権と福祉の権利を保護する．「連帯権」は，それぞれの集団が他の集団の利害に一定の影響力をもつ権利である．ここに，アンガーにとって，「権利」というシェーマが，市民が不可侵の権利を行使する機会を増大させるといったリベラリズム的権利概念とはまったく異なったものであることが，はっきりと現れている．アンガーは，特権やヒエラルヒー，社会の分割形態を固定化しないために権利概念を徹底しなければならないという前提から出発しているのである．「権利」は，特定の社会生活のかたちに具体化されるべきではない．なぜなら，そのような聖別は，「誤った必然性」の具現であるからである．アンガーの構想する社会では，個人的・社会的な生活の全局面が政治の手の届く範囲にある．いかなる実践も制度も，変動を志向する政治から逃れることはできない．

例えば，「脱安定化権」は，権力の固定化を許さないために，確立した制度や行為を崩壊させることのできる集合的権限である．アンガーのプログラムでは，行政の役割は，この「脱安定化権」を維持することに置かれている．行政が果たすべきなのは，「通常の紛争のもつ脱安定化効果に対して閉じられたままであり，権力と特権の不可侵のヒエラルヒーを維持している広大な組織と拡大された社会的実践の領域を広く解放することに対して市民がもつ利害を守る」（Unger，1987b，p. 530）ことである．

さらに，アンガーは，市場が脱中心化した交換の領域であるために，財産権に対する絶対的な要求を緩和することを提案している．主要な生産財に対する支配権は，「循環資本ファンド」へと転換される．このファンドは，市場への新規参入者がつねに存在する状態を維持することを目指している．また，逆に，いかなる企業も法規を根拠に市場の不安定性から逃れるだけの支配力をもたないよう保証するものである．こうした仕方で財産権を制約することは，今日の小規模で前衛的な企業の特徴である柔軟な労働の組織化形態を促進することになるとアンガーは考えている．もちろん，資本の獲得者が，「無制約なギャンブラー」として行為するような市場の作用は，すべての市民に最低限の収入を保障することによって緩和されねばならない．

しかし，ここでアンガーは，１つの逆説を引き込むことになる．彼は，自らの提起した社会構造が「構造否定的構造」として機能することを望んでいる．「構造否定的構造」は「何らかの明確に制度化された秩序が社会生活のなかに固定化することを妨げる」（Unger, 1987b, p. 572）ものである．しかし，実は，「脱安定化権」が空虚なものでないためには，堅固な支配構造を精査し解体するだけの強力な統治権力をもたねばならないはずである．このことを理解するためには，巨大企業による市場支配を排除するための反トラスト法が，アメリカ政府の統制手段を限界にまで拡張することになったことを思い出してみれば十分である．いわんや，アンガーの「脱安定化権」は，市場のみならず社会生活の全領域にわたって独占と寡占に挑戦する権利を強化しようとするものなのである．統治機構は，「体系的な介入に責任をもっているのだから，その処分にあたって主要な制度を再構築し，時間軸に沿って再構築を追求する努力にとって必要とされる技術的・財政的・人的資源をもつべきである」（Unger, 1987b, p. 453）．結局，「構造否定的構造」は，統治権力を分散すると同時に集中しなければならない．

アンガーの提示する国家構造は，終わりのない紛争がそこで効果的に戦われる制度的環境を与えるものとして構想されている．しかし，ここで設定されたアリーナは，闘争の行方に前もって影響を及ぼすことはない．したがって，国家構造のプログラム的提示と目的論の回避は両立されることになる．「通常の社会的行為の過程での批判や転換に対して不可侵性を維持しようとする実践や信念の構造を恒常的に弱体化」（Unger, 1983, p. 660）しようというアンガーの意図は，確かに，貫徹されている．かくて，アンガーは，彼の制度プログラムの優越性を主張するのである．

第5節　スーパーリベラリズムの限界

アンガーの構想する政治制度は，「スーパーリベラリズム」と呼ばれる十分な理由をもっている．というのも，それは，特定の社会的行動の領域に適用されているリベラリズムの理念を，社会的相互作用の全領域に拡張したものだからである．経済的リベラリズムは，「レッセ－フェール」を理念とし，経済資源の自由な交換を尊重する経済構造を要求する．政治的リベラリズムは，理想の自由な表明を奨励する制度的構造を要求する．これに対して，「スーパーリベラリズム」は，「コンテクスト破壊能力を尊重し奨励する」(Unger, 1987b, p. 510) 制度を要求するのである．リベラリズムの信念によれば，われわれは，対立する理念から絶えず挑戦を受けることから利益を引き出すことができる．「スーパーリベラリズム」の信念によれば，われわれは，社会構造そのものを恒常的な挑戦にさらすことから大きな利益を得ることができるのである．リベラリズムが，理念の自由市場を求めるとすれば，「スーパーリベラリズム」は，社会制度の自由市場を求めるのだと言ってよい．

安定性を賛美し，ルティーンとレボリューションを峻別し，政治的空間に党派性の危険だけを見出す立憲主義的思考様式に対して，アンガーははっきりと「ノー」を突き付ける．アンガーによれば，根本問題はつねに手の届くところに置かれていなければならない．ルティーンとレボリューションの区別は，本来，必要のないものであって，根本問題は，「政治へとはっきりと開放されて」いなければならないのである．

こうしたアンガーのシステムのなかでは，自由についての実存主義的理念と自己超越というロマン主義的・キリスト教的概念が結合されている．アンガーの制度的提言が，現存の権力配分と現存の選好体系の固定化を乗り越える活力に溢れた公的空間の創造に向けられているのはそのためである．しかし，この基本的なアプローチは，十分な基礎を欠いている．なぜなら，「コンテクスト破壊」が，本来的に善であるという前提が問われることのないまま論理が組み立てられているからである．しかし，「コンテクスト破壊」が善であると言えるためには，破壊の前後のコンテクストの価値を通約する物差しがなければならない．それが望ましいものであるかどうかは，福利や徳や自律性といった何らかの実質的道徳概念に依存して，そういったものを増進するコンテクストをそうでないものから区別することが必要なはずである．そして，おそらくそうした道徳概念は，アンガー的主体のなかには見つけ出すことができないのである．

アンガーは，人格を「セルフ」と「キャラクター」に分割し，前者に本来性を与えた．ここにアンガーの議論のもっとも根本的な難点がある．本来的自我は，ルティーン化したキャラクターから自由であるべきだというアンガーの見解とは反対に，個人のアイデンティティにとってパターン化された行動は極めて大きなウェートをもっている．「キャラクターの特徴とは，われわれがもったり感じたりするものではなく，われわれがそれであるところのものである．人格としてのわれわれのアイデンティティは，その大部分は行動パターンの学習と継承によって構成されている」(Galston, 1987, p. 757)．

「コンテクステュアリティの問題」としてアンガーが見事に描きだした人間存在のアンビバレントな経験は，結局，「コンテクストからの超越」に強く傾斜することでその微妙なニュアンスを失ってしまっている．しかし，われわれは，「セルフ」と「キャラクター」――言い換えれば，「コンテクストへの内在」と「コンテクストからの超越」――の間で二者択一をすべきではない．主体の絶対的な主権という幻想は，自我のなかにある他者性を抑圧してしまう．例えば，われわれは，言語によって思考するが，言語は主体によって所有されるものではないし，主体によって創造されたものでもない．われわれは，言語体系という所与に従うかたちでしか，他者とのコミュニケーションに開かれた思考を展開することはできないのである．しかし，このことは，われわれの思考が言語の奴隷であることを必ずしも意味していない．われわれは，言語の部分から独自のパッチワークを紡ぐことができる．われわれは，意味の固定化を巧妙に解体し続けている「デコンストラクション」の試みが，言語やコミュニケーションのなかに潜む他者性の痕跡を抜け目なく探索してきたことを学ぶ必要がある．

コミュニタリアンは，個人のアイデンティティは，他者との関係を通じて形成されるものだと考える．社会的世界に関与する以前に，個人の基底に実体として自我の核心のようなものが存在するわけではない．アイデンティティの本来的な社会性は，もちろん単純に主張されるべきではない．それは，ヘーゲルが『精神現象学』で描いたように複雑な来歴を経るはずのものである．しかし，忘れてはならないのは，アンガーが「自己主張」と呼ぶ個人性を求める戦い自体，関係の相互性が実現していないところでは十分な意味をもつことができないということである．ヘーゲル風に言えば，個人性の承認は適切な共同体でのみ果たされる．

つまり，所与性の神話を批判するだけでなく，個人の思考や想像力を主体の所有物と見なす考えも同時に批判されねばならない．アンガーは結局，個人を想像力の主人として描いているが，想像力や，あるいは，一般的に言って，知そのものが決して個人の所有物でないことが思い出されねばならない．想像力は言語に具体化されたものである共有された伝統や神話に根差しており，実は集合的な基盤をもっているのである．

リベラリズムは，パーソナリティに関する非歴史的な概念を前提にしている．そこで想定されているのは，根本的に歴史的・社会的環境から引き離された選択する自我である．これとは反対に，コミュニタリアンは，個人を有機的全体の一部としてのみ意味をもつ存在として捉えがちである．失われた世界に対する郷愁に訴えてホームへ至る道を見つけようとする安易なコミュニタリアンの試みは，最悪の場合，社会紛争を無視し，階層の分割と秩序の永遠性を正当化することに向いかねない．この不毛なイデオロギー対立の乗り越えるため，アンガーは，リベラリズムも含めて近代思想がもっていたと彼が考える基本モチーフをラディカルに徹底しようとする．それは，人間存在の無限性はいかなる社会構造も包摂することができないという考えである．このため，アンガーは，構造破壊性を内包した構造否定的構造といういわばメタ構造を提起することになった．しかし，このアンガー的世界は，ニーチェ的超人にのみ相応しい永久革命の不安定な世界であると言わねばならない．

ウィトゲンシュタインに倣って言えば，「われわれはすべてを疑うことはできない」のではないだろうか．すべてを問い直すとき，われわれは，問いを発する主体自身が消失してしまうことに気づかねばならない．なぜなら，個人性は人間的性質にある持続が認められる場合にのみ可能になるからである．自らが属しているコンテクストをつねに破壊するような人間性とは，もはや自己を喪失した人間性である（サンデル，2009）．

アンガー的世界では，自己規定の基盤となる属性やコンテクストは，制約を課す破壊さるべき障害物である．しかし，あらゆる基本特性を剥ぎ取られた人間性とは，無内容な即自体である．真の個人性は，相対的に固定した性質のなかでのみ開花することができる．個人は血肉を欠いた抽象物ではなく，部分的には社会的コンテクストによって構成されている．想像的再構築の能力も歴史のなかで育まれ，直接的な環境のなかで作動する．それは，共同体的紐帯を通じて維持されるのである．われわれは，意味を過去という基盤や既存の理念に縛り付けようとする形骸化した「保守主義」を避けようとして，すべてのコンテクストを破棄する必要はない．なぜなら，われわれは，つねに伝統のなかにあって，そこから想像力を働かせているからである．それは，われわれを，際限のない過去の反復ではなく，異なった未来へも導くはずである．

参考文献

ベル，ダニエル（1976）林雄二郎訳『資本主義の文化的矛盾』講談社（講談社学術文庫）.

ドゥオーキン，ロナルド（1986）木下毅他訳『権利論』木鐸社.

Freeman, Alan（1981）"Truth and Mystification in Legal Scholarship," *Yale Law Journal* 90.

Galston, William（1987）"False Universality: Infinite Personality and Finite Existence in Unger's Politics," *Northwestern Law Review* 81.

Hutchinson, Allan/Monahan, Patrick（1984a）"Law, Politics, and the Critical Legal Scholars: The Unfolding Drama of American Legal Thought," *Stanford Law Review* 36.

———（1984b）"'Rights' Stuff: Roberto Unger and Beyond," *Texas Law Review* 62.

Johnson, Chalmers（1984）"Do You Sincerely Want to be Radical?," *Stanford Law Review* 36.

Kennedy, Duncan（1979）"The Structure of Blackstone's Commentaries," *Buffalo Law Review* 28.

サンデル，マイケル（2009）菊池理夫訳『リベラリズムと正義の限界』勁草書房.

Unger, Roberto（1975）*Knowledge and Politics*, The Free Press.

———（1983）"The Critical Legal Studies Movement," *Harvard Law Review* 96.

———（1984）*Passion*, Free Press.

———（1987a）*Social Theory*, Cambridge University Press.

———（1987b）*False Necessity*, Cambridge University Press.

第Ⅲ部　正義の戦争と不正義の戦争の狭間

第8章　マイケル・ウォルツァーと正戦論という問題

第1節　戦争の語られ方
――引き裂かれた言説空間――

戦争という主題をめぐる戦後日本の言説空間は，両極端の2種類の議論へと引き裂かれているように見える．すなわち,「平和主義」と「現実主義」である．

平和主義によれば，戦争は，それ自体，絶対悪である．したがって,「戦う主体によっては戦争が正しくなるというはずもない．また，その処方箋も，……戦争という行為の追放と，それを可能とする武器の追放に向けられる」(藤原，2001，p. 20)．平和主義においては，戦争の理由や方法を問うことには，ほとんど意味がないとされるのである．

他方，現実主義によれば，国際政治とは，それぞれの主権国家が「国益」の最大化を目指して，利用可能な様々な手段を駆使して競い合うアリーナにほかならない．戦争とは，そうした国益追求の合理的手段として用いられる選択肢の1つなのであって，道義的判断には馴染まない．また，主権国家は，定義上，最高権力であり，法を強制することのできる世界政府は存在しないのだから，戦争は法的判断にも馴染まないのである．

平和主義と現実主義の対抗――一方での戦力の不保持を規定したイデアルな「平和憲法」と，他方での日米安保条約に代表される勢力バランスを勘案したリアルな安全保障――を，矛盾のままに生きることで，日本人は，戦後という時間をやり過ごしてきたと言えるかもしれない．しかし，このような二極化のなかで，日本ではこれまでまともに取り上げられる機会のほとんどなかった戦争をめぐる思想系譜がある．それが「正戦論」である．

正戦論の歴史は古いが，その基本形を確立した人物の1人としてトマス・アクィナス (1225～1274) を挙げておくことができる．アクィナスは「ある戦争が正しいものであるためには，3つのことが必要となる」と述べている．①正当な権威, ② 正当な原因, ③ 正当な意図, がそれである（アクィナス, 1997, p. 80).
このようなアクィナスによる定式化は, 正戦論が, 絶対平和主義から離脱し,
戦争を正当化する側面を確かにもっている一方で, 戦争が正当なものとなる条
件を明示化することによって, それを厳しく制限することを意図したものであ
ることをよく示している.

冷戦体制の終焉は, 日本にも, これまで回避し続けてきた――あるいは, 回
避することが可能であった――正戦論という問題を突きつけることになったと
言えるのではないだろうか. 例えば「人道的介入」の問題は, その1つの例で
ある. アウシュヴィッツを生き延びたE. ウィーゼルの次のような言葉の前で
は,「私は人を殺さない」という平和主義者の回答は, おそらく十分なもので
はない.「暗殺者や拷問者や死神を放置することは, 彼らの法に従うこと, 彼
らの共犯者になることだ. 人間に非人間的な部分があるとすれば, それは残酷
さを嗜好することではなく, 自分に関係のないと思うことに, かかわらないこ
とを選択することにある. ／介入の反対は何か. それは無関心である」（ウィー
ゼル, 1997, p. 23).

第2節　隘路から隘路へ
――ウォルツァーの正戦論――

1　現実主義と平和主義への批判

現代における代表的な正戦論者であるM. ウォルツァーが, いまでは半ば古
典となった『正義の戦争と不正義の戦争』を70年代に書いた背景には, ベトナ
ム戦争があった. 現実主義の立場に立って行動する当時のアメリカ政府を批判
する武器として, ウォルツァーは, 正戦論の復権を試みたのである.

先に見たように, 現実主義者によれば, 国際社会に道徳を持ち込むことは国
家行動の記述として失当している. もし戦争に関して何らかのルールがあると
すれば,「恋愛と戦争においてはすべてが正しい」という格言が示しているも
のがそれである. すなわち, 恋する者が愛を獲得するためには手段を選ばない
ように, 戦争のような極限的な事態においては,「何でもあり」がルールだと
いうのである.

しかしながら, ウォルツァーによれば, 現実主義者は, 戦争に関するわれわ
れの「共有された理解」を誤って解釈している. 確かに政治家や兵士は, つね

に道徳的に振舞うどころか，戦争に関連してたびたび嘘や虚偽を用いてきた．しかし，そのことは戦時にあっても人間が道徳とは無縁ではいられないこと――自己を正当化せずにはいられないこと――を逆説的に示しているのである．それゆえ，ウォルツァーは，現実主義者の解釈とは反対に「われわれが現実に道徳的世界のなかで行為しているということ」（Walzer, 2000, p. 20）こそ事実なのだと考える．

これに対して，平和主義は，いっさいの戦争を悪として拒絶する．しかし，「独立国の領土的一体性と政治的主権」を重視するウォルツァーにとって，自国が侵略されているにもかかわらず武力による抵抗を排するような平和主義は，不正義への間接的な加担であり，容認されるものではない．平和主義もわれわれの戦争に関する「共有された理解」の解釈として適切なものとは言えないのである．

こうしてウォルツァーは，正しい戦争があるとする点で平和主義から区別され，戦争にあっても一定の道徳性が要求されるという点で現実主義からも区別される地点に，正戦論を位置づけようとしている．

2　戦争への正義（jus ad bellum）

ウォルツァーの正戦論も，伝統的な枠組みに従って，「戦争への正義（jus ad bellum）」と「戦争における正義（jus in bello）」の二分法を用いている．

「戦争への正義」が考えようとしているのは，戦争に訴えることが許容される条件である．ウォルツァーは，これまで正戦論が伝統的に提起してきた次の６つの条件のそれぞれについて検討している．すなわち，① 正しい原因――侵略に対する自衛，無辜の民の保護，悪しき行為への懲罰といった正当な理由があること，② 正しい意図――武力行使は征服欲求や報復欲求によるものではなく，正しい原因に沿ったものであること，③ 正式な権威――公的な手続きを通じて，人々が開戦に有意味な同意を与えていること，④ 最終手段――戦争は他の手段が尽くされた最終手段であること，⑤ 成功の見込み――武力行使によって，目的が達成される十分な可能性があること，⑥ 比例性――戦争によって達成される善が，その過程で生じる損失を上回っていること，がそれである．

しかし，『正義の戦争と不正義の戦争』の第２部全体が「侵略の理論」と題されていることからも窺えるように，ウォルツァーが「戦争への正義」の条件としてもっとも重視しているのは,「正しい原因」のうちの「侵略に対する自衛」である. というより, ウォルツァーにとって, 戦争に訴えることが正当化されるほぼ唯一の場合が, 侵略への応答なのである. ここで言われている「侵略」とは,「独立国家の領土的統一と政治的主権へのあらゆる侵害」(Walzer, 2000, p. 52) を意味している.

侵略に抵抗する自衛のための戦争が正義に適った戦争であることを, ウォルツァーは,「国内的類推」を用いて説明している. つまり, 国内レベルにおいて, 個人は「生命と自由への権利」をもっており, この権利への侵害を排除することは「正当防衛」として認められているように, 国際レベルにおいて, 国家は「領土的統一と政治的主権への権利」をもっており, この権利への侵害を排除することは「自衛戦争」として認められるというのである.

国家のこのような権利は「究極的には諸個人の権利に由来しており, そこから国家の権利は力を得ている」(Walzer, 2000, p. 53) とウォルツァーは考えている.「国家の権利とは, 単に, [諸個人の人権の] 集合的形態にすぎない」のである. ここに表明されているのは, 一見, 極めて明快な社会契約説――個人を議論の出発点に置き, 諸個人がよりよく権利を守るために, 相互に契約を結んで国家を形成したといったホッブズ的社会契約説――的構想であるように見える. しかし, ウォルツァーは, コミュニタリアン――本人はそう呼ばれることを好んではいないのだが――であるという点を見落としてはならないだろう. 個人の人権は, 実際には, 国家が与えることのできるような安定した社会的コンテクストなしには, 確保されない. そのような社会的コンテクストは, 確かにわれわれが作っているには違いないのだが, 同時にわれわれはそれによって作られてもいるのである.「長い時間をかけて, 共有された経験と多くの異なった種類の協調的活動が, 共通の生活を形成している」(Walzer, 2000, p. 54). したがって, ウォルツァーの言う社会契約は, 単に共時的な契約であるだけはなく, 通時的な契約でもあるというバーク的ひねりが付け加えられているのである. つまり, それは,「生ける者と死せる者, これから生まれてくる者」の間での契約でもある.「国家の最深の目的は, 防衛である」のだが,「その防衛は, 諸個人の生命と自由だけでなく, 彼らが共有する生活と自由, 彼らが作り上げた独立した共同体――ときには個人がそのために犠牲になる――にまで拡張される」ものなのである.

ウォルツァーによれば, 侵略に対して抵抗するかどうかは, 最終的には当該国家の自由な選択に委ねられている．しかし，彼がどちらの選択肢により好意的かは，明白である．一方で，「成功の見込み」や「比例性」といった観点から功利主義的計算をおこない，「宥和策」を選ぶことも必ずしも「道徳的に愚劣」なわけではないことを認めつつ，しかし他方で，国内社会においてわれわれが誘拐犯や恐喝者に対処する場合を例に取りながら，ウォルツァーは次のように述べる．抵抗（あるいは拒否）のコストがあまりに大きいとき，われわれは妥協を選び，犯人との交渉に応ずるかもしれない．しかし，その場合には，後悔も大きい．それは「われわれが抑止というより大きな共同の目的に寄与しえなかっただけではなく，より直接的には強制と不正義に屈したから」（Walzer, 2000, p. 67）なのである．侵略に対処するにあたっても，同様のことが言えるだろう．1939年，スターリンのロシアの横暴な申し入れに敢然と立ち向かったフィンランド人に共感を示しながら，ウォルツァーは，こう断じている．「われわれの共同の価値は，戦いによって，確証され，高められる．これに対して，宥和策は，それが賢明さのよりよい部分であるときですら，そうした価値を衰弱させ，われわれすべてを［精神的な］貧困のなかに置き去りにする」（Walzer, 2000, p. 71）のである．

これまでの議論から明らかなように，ウォルツァーにとっては，「戦争への正義」を構成する要件のうち侵略への抵抗が圧倒的に大きなウェートを占めている．結局のところ，「侵略以外の何ものも戦争を正当化しえない」（Walzer, 2000, p. 62）のである．その他の「戦争への正義」の要件にも，ウォルツァーは，一応の吟味をほどこしている．しかし，彼にとって，それらの有効性は，あくまで限定的なものでしかない．例えば，「正しい意図」は，まったく空虚な基準というわけではないが，ウォルツァーによれば，「完全に単一の動機，純粋な善意は，１つの政治的幻想」（Walzer, 1977, p. xviii）なのである．

3　戦争における正義（jus in bello）

ウォルツァーの考えでは，戦争の倫理に関するわれわれの「共有された理解」の「最良の解釈」が指し示しているのは，正しい目的は正しい手段で追求されねばならないということである．つまり，ある戦争が正戦であると言えるためには，それが侵略に抵抗するためのものというだけでは十分ではない．戦闘の方法も一定のルール――ウォルツァーはそれを「交戦法規」と呼んでいる――に適ったものでなければならないのである．目的のためには手段を選ばないという功利主義的基準ははっきりと退けられている．手段に制約が課されなければならない根拠は，諸個人のもつ生命と自由への権利に置かれており，その意味で，ウォルツァーは権利主義的基準を採用しているということができる．

「戦争への正義」と「戦争における正義」が区別されるということは，「正しく始められた戦争が，不正に戦われる」（Orend, 2000, p. 135）場合や，不正に始められた戦争が，正しく戦われる場合がありえるということである．この区別に基づいて，ウォルツァーは，「戦争への正義」についての責任を開戦の決定にもっとも深くコミットしたはずの政治的指導層へ，「戦争における正義」についての責任を軍へと，それぞれ振り分けている．「彼［兵士］がコミットした残虐行為は，彼自身の責任であるが，戦争それ自体はそうではない」（Walzer, 2000, p. 39）．というのも，兵士は，国家による社会化の結果，自分たちの戦っている戦争を正しいものと信じているのが普通であり，戦争の正しさそれ自体を判断するために必要な知識を手に入れることは，通常，困難な状況にあるからである．ここから，ウォルツァーの言う「兵士の道徳的平等性」が引き出されてくる．「侵略国のために戦っている兵士自身は，犯罪者ではない．それゆえ，彼らの戦争における権利は，対抗者のそれと同一である」（Walzer, 2000, p. 136）．ここで述べられている「戦争における権利」とは，実際には，敵の兵士を殺すことを意味している（Walzer, 2000, p. 41）のだが，ウォルツァーの考えでは，正しい国家の兵士であれ，不正な国家の兵士であれ，戦場においては等しく殺傷兵器の標的とならない権利を喪失するのである．

ウォルツァーが，共有された戦争の慣習から取り出してくる交戦法規は，次の3つである．① 戦闘員と非戦闘員を区別すること．軍の攻撃対象になるのは，害敵行為に携わっている者だけである．非戦闘員を意図的に攻撃してはならないのはもちろんのこと，たとえ兵士であっても戦意を失っているような場合には攻撃対象とされてはならない．② 軍は正当化可能な攻撃対象に対して，均衡のとれた武力のみを行使すること．③「人類の良心にショックを与える」ような「本来的に邪悪な」手段を採用すべきでないこと．ウォルツァーは，繰り返し，①がもっとも重要なルールであると述べており，②③への関心は相対的に薄い．例えば，ウォルツァーにとって核兵器は，①②③すべての基準に照らして不正義なのだが，彼がもっとも重要視しているのは，それが根本的に無差別の兵器だという点である．第2次世界大戦におけるアメリカの日本に対する核兵器の使用を，ウォルツァーははっきりと不正義であったと断じている．

しかし，ウォルツァーが交戦法規のなかでも最重要と考えているはずの非戦闘員の不可侵性は，実のところ絶対的なものではない．それは，いくつかのケースで，括弧に入れられてしまっているのである．1つは「二重効果説」が述べるような事態である．攻撃にあたって，非戦闘員の犠牲者をいっさい出してはならないとすれば，実際上，すべての攻撃は不可能になるだろう．そこで，二重効果説は，次のように主張する．いま，正当な攻撃対象だけを意図的に狙っているのだが，攻撃対象の破壊には非戦闘員の犠牲が付随することが予見されているとしよう．この場合にも，攻撃対象の破壊だけが意図されており，非戦闘員の殺傷は意図されていないのならば，攻撃は許されうるというのである．つまり，二重効果説は，②③の条件を厳密に遵守して軍が攻撃をおこなう場合，それが意図されたものでないならば，①の条件が緩和されることを主張している．

もう1つは，「最高度緊急事態」である．最高度緊急事態の教説は，次のように主張する．共同体の存在それ自体が危機に瀕している場合には，「功利主義的計算に課されていた制約は解除されなければならない」．驚くべきことに，最高度緊急事態の教説は，二重効果説が課していた意図的な非戦闘員の殺傷を禁じるという制約をも解除してしまう．つまり，よりはっきりと言うならば，最高度緊急事態においては，非戦闘員の意図的な殺傷が許容される場合があることが主張されているのである．しかしながら，ウォルツァーは，同じ頁に次のような留保を書きつけている．「われわれはそれ［功利主義的計算に課されていた制約］を解除しがちだとはいえ，勝利のために侵害された権利が，深く基礎づけられ，原理的には不可侵の真正の権利であることを忘れることはできない」（Walzer, 2000, p. 228）．

最高度緊急事態の例としてウォルツァーが挙げているのは，1940年に，イギリスが置かれていた状況である．当時，イギリスは，ドイツがヨーロッパを支配し，アメリカがなお中立を守るなかで，孤軍奮闘を強いられていた．この絶体絶命の状況下で，W. チャーチルのイギリスは，ドイツの諸都市への空爆を敢行した．この明白な無差別攻撃を，ウォルツァーは容認している．というのも，ドイツの勝利は，イギリスという政治共同体の主権の喪失であるだけでなく，イギリス国民の奴隷化や大量虐殺という人権の喪失をも意味するからだ，というのである．しかし，このロジックには，ある破綻が見て取れるのではないだろうか．ウォルツァーは，「戦争への正義」と「戦争における正義」の区別に特段の重要性を与えていたはずである．しかし，ここでイギリスが「戦争における正義」を破ることを許容されているのは，それが「戦争への正義」をもつ側によっておこなわれたものであることが，暗黙のうちに前提にされていると思われるからである．

ところで，ウォルツァーの書きつけた留保は，どうなったのだろうか．それは「汚れた手」問題として処理されている．チャーチルは，共同体の生き残りのために無差別攻撃という汚れ仕事に携わった兵士たちに戦後も栄誉を与えなかった．この措置を，ウォルツァーは，条件つき――本来なら，チャーチル自らも責任を負うことがより正しかったという――ながら，肯定している．こうして，必要だが，道徳的に正しいものとは言えない「汚れた手」は，正戦論の除去しえないノイズとして兵士に負わされたまま正義の外部へと放逐されるのである．多くの論者が主張するように――そしてウォルツァーも半ば自覚しているように――，ここには確かに正戦論のリミットが露呈している．

ウォルツァーの正戦論を支える二分法は，このようにいくつかの箇所で綻びを見せている（杉田，2005）．しかし，文明世界が道徳的，政治的な区別――つねに問い直しの可能性に開かれていなければならないが――を精緻に発達させることで保たれてきたことも，また事実であろう．分けることそれ自体が孕む暴力性については，更なる精査が必要だが，ここではJ. ロールズを借りて，ひとまず次のように述べておこう．「たしかに，戦争は一種の地獄である．しかし，だからといって，諸々の規範的区別が成り立たないなどと，どうして言えるだろうか．また，時には全ての人，ないしは，ほぼ全ての人に罪があるという可能性も認めよう．だがそれは，全ての人が平等に罪を負うなどといったことを意味するわけではない．要するに，われわれが道徳的・政治的諸原理のきめ細かな区別や，諸々の段階的な拘束から逃れることのできるときなどは，一瞬たりとも存在しないのである」（ロールズ，2006，p. 150）．

4　インタルード――分配の正義というもう１つの正議論――

ウォルツァーには，70年代の『正義の戦争，不正義の戦争』に代表される戦争の正義を論ずる正戦論者としての側面――国際社会に適用される普遍理論であることが目指されている――と，80年代の『正義の領分』に代表される分配の正義を論ずるコミュニタリアンとしての側面――特定の共同体に適用される特殊理論であることが目指されている――が共存している．ともに正義が主題とはいえ，一見，対照的とも思えるこの２つのトピックスの扱いの間には，いったいどのような関係があるのだろうか．B. オレンドは，『解釈としての社会批判』と『道徳の厚みと広がり』というウォルツァーの方法論を示した重要な著作を媒介項にして，２つのトピックスの関係を明快に解き明かしている．本節と次節では，オレンドの整理に依拠しつつ，ウォルツァーの理論体系全体のなかで正戦論の占める位置とその問題点を明らかにしておくことにしよう．

『解釈としての社会批判』のなかで，ウォルツァーは，道徳哲学の道として，「発見」，「発明」，「解釈」の３つを挙げている．

発見の道は，理性やあるいは啓示によって，われわれの外部にそれとしてすでに存在している倫理的行為の永遠の基準を発見しようとする．しかし，発見されたものが永遠の基準であると言えるためには，われわれはそれを「特定のどこともいえない観点」（ウォルツァー，1996，p. 6）――神の観点――から見たのでなければならないが，そうしたことは端的に不可能と言わなければならない．というのも，われわれは必ずどこかから世界を見ているのであり，またつねに「自分たちが掘り出したものを解釈しなくてはならない」（ウォルツァー，1996，p. 5）からである．

発明の道は，われわれが従うべき原理を，自らの手で構築しようとする．原理が構築される過程からは，それが普遍性を得るように，周到に「特殊利害の紐帯」が排除――ロールズの「原初状態」やJ. ハーバーマスの「理想的発話状態」といった想定がそうであるように――されている．しかし，このような発明の道に対して，ウォルツァーは次のように反問している．「新しく発明された諸原理が，すでに１つの道徳文化を共有し１つの自然言語を話す人びとの生活を支配すべきだというのは，いったいどういう理由からなのだろうか」（ウォルツァー，1996，p. 17）．

こうしてウォルツァーは，道徳哲学が取るべき唯一の方法として解釈の道へと至る．発見の道や発明の道は，現存する道徳の世界から脱して，その是非を判断する外的，普遍的な基準を見出そうとしているが，発見されたり発明されたと称するものを解釈する過程はどのようにしても除去することができない．とすれば，「哲学による〔道徳の〕発見と発明は……仮面をかぶった解釈であって，実際には，道徳哲学には解釈というたった１つの道しかない」（ウォルツァー，1996，p. 26）ということになる．

われわれがつねにすでにそこに織り込まれている現存する道徳的共同体の

「最良の解釈」を見つけ出すことを自らの方法論とするウォルツァーの道徳哲学が，分配の正義を論じた『正義の領分』での議論に適合的であることは理解しやすい．というのも，『正義の領分』は，ウォルツァーが住まうアメリカ社会の分配の正義に関する「最良の解釈」の１つとして提示されているからである．

ウォルツァーは，分配の正義に関する自らの構想を「複合的平等」と呼んでいる．それが「複合的」と呼ばれるのは，すべての社会的財を分配するのに用いられるべき単一の原理が存在しているわけではなく，異なった社会的財には，その財ごとに分配を支配すべき異なった基準が存在しているとウォルツァーは主張しているからである．「それぞれの特定の社会にはそれぞれの社会的財とそれぞれの分配の領分があり，そのための複数の基準がある」（ウォルツァー，1999，p. 30）．分配の基準は，社会的財についての「共有された社会的意味」のなかに埋め込まれており，理論家の果たすべき役割は，その「最良の解釈」を見つけ出すことなのである．それゆえ，『正義の領分』では，その紙幅の大半が，特定の社会的財――成員資格，貨幣，公職，教育，政治権力など――が有する社会的意味から，それに相応しい分配の基準を引き出すことに費やされている．

例えば，ウォルツァーの解釈では，現代の西欧社会において，医療という社会的財が有する「共有された社会的意味」が教えているのは，それが「必要」という基準に従って分配されるべきだということである．この例からも，ウォルツァーの用いる解釈という技法が，すでに共有されている社会的意味を基盤としながら，しかし同時に，現状に対する批判的なポテンシャルをもちうるものであることがわかる．「分配についての取り決めの複合性にもかかわらず，ほとんどの社会は，金本位制の社会版と考えられるものに基づいて，組織化されている．１つの財，あるいは財のセットが分配の全領域の中で優越し，価値に関する決定権をもっている」（ウォルツァー，1999，p. 30）．複合的平等論の批判的な力は，ある社会的財が優越的な財になり，他の社会的財の分配の基準を侵食するといった事態――先の例で言えば，必要に応じて分配されるべき医療が，支払い能力によって分配されるといった事態――に抵抗しうる点にあるのである．

ウォルツァーにとって分配の正義の核心は，社会的財が他の社会的財の侵略から守られ，その固有の領域における自立性を維持していることにある．別の言い方をすれば，複合的平等の理念は，右翼と左翼，両陣営の専制支配を目指す理念から自らを差別化しようとしているのである.「右翼は国家を撃退し,自由に金儲けをしたがっている.左翼は市場を撃退し,いっそう社会的平等が追求できることを望んでいる.そうすることで両陣営は,侵略者の精神をもっていることを暴露している.すなわち,自由企業の名の下にであれ,人間の友愛の名の下にであれ,境界の侵略を追求し,差異を尊重せず,無慈悲な社会的同化の政策を押しつけようとしているのである」(Orend, 2000, p. 47).

ところで,社会的財の諸領域の自立性をそれとして守るものは何なのだろうか.ウォルツァーはその役割を「政治権力」に与えている.「それ〔主権,国家権力〕は分配的正義の決定的な主体である.それは,その中でそれぞれの社会的な財が分配され配置される境界を守る」(ウォルツァー, 1990, p. 425).政治権力は,その他の社会的財とは異なり,二重性を帯びたものと考えられている.それは,確かに社会的財の1つであるのだが,同時に,諸々の社会的財の境界線を維持するというメタ・レベルの役割も果たすものと想定されているのである.つまり,ここでウォルツァーは,優越的な財の出現を抑制するために,1つの優越的な財を必要としてしまっているということができる.

5　国家の主権と個人の人権——人道的介入という難問——

分配の正義に関するウォルツァーの立論は,共同体にすでに「共有されている理解」に「最良の解釈」を与えることによって取り出されたものであった.したがって,それは,普遍理論の提示ではなく,各々の共同体に相対的な性質を帯びている.では,このような分配の正義と『正義の戦争,不正義の戦争』で論じられた戦争の正義は,どのような関係にあるのだろうか.オレンドによれば,ウォルツァーは,一方で,人類に共有されている「ミニマムな普遍的なもの」としての薄い正義の一般理論を構想しており,正戦論はこのカテゴリーに属している.ただし,ウォルツァーの議論は「慣習主義」に立脚しているので,正戦論が主張する道徳の普遍性は,「それを是認する人の範囲という意味」における普遍性であって,「発見されたものにせよ,発明されたものにせよ,客観的な道徳性の真理」が存在しているという意味における普遍性ではない.「要するに,薄い道徳性は,万人がその存在を信じている基本的な道徳ルールから成っている.われわれは皆,われわれの社会的に構築された理想主義の一部として,薄い規範を是認しているのである」(Orend, 2000, p. 32).

他方で,ウォルツァーは,共同体が有する文化的環境に相対的な——人類に共有されているわけではない――マキシマムな道徳性として濃い正義の特殊理論を構想しており，分配の正議論はこのカテゴリーに属している．「社会的な財をどのように分配すべきかについて意をつくした語りは，どんな場合も道徳のマキシマリズムの特徴を示すことになる．つまり，この語りは言語からみると特有の言葉遣いに満ちているし，文化的な言及対象からみると特殊主義者のもの」（ウォルツァー，2004，p. 49）である．

注意しなければならないのは，ウォルツァーは，ミニマムな道徳性という土台の上にマキシマムな道徳性が打ち立てられているとは考えていないことである（ウォルツァー，2004，p. 46）．というのも，われわれは，つねにすでに何らかの共同体のなかに生まれ落ちるのであって，われわれが，道徳性に出会うのは，まずマキシマムな意味においてだからである．「実際には，マキシマリズムがミニマリズムに先行する」（ウォルツァー，2004，p. 37）．われわれになしうるのは，マキシマムな道徳性から出発し，多様なマキシマムな道徳性を照らし合わせることから，そのなかにある共通性に到達することだけなのである．「ミニマリズムは，……十分に異なる道徳文化を発達させた指導者どうしの相互承認の産物である．この産物は，異なる時代と場所で繰り返し確認されている原理や規則からなり，それらは異なる言葉遣いで表現され，異なる歴史や異なる世界像を反映するとしても，似かよったものであると見なされている」（ウォルツァー，2004，p. 43）．

ウォルツァーの考えでは，ミニマムな道徳性は，マキシマムな道徳性に対する制約原理として用いることができる．というのも，ミニマムな道徳性は，いまではある不可侵の権利という観念へと結晶化しているからである．「戦争における正義の理論は，最も基本的で最も広く承認されている人類の２つの権利からもたらされる……．すなわち，生命あるいは自由を奪われない権利」（ウォルツァー，1999，p. 11）．この権利は人権と言い換えることができる．それゆえ，ウォルツァーの正戦論は，ミニマムな道徳性である人権を梃子に，戦争を一定の範囲へと制約しようとする構想だといってよい．「われわれが戦争に関しておこなっている議論は，個人や連合した人間の権利を承認し尊重するための努力として，もっとも完全に理解される．……私が詳述しようとしている道徳性は，哲学的形態における人権の教説である」（Walzer，2000，p. xxi）．ウォルツァーのいう人権が「個人や連合した人間の権利」とされていることに留意しておかねばならないが，ともあれ，このような道徳性に関するマキシマムな特殊主義とミニマムな普遍主義の二重構造が，ウォルツァーに「差異の政治を支持すると同時に，ある種の普遍主義を記述し擁護」（ウォルツァー，2004，p. 10）することを可能にしているのである．

ミニマムな道徳性としての人権が，マキシマムな道徳性に対する制約原理となる典型的なケースとして「人道的介入」を考えることができるだろう．自国民の人権を蹂躙するような政府は，ミニマムな道徳性に照らして不正義である．ミニマムな道徳性は，マキシマムな道徳性の一部であるのだから，ローカルな伝統や慣習の特殊性に訴えることによって，ミニマムな道徳性の侵害を正当化することはできない．先に見たように，「戦争への正義」に関するウォルツァーの議論は，侵略に対する応答を中心に組み立てられていた．しかし，ウォルツァーは，介入が認められる――他国を侵略したわけではない国家への武力による――例外的なケースをいくつか想定しており，その１つとして人道的介入を取り上げている．とはいえ，その取り上げ方は極めて抑制的なものである．武力による人道的介入を彼が受け入れるのは，「人類の道徳的良心にショックを与えるような行為」から市民を救出する場合に限ってなのである．ウォルツァーは，人道的介入と称される歴史的事例を詳細に検討しており，人道的な動機にそれ以外の思惑が混ざり合ったものが，かろうじて数例――1898年のスペイン統治下にあったキューバへのアメリカの介入や1971年のバングラデシュへのインドの介入――認められるだけで，純粋に人道的介入といえるものは実際にはほとんど存在していないと結論づけている．

しかし，ウォルツァーの正戦論の道徳的基礎をかたち作っているのが人権であり，個人の人権が国家の主権の上位に置かれているとするなら，人道的介入へのこのような極度に慎重な姿勢は，一見，奇妙なことのようには見えないだろうか．ここで思い出しておきたいのは，ウォルツァーにとって，個人の人権と国家の主権は二者択一の関係にあるわけではないということである．諸個人は実効性のある生命と自由への権利を享受するためには国家の保護を必要としており，さらに言うなら「自由への個人の権利には，外国の強制や支配から自由な共有された生活様式への何らかの参加資格が含まれている」（Orend，2000，p. 108）とウォルツァーは考えている．「国際政治における道徳のミニマリズムの表現と考えることができるような，一般原理なら存在する．その原理とは「自己決定」である」（ウォルツァー，2004，p. 119）．共同体に結集する人々が，自分たちの独自の生活様式を形成していくための「自己決定」をウォルツァーは強く擁護している．それゆえ，国民の福祉に対する政府の無関心といった程度をはるかに超えて，大虐殺のような野蛮な行為に至った場合——すなわち，自己決定の希望がもはや存在しないような場合——にのみという限定を，ウォルツァーは，国際社会の軍事力による介入に課そうとするのである．

6 「無差別戦争観」への滑り坂

H. ケルゼンは，『法と国家』のなかで，正戦論が至り着くであろう隘路について明快な議論をおこなっている．国際法は原則として戦争を禁じているのであり，正戦として認められるのは，違法行為に対する制裁としてのみである．しかし，他方には，「ある国が実際に他国の権利を侵害したかどうかについての係争問題に決定を下すべき者は誰か．一般国際法は，この問題を決定する裁判所を知らない」（ケルゼン，1969，p. 55）という事実が存在している．無差別戦争観のように「戦争への正義」を法外に置いてしまう——国家には戦争に訴える権利があるとして国家主権を絶対視する——のでは，確かに国家の行為を法的に規制しようとする国際法一般の妥当性を否定することになってしまうだろう．そこで，理論上は，「戦争への正義」に関しても国際法の規制が及んでいると考えざるをえない．つまり，「あらゆる戦争をそのまま積極的に肯定するのではなく，各国家の主観的な判定を基礎とする自助の手段としての戦争のみが肯定されている」（柳原，2000, p. 5）と見なすのである．しかし，国際社会には，国家が自助の名でおこなう戦争の客観的な判定者は存在しないのだとすれば，結局，次のように言わざるをえなくなってしまう．「国家は，いつでも，また何人に対しても，好むままに戦争に訴える権利があるという説と，戦争は違法行為に対する制裁としてのみ許され，それ以外の戦争はすべて違法行為であるが，しかし同時に，一般国際法の範囲内では，この原理を具体的な場面に満足のゆくように適用することはほとんど不可能であるということを承認せざるを得ないような説との間には，はっきりした区別がないことになる」（ケルゼン，1969，p. 56）．

ウォルツァーは，「戦争への正義」を論ずるなかで，侵略への直接的な応答を超えて，武力に訴えることが認められる場合があるのだと主張している．「先制攻撃（pre-emptive strike）」のケースがそれである．もちろんウォルツァーは，先制攻撃を認めるにあたって，いくつかの制約条件を課している．すなわち，「［相手国の］明白な害意，そうした害意を明らかな危険たらしめる［相手国の］

相当程度の積極的な準備．そして，待つことや戦闘以外の手段を講じることが［攻撃される］リスクを極端に増幅するという一般的な状況」（Walzer, 2000, p. 81）が存在していること，これらが制約条件とされているのである．逆に言えば，これら３つの条件が充足されたとすれば，相手国はすでに侵略に着手したものと見なされ，先制攻撃を開始することには正当性がある――ウォルツァーはこのモデル・ケースとして，1967年の「６日間戦争」におけるイスラエルの先制攻撃を挙げている――ことになる．制約条件が付けられているとはいえ，先制攻撃を許容するというかたちで自衛戦争の枠組みを次第に拡張していくウォルツァーの議論は，確かにケルゼンが警告していた正戦論が無差別戦争論に等しくなってしまうあの滑り坂の上にあるようにも見える．では，この問題をわれわれはどのように考えればよいのだろうか．

第３節　解決策としてのコスモポリタンな法制化？

J. ハーバーマスは，ウォルツァーの正戦論の決定的な問題を，「「国民間の正義」を望ましいこと，可能なことと考えてはいるが，同時に，国際正義の実現を，個々の場合におうじて，それに関与している主権国家群の判断と決定にゆだねようとしている」（ハーバーマス，2004c, p. 209）点に見ている．コミュニタリアニズムに依拠するウォルツァーには，超国家的組織に対する根深い不信感があるというのである．それゆえ，ジェノサイドのような例外的な事態でも生じない限り，「国家と有機的に結合された共同体の生活様式や慣習的なエートスを守ること」が，人権のような「抽象的正義の根本命題を地球全体に貫徹する」ことよりも重視されてしまう．

これに対して，ハーバーマスが推進しようとしているのは，古典的な国際法を超えて，カントの構想した「世界市民状態」へ向かう道である．ここで言われている世界市民状態とは，「自国の政府が犯罪的なものであるとき，その政府からも市民を法的に保護するはずのもの」（ハーバーマス, 2004b, p. 177）である．

カントが問題にしたのは，当時の国際法の規範が戦争のやり方にのみ言及するものであった点である．戦争に入る権利が認められているならば，諸国家の相互関係はいまだ自然状態のなかにあると言わなければならない．そこで，カントは，国内法，国際法に加えて，グローバルな法治状態をもたらす第３の次元として「世界市民法」を導入する．こうして自然状態からの社会契約説による脱却の論理が，主権国家間の自然状態から世界市民状態への移行の論理として反復されることになる．「社会契約が独力で生きる個人間の自然状態を終結させるのと同様に，主戦国間の自然状態もまた終結させられ」（ハーバーマス，2004d，p. 193）なければならないのである．しかしながら，カントにおいては，あくまで国家主権を尊重する永続的な機構として諸国家の連合が構想されるに留まっていた（カント，2006，p. 183）．ハーバーマスによれば，この構想は，カントの敷いた理路と間に，十分な整合性をもっていない．それゆえ，「世界市民法は，各国政府を拘束しうるものへと制度化される必要がある．また諸国家共同体は，制裁の脅威によって参加国を合法的行為へと促すものでなければならない．それによって初めて，主権を主張する諸国家間の，相互の脅威の上に成り立つ不安定なシステムは，１つの制度を共有する連合へと変わり，国家的機能を担うことになる」（ハーバーマス，2004d，p. 206）．世界市民法の成立は，次のような転換をもたらすはずである．すなわち，これまで国際法の主体であった国家を媒介にしなくとも，個人が直接的に法的主体としての地位を得ること，がそれである．

それゆえ，ハーバーマスから見れば，ウォルツァーが正義の戦争と不正義の戦争を分けている規準は，その判定が「諸国民国家の賢明さと正義感覚に委ねられて」（ハーバーマス，2004c，p. 212）しまっているため，いまだに政治的性格を脱して――法的性格をもちえて――いないのである．

ところで，R. ケーガンは，アメリカの新保守主義が考える世界戦略のマニフェストともいえる『ネオコンの論理』のなかで，カントとホッブズを引きながら，ヨーロッパとアメリカが抱いている世界観の違いを次のように整理している．ヨーロッパは軍事力に頼る「力の世界」を超えて，「法律と規則，国際交渉と国際協力」が支配する18世紀にカントが『永遠平和のために』で描き出した世界へと向かっている．一方，アメリカが留まっているのは，「国際法や国際規則があてにならず，安全を保障し，自由な秩序を守り拡大するにはいまだに軍事力の維持と行使が不可欠な」（ケーガン，2003，p. 7）ホッブズが『リヴァイアサン』で描き出したような世界である．このような対比をしつつケーガンが語ろうとしているのは，しかし，ヨーロッパの洗練ではない．そうではなく，カント的世界は，実はホッブズ的世界を背後に隠し持っているという秘密なのである．「ヨーロッパがカント流の永遠平和を実現できるのは，アメリカが万人に対する万人の戦いというホッブズ流の世界の掟に従って軍事力を行使し，安全を保障しているときだけである」(ケーガン，2003，p. 99)．より露悪的な表現を用いるならば，ヨーロッパが権力政治を脱し，法律と規則の世界に安住していられるのは，ヨーロッパにアメリカ軍が駐留し続けているからだ，というのがケーガンの主張である．

ハーバーマスがつとに指摘しているように，ケーガンのアメリカ政治の描き方には，確かに極端な一面性――アメリカ政府が国際主義の主唱者であった時代が完全に忘れられているといった――がある．また，カントやホッブズの不正確な援用を思想史の観点から批判することも難しくないだろう．しかし，「法」の根源には「力」があるのではないか，というケーガンの問いは，そう簡単に退けてしまうわけにはいかない．かつて W. ベンヤミンは，「「法の支配」を謳う近代国家には，じつは「法の暴力」がはらまれているのではないか」(上野，2006，p. 65)と問うたはずであり，さらにこの問いは，C. シュミットやJ. デリダにも引き継がれているからである．

9. 11を経て書かれた『戦争を論じること』に収録されている「世界を統治する」という論考のなかで，ウォルツァーは，次のような両極をもつ連続体を想定している．一方の極には，「グローバルな国家，イマニュエル・カントがかつて構想したような，1つのまとまりとなった市民，万人が同一の権利と責務を保有する成熟した人々による「世界共和国」」(Walzer，2004，p. 171)がある．これはもっとも集権化された世界構想であり，そこでは「すべての人々は，直接的に中心に結び付けられている」．他方の極には，「国際的アナーキー」とでも呼ぶべき構想がある．これは極めて「脱中心化された世界を表現」しており，ここには諸々の主権国家を拘束することのできる法はいまだ存在していない．

一方の，中央集権化された世界共和国においては，戦争遂行の主体そのものが存在しないのだから，定義上，戦争はありえず，外部の消失に伴って，すべては警察行動に変換される．しかし，そのような世界では，多様性は個人が選択する私的なものへと切り詰められ，「民族的，宗教的な違いや，多様な国益，あらゆる種類のセクト的な利害はその政治的レレバンスを失う」(Walzer，2004，p. 175)のではないだろうか．カント自身がコスモポリタンな政治体制が「最悪の専制」に堕する危険に気づいていたように，民族的，宗教的多様性が衰退し，固有の生活様式が維持・継承されなくなることをウォルツァーは強く危惧している．他方，「アナーキーは，定期的に戦争を，とくに征服を目指した戦争，帝国を目指した征服，抑圧にいたる帝国，叛乱や分離独立への抑圧をもたらし，分離独立はアナーキーと更なる戦争へと回帰する」(Walzer, 2004, p. 173) と予想することができるだろう．だとすれば，われわれは，単一の中心による専制的支配を招来することなく，主権国家のアナーキーを克服することを目指さなければならない．しかし，どうすればこれが可能だろうか．

ウォルツァーは，「グローバルな多元主義」を提起することで，その答えとしている．強力な平和維持活動を果たしうる国連，資本の流れを規制する力をもった世界銀行やIMF，貿易だけでなく労働条件や環境基準を強制しうるWTO，さらには様々な地域連合，これら多様な行為主体が多様な活動領域を分け合っていること，そして重要なのは「これらはあくまでも独立して機能しなければならず，国連によって緊密に調整されるべきではない」(Walzer, 2004, p. 187) ということだ，とウォルツァーは述べている．「差異の政治がまさに成功したところでは，ときに「民族浄化」や内戦のジェノサイドにいたるような対内的紛争の危険性がつきまとう」(Walzer, 2004, p. 189)．しかし，この危険性の完全な除去を目指そうとすれば,「国境なき専制」の悪夢が待ち受けている．「こうした惨事を止めうる，または少なくとも緩和させうる主体の数を最大化させる」グローバルな多元主義こそが，スキュラとカリュブディスの間をすり抜ける唯一の方途だというのである．

「世界国家において権力の座についた「理性」を想像することは誤りである」(Walzer, 2004, p. 190)．普遍主義を標榜する「理性」が，往々にして特殊利益の隠蔽に貢献してしまいがちなことに，われわれは敏感でなければならないだろう．神と動物の間に人間を位置づける保守主義的思考の伝統に棹差しながら，ウォルツァーは，多元主義的志向こそ，つねに理性的であるとは言い難いわれわれ人間にとって相応しいものではないかと主張している．理性の法へと跳躍するのではなく，慣習のいわば自生的な成長を待つこと．ウォルツァーが，あえてコスモポリタニズム的な法制化への道の手前で不完全性のなかに留まり続ける理由は，さらに熟考されてよいのではないだろうか．

参考文献

アクィナス，トマス (1997) 大鹿一正他訳『神学大全XVII』創文社．
Elshtain, Jean (2003) *Just War against Terror*, Basic Books.
ハーバーマス，ユルゲン／デリダ，ジャック／ボッラドリ，ジョヴァンナ (2004a) 藤本一勇他訳『テロルの時代と哲学の運命』岩波書店．

ハーバーマス，ユルゲン（2004b）瀬尾育生訳「「世界無秩序」克服への道（上）」『世界』四月号.
――――（2004c）瀬尾育生訳「「世界無秩序」克服への道（下）」『世界』五月号.
――――（2004d）高野昌行訳『他者の受容』法政大学出版局.
藤原帰一（2001）『戦争を記憶する』講談社（講談社現代新書).
――――（2003）『「正しい戦争」は本当にあるのか』rockin'on.
ケーガン，ロバート（2003）山岡洋一訳『ネオコンの論理』光文社.
カント，イマヌエル（2006）中山元訳『永遠平和のために／啓蒙とは何か』光文社（光文社古典新訳文庫).
片野淳彦（2003）「マイケル・ウォルツァーの戦争論とその今日的意味」『法学新報』8月号.
ケルゼン，ハンス（1969）鵜飼信成訳『法と国家』東京大学出版会.
最上敏樹（2001）『人道的介入』岩波新書.
Orend, Brian（2000）*Michael Walzer on War and Justice*, University of Wales Press.
Ramsey, Paul（2002）*The Just War*, Rowman & Littlefield Publishers.
ロールズ，ジョン（2006）中山竜一訳『万民の法』岩波書店.
篠田英朗（2003）『平和構築と法の支配』創文社.
杉田敦（2005）「二分法の暴力」『境界線の政治学』岩波書店.
上野成利（2006）『暴力』岩波書店.
Walzer, Michael（1977）*Just and Unjust Wars*, Basic Books 2nd edn.
――――（2000）*Just and Unjust Wars*, Basic Books 3rd edn.
――――（2004）*Arguing about War*, Yale University Press.
ウォルツァー，マイケル（1993）山口晃訳『義務に関する11の試論』而立書房.
――――（1996）大川正彦他訳『解釈としての社会批判』風行社.
――――（1999）山口晃訳『正義の領分』而立書房.
――――（2004）芦川晋他訳『道徳の厚みと広がり』風行社.
ウィーゼル，エリ／川田順造編（1997）廣瀬浩司他訳『介入？　人間の権利と国家の論理』藤原書店.
山内進編（2006）『「正しい戦争」という思想』勁草書房.
柳原正治（2000）「いわゆる「無差別戦争観」と戦争の違法化」『世界法年報』第20号.

付記

上記の参考文献の内，次の2著に関しては，本章の原論文脱稿後，翻訳が出版されている.

ウォルツァー，マイケル（2008）駒村圭吾他訳『戦争を論じる』風行社.
――――（2008）萩原能久監訳『正しい戦争と不正な戦争』風行社.

前者の訳者の1人である松元雅和氏からは，公刊前の原稿を特別に見せていただくことができた．氏の手になる訳者解説とも合わせて，多くを学ばせていただいたことを感謝したい．

後者についても，本来なら，それに合わせて，本文の引用を差し替えるべきなのだが，地の文との整合性を維持するために，そのままにせざるをえなかった．訳者の方々には，ご寛恕願いたい．

第9章　コミュニタリアンの正戦論？
——ウォルツァー再考——

第1節　問題設定

本章では，M. ウォルツァーの正戦論を直接の素材としつつ，それがもつ特徴を再考し，またそれがどのような可能性に開かれているのかを考えたい．第2節では，現代の国際関係理論の論争の布置を理念型的にコスモポリタン対コミュニタリアンとして整理する．第3節では，この布置のなかに位置づけた場合，一見，ウォルツァーの正戦論は，「ミニマリストの道徳」と「マキシマリストの道徳」を使い分けるかたちで，両者を巧みに接合したもののように見えること，しかし詳細に見れば，決定的な局面でウォルツァーはつねにコミュニタリアンとしての立場に固執していることを述べる．なぜそうであるのかを考えるのが第4節である．そこでは，C. ムフの議論を参照軸にしながら，その理由が「政治的なもの」の擁護にあると論じたい．

第2節　リベラル・コミュニタリアン論争から
コスモポリタン・コミュニタリアン論争へ

永遠のものであるかに見えた冷戦期の厳しい東西対立は，国際関係理論においても，現実主義の説得力を優越的なものにしていた．現実が盤石なものに思われる状況においては，およそユートピア的な理念が介入する余地は見出し難かったのである．

しかし，冷戦体制の崩壊とその後のグローバリズムの進展は，現実の変貌をステップ・ボードにした新たな秩序構想として，国際関係理論における「規範理論」の活性化をもたらしている．しかも，興味深いことに，そこにおいては，80年代に国内政治を前提として展開されたリベラル·コミュニタリアン論争が，今度は，そのアリーナを国際政治に移して，拡大再生産されているように見える．いわゆる，コスモポリタン・コミュニタリアン論争である．

国際関係理論の地平で規範理論的アプローチを試みる両陣営を分ける分水嶺となるのは，境界線をめぐる問いである．R. シャプコットは，その問いを次のように定式化している．「「境界のある」共同体——主として国民国家——のメンバーは「アウトサイダー」をどのように取り扱うべきなのか」(Shapcott, 2010, p. 1)．規範理論がまず問うべきなのは，境界線——主として国境——によってインサイダーとアウトサイダーを分けることが，倫理的に正しいかどうかなのである．

もっとも先鋭なコスモポリタンの1人であるP. シンガーは，この問いに，端的にこう応答している．「私が助ける人が10ヤード先に住む隣人の子どもであっても，1万マイル離れたところに住む一生名を知ることもないベンガル人であっても，まったく道徳的な違いはない」(シンガー，p. 199)．われわれは，自動的に自らの帰属する共同体や同胞を特権視してしまいがちだが，「公平な視点から評価するテストをおこなったとき，同国人の利益を優先すべき強い根拠はほとんどない」(シンガー，2005，p. 228) からである．人々を道徳的に平等な存在として取り扱うことは，性別や人種，エスニシティ，国民性といった諸属性にブラインドであることを意味するのである．

リベラルの政治哲学が，総じて個人の価値や利益を出発点に置き，各人が選択した目標を追求する中立的な手段としての政治共同体に関心を向けていたように，コスモポリタンな国際関係理論は，「市民」ではなく「人間」としての個人を起点にし，すべての人間を包摂するグローバルな共同体に——多様な善の構想をもった多くの政治共同体にではなく——関心を向けている．つまり，「コスモポリタニズムはすべて，道徳は個人に焦点を絞るべきであり，道徳は万人に適用可能であるべきであり，異なった主張の間で公平であるべきだというリベラルの前提を受け入れている」(Shapcott, 2010, p. 19) のである．かくして，われわれは，リベラルなコスモポリタニズムの中心的な特徴として「個人主義」，「普遍主義」，「公平性」を取り出しておくことができるだろう．

とはいえ，この3つの特徴をどのように解釈するかは，コスモポリタンのなかでも必ずしも一様ではない．例えば，シャプコットは，そこに「義務論」，「功利主義」，「契約論」の3つの類型を区別している．

カントに代表される義務論的アプローチは，時間と空間に限定されない普遍的に正当化可能な道徳的義務に関心を寄せる．定言命法は，何らかの道徳原理を立てようとするとき，それをつねに普遍化可能性のテストにかけることを命じるが，このことは，われわれが問うべきは，特定の国家や共同体の法との一致ではなく，万人が従うことのできる普遍的な法との一致だということを意味している．「カントは，人間的経験や慣習，欲求の領域を超えたところに道徳を位置づけようとして」(Shapcott, 2010, p. 29) いるのである．そして，そのために，彼が依拠するのが，合理的存在としての人間にアプリオリな理性である．この理性が，カントの道徳的普遍主義の基礎を与えているのである．

ベンサムやミルに代表される功利主義的アプローチは，カントと同様，その道徳原理を人間本性に基礎づけようとしているが，その際に採用されるのは，理性ではなく，苦痛を避け快楽を求めるという万人に共有されている客観的な特質である．ところで，「苦痛や快を感じるのは，個人であって，集団ではない」(Shapcott, 2010, p. 38) であろう．それゆえ，功利主義は，快苦を感じる個々人から出発して，「最大多数の最大幸福」という究極的な原理へと向かうのである．このような功利主義の説明のなかには，道徳的配慮を自分の帰属する共同体に限定するような要素は見当たらない．

ロールズ理論のコスモポリタンな解釈である契約論的コスモポリタニズムは，正当なルールは，超越論的な原理や自然法からではなく，人々の間の合意から引き出されると想定している．ここでの「人々」は，すべての理性的存在を意味しているのだから，導出されたルールは，普遍的な適用可能性をもっている．

もっとも，ロールズ自身は，これとは異なり，国際社会のルールを導き出すために，国内レベルで想定された第１の契約会議とは別個に，人民の代表者の間で開かれる第２の契約会議を想定している．『万民の法』によれば，この会議で合意されるのは，正義のルールではなく，共存のルール――自己決定，相互承認，不介入，正戦を主要な要素とする――なのである．

しかし，契約論的コスモポリタニズムは，第２の会議は必要でなく，ロールズの正義の理論のなかには，正義のルールを一国内に限定させるような要素は存在しないと主張する．ロールズ理論が道徳的人格の本性についての説明に依拠していること，またグローバル・システムにおける経済的な相互依存の深まりが，すでに一定の「相互利益のシステム」を作り出していることから，ロールズ理論は国際社会へと普遍化することが可能であると言うのである

(Shapcott, 2010, p. 41). かくして，例えばC. ベイツは，「個人主義」「普遍主義」「公平性」というコスモポリタンの視点からロールズ理論を国際社会に適用し，格差原理は，国家を単位とするのではなく，個人を単位としてグローバルに適用されなければならないと考えるのである．

3つのバリアントを瞥見することで，むしろ，そこに共通する思考法が浮き彫りになったのではないだろうか．シャプコットは，S. カーニーを援用しつつ，コスモポリタンの道徳的普遍主義に共有されている，次のような3つの命題を取り出している (Shapcott, 2010, p. 22).

① 妥当な道徳原理が存在している．
② 誰かに適用される道徳原理は，共通の何らかの道徳的に関連性のある特徴を共有しているすべての人に適用される．
③ 世界中の人々は，道徳的に関連性のある類似点を共有している．

これらが肯定されるのであれば，普遍的な形式をもち，普遍的な範囲に適用されるいくつかの道徳原理――取り出される具体的な道徳原理は，義務論／功利主義／契約論では異なっているのだが――が存在することになるだろう．

ここで重要なのは次の点である．国家や民族といった共同体は，無意味なものではないかもしれない．しかし，それは，われわれが負っている道徳的義務を考えようとする場合には，第1の参照点になってはならないのである．

アテネ人やギリシア人である以前にまず人間として生きたディオゲネスは，慣習や世間知に縛られることなく，奔放に生きることができた．コスモポリタンは，ディオゲネスの故知に倣って，ただ人間という共通性に依拠することで，国民国家や民族といった世界に引かれた境界線を自在に乗り越えているように見える．しかし，それは本当だろうか．

D. モリスは，リベラルに対抗してコミュニタリアンが提示した主張は，3つの観点に集約するができると述べている (Morrice, 2000, pp. 235-38).

第1は，「社会的存在としての個人の本性に関する記述的主張」である．リベラルが個人の権利に最高位を与え，社会や国家を，その権利の実現のために個々人によって構成されたものとして捉える傾向をもつのに対して，コミュニタリアンは，人間は社会的存在であって，社会というコンテクストのなかにあって初めてその道徳的能力を発達させることができると主張する．

第２は,「共同体の価値に関する規範的主張」である．リベラルは，集団主義に対して個人主義を，共通善に対して個人の利益を強調し，また個々人のそれぞれ異なる善き生の構想の間で国家は中立であるべきだと主張する．これに対して，コミュニタリアンは，個人の善や利益より重要な共通善や共同体の利益があり，国家は中立を維持するのではなく，共通善を支持すべきであると主張する．

第３は,「共同体に共有された価値としての政治原理の地位とその正当化についてのメタ倫理学的主張」である．リベラルは，普遍的な適用を保証するため, 政治原理の客観的で中立的な基盤を求めようとする傾向をもつのに対して, コミュニタリアンは，政治哲学の課題は，共同体に共有されている価値の明確化にあると考え，証明することではなく，解釈することに関心を向ける．

このような両陣営の志向性が，国際関係理論の地平に投影されたとき，コスモポリタン／コミュニタリアンという対抗軸が取り出されることとなる．「リベラルな政治哲学とコスモポリタンな国際関係理論は，普遍的に受容可能な政治原理の客観的正当化への関心を共有」しており，正義や道徳の規準は国家や民族の境界線を超えると信じているのに対して,「政治哲学と国際関係理論のコミュニタリアン的水脈は，政治原理の正当化は，共同体に限定されたままであると考えて」(Morrice，2000，p. 238) おり，共同体の道徳的意義や統合性，独立性に高い評価を与えるのである．

反コスモポリタニズムの思考法は，その祖形を，例えば，J. G. ヘルダーに求めることができるだろう．ヘルダーは，超越論的な個人的理性を強調したカントに対抗して，個人をつねにすでにコンテクストのなかにあるものとして捉え，個人が文化に先立つのではなく，文化によって形成されるものであることを主張したのであった. このコンテクストを具体的に何に同定するか――国家，民族，多元的な共同体，等々――は，論者によって様々な違いがあるが，いずれにせよコンテクスト性の強調は，正義や道徳の理解にとっても重大な含意をもつことになる．道徳的知識もコンテクストのなかにあり，何らかの共同体の文化的・歴史的源泉へと位置づけられるのである．かくして「正義の単一の意味は存在せず，正義の単一の説明も存在しない．それゆえ，あらゆる正義はコンテクスト性を帯びている．コミュニタリアニズムの主張は，道徳的知識は，究極的にわれわれが帰属している特定の歴史的共同体に相対的だということである」(Shapcott，2010，p. 54)．

コスモポリタニズムが依拠する倫理的普遍主義は，どのような環境においても，われわれの判断や行動の規準となることのできる正義の原理を見つけ出すことを目指している．「倫理の基礎に関する合理的考察は，普遍的射程をそなえた，ただひとつの基本原則か，もしくは秩序だった一連の諸原則，たとえば功利性の原則や，基本的人権の原則や，ある種の平等性の原則といったものをもたらす」（ミラー，2007，p. 102）と考えるのである．しかし，コミュニタリアニズムの立場からすれば，普遍的な正義の構想という壮大な野心は，その行く手を文化的差異という障壁によって遮られてしまう．それぞれの共同体が育んできた道徳的世界の多様性を見るなら，そのどれが正しいのかを決定しようとすることは可能でもなければ，望ましいことでもない．異なった道徳世界の間を，そのいずれにも属さない中立的な立場から調停することはできないのである．そのような調停が実現したように見えたとしても，それは，実のところ，ある１つの道徳世界が他を圧してドミナントなものになったことを意味しているにすぎないだろう．

コミュニタリアンのコスモポリタニズム批判の核心は，次の点に置かれている．すなわち，リベラルなコスモポリタニズムは，何らかの普遍的とされる人間的特質を立論の基底に置いているが，それは，実際には，人間に関する文化的に特殊な構想であり，深く党派性を刻印されているのではないか．例えば，義務論的アプローチが想定する普遍的理性は，それ自体が，特殊西洋的な思考の伝統の産物であって，カントがそう考えたように超越論的なものではないであろう．「異なった善き生の構想に関して公平であることへのコスモポリタンのコミットメントは，それ自体が特定の善き生の構想の分節化」（Shapcott，2010，p. 58）なのである．

人間の文化的，歴史的起源の多様性を前提とすれば，普遍性をもった「厚い」道徳原理を支えることができるような単一の人間本性を同定することは，ほとんど不可能と言わなければならない．かくして，道徳的知識の源泉に関するコミュニタリアンの議論は，コスモポリタンとは反対に，国家や共同体の境界線が道徳的に重要な意味をもつものであることを示そうとする．われわれは何らかの実質的な意味をもつ人類共同体を志向しようとすることには，徹底して懐疑的である必要がある．というのも，それは，人間の根源的な多様性に対する不当な抑圧なのであるから．

しかしながら，同じ反コスモポリタンの立場を共有する国際関係理論のなかにも，いくつかの類型を区別しておくことができる．ここでは，シャプコットの整理に従って，それを「現実主義」と「多元主義」に分けておくことにしよう．

現実主義は，主権国家体制を維持することを支持しており，国家主義的な志向をもったコミュニタリアニズムと言うことができる．というのも，それは，国際政治のリアルなありようが主権国家を中心に動いていることを前提に，そこでの国家の行動原理を国益の追求と見なしているからである．それゆえ，現実主義は，表面的には，政治の道徳的次元に懐疑的であるという特徴をもっているが，その裏面には，行為の結果に着目する「責任倫理」の考え方が隠されている．国際社会のアナーキーという不確実な条件の下にあって，政治家は，どのような手段を用いても，自国と自国民の生き残りを図ることに責任を負っている．「現実主義者は，そのような自己利益の倫理を徳あるものと主張する」のである（Sapcott, 2010, p. 62）．このような現実主義の思考法は，インサイダーの利益は，アウトサイダーの人権より重要であることを示唆しているだろう．

多元主義者は，同一性に対して多元性を守られるべき重要な価値と考える．世界の多元性を育む苗床がそれぞれに固有の歴史と文化を備えた共同体であるなら，個人が異なった共同体で形成される多様なあり方は，それ自体として善きものと見なすことができる．多元主義的コミュニタリアンによれば，「人間であることは，文化をもつことである．人類ではなく，共同体に帰属することは，起源や帰属の共同体に同一化することである．それゆえ，この目標を実現する方法は，これらの文化の差異を保存し，承認すること」（Shapcott, 2010, p. 69）なのである．この場合の共同体は，もちろん，理論的には国家と同定される必要はない．しかし，シャプコットによれば，現代のコミュニタリアンは，実質的に国家を共同体と同一視する傾向があり，「ナショナリズムは，おそらくコミュニタリアン的前提のもっとも共通の政治的表現」（Shapcott, 2010, p. 70）となっている．

多元主義者は，一義的に理解された人権の原理が強制されること，そして人権を保障する手段として人道的介入が制度化されるといったことに強く反発する．特定の共同体を超えた普遍的な道徳は存在しないと考える多元主義者が求めるのは，文化の多元性への「寛容の原理」である．境界線の向こうにいる人々に対する何らかの義務があるとすれば，それは，特定の道徳原理や特定の善き生の構想を押し付けたりしない義務なのである．

現実主義にせよ，多元主義にせよ，反コスモポリタニズムとしてのコミュニタリアニズムは，均質化に抗して，道徳的世界の多様性を保存しようとしている．しかし，われわれは，その志向にはいくつかの背理が含まれていることに気づかざるをえないだろう．すなわち，① 共同体間の不一致の存在には敏感でありながら，共同体内の不一致の存在には十分に敏感ではない点，また，② 特定の共同体を超えた普遍的な道徳原理が存在しないとすれば，共同体間に適用される「寛容の原理」それ自体を尊重すべき理由がなくなってしまうという点である．

こうしてわれわれは，一方の普遍主義に立つコスモポリタニズムと，他方の個別主義に立つコミュニタリアニズムの間で二者択一を迫られている――そして，いずれの立場も大きな問題を抱えている――ように見える．この袋小路をどう考えればよいのだろうか．

次節では，コミュニタリアンを代表する思想家と目されることの多いM. ウォルツァーに目を向け，彼の議論の全体は，普遍主義と個別主義の両立を図ろうとする――この袋小路を脱出する――試みとして再構成することができること，にもかかわらず，その試みにはある亀裂が走っていること，そして，この亀裂にこそむしろウォルツァー理論のポテンシャルがあることを考えてみたい．

第3節　コスモポリタニズムとコミュニタリアニズムの接合？
――M. ウォルツァーの正戦論――

一見したところ，2人のウォルツァーがいるように見える．すなわち，70年代の『正義の戦争と不正義の戦争』が代表する国際社会における戦争の正義の規準を取り出そうとする正戦論者としてのウォルツァーと，80年代の『正義の領分』が代表する国内社会における分配の正義の規準として「複合的平等」を取り出そうとするコミュニタリアンとしてのウォルツァーである．一方は，共同体の枠を超えて国際社会に適用される普遍理論を構築しようとしているのに対して，他方は，特定の共同体にのみ適用される個別理論を構築しようとしている．この両側面は，どのように関係しているのだろうか．

この乖離を埋めるミッシング・リンクとなるのは，90年代に書かれた『道徳の厚みと広がり』である．同書で，ウォルツァーは，「差異の政治」と「ある種の普遍主義」の両方を擁護しようとしており，２つの異なってはいるが，関連性のある道徳的議論が存在すると主張している．「わたしたちのあいだで，こちら側にいるときわたしたち自身の歴史や文化（我々の民主政治文化を含む）の濃厚さ（thickness）について語るやりかたと，あちら側で生きる人びとに，異なる文化をはさんで，わたしたちが共通にすごしているより薄くて広い（thinner）生活について語るやり方である」（ウォルツァー，2004，p. 12）．では，両者はどのように関連しているのだろうか．異なった共同体間の正義を支持する議論は，普遍的な「ミニマリストの道徳」にあたる．しかし，注意すべきは，それが，客観的な真理であるという意味で普遍性をもっているわけではなく，「厚いマキシマリスト的道徳」に共通の道徳原理から構成されているということである．ウォルツァーによれば，道徳のミニマムは，それ自体で自立した道徳ではない．「道徳のミニマムは，個別の濃厚な道徳やマキシマルな道徳というかたちで繰り返し確認されているなんらかの特徴をたんに明示したもの」（ウォルツァー，2004，p. 32）なのである．このような道徳のミニマムとして，われわれは，例えば，「殺人や欺き，拷問，抑圧，暴政にたいする禁止命令」といったものを取り出しておくことができるだろう．

このようにして，ウォルツァーは，すべての社会に共通の道徳原理があるというコスモポリタンな考え方と，それぞれの社会が財の分配や社会生活の諸領域を統制するために作り上げてきた個別的な道徳原理というコミュニタリアン的な考え方を巧みに接合しているように見える．しかし，われわれは，ウォルツァーの「ある種の普遍主義」の真の意味を探るために，この接合の帰趨をもう少し詳細に見ておく必要があるだろう．

正戦論は，伝統的に，「戦争への正義」と「戦争における正義」の２つの部門から構成されている．「戦争への正義」は，戦争が開始される理由を限定しようとするものであり，「戦争における正義」は，交戦中に軍によって用いられる手段を限定しようとするものである．ここからもわかるように，正戦論の主眼は，積極的な正義を達成することではなく，両部門において戦争を限定することによって，不正義を可能な限り減らすことに置かれている．

ウォルツァーの正戦論も，この両部門をもっているのだが，通常とは順序を逆にして，このうち，まず「戦争における正義」に関するウォルツァーの見解を見てみることにしよう．「戦争における正義」は，誰が正当な標的となりうるかといった事柄に関して，交戦中も両当事者が厳密に守らねばならないルールを特定しようとしている点で，「戦争への正義」以上にコスモポリタンな色合いが強い部門と言えそうだからである．この部門におけるウォルツァーの議論を，その特徴をよく示すある項目に限って瞥見しておくことにしたい．

「非戦闘員の保護」のルールが，それである．このルールは，戦争指揮官や政治家に，直接的な意味で戦争にかかわっていない市民を尊重するよう求めている．共同体への帰属とは無関係な人間存在としての市民の地位に着目したものであることから，戦争指揮官や政治家の権限に，コスモポリタン的な制限を課そうとするものだと言うことができる．

ウォルツァーも，このルールが「戦争における正義」の最重要のルールであることを認めている．しかし，ある極限的な状況においては，このルールが棚上げされることがあると論じるのである．それが，国家や共同体の生き残りそれ自体が危機に瀕しているような「最高度緊急事態」である．ウォルツァーは，その例として，1940年にイギリスが置かれていた状況を挙げている．当時のイギリスは，ナチス・ドイツがヨーロッパを支配し，アメリカがなお中立を守るなか，単独で戦うことを強いられていた．この絶体絶命の状況下で，チャーチル率いるイギリスは，ドイツ諸都市への空爆を敢行する．この「非戦闘員の保護」を無視した無差別攻撃を，ウォルツァーは，強いためらいを感じながらも，最終的には肯定している．

そもそも「戦争における正義」は，極限状態を前提にして，そのような場合にも，必要があらゆる行為を許してしまうことを防ごうとするものであったはずである．だとすれば，ここでウォルツァーは，正戦論という構想それ自体を崩壊させかねない危険な一歩を踏み出しているように見える．この一歩はなぜ必要なのだろうか．

最高度緊急事態において，「非戦闘員の保護」が棚上げされることの容認は，ウォルツァーのコミュニタリアン的多元主義に由来していると考えられる．ウォルツァーはこう述べている．「政治共同体——その構成員たちは先祖から子どもへと引き継がれるべく繰り広げられてきた生活様式を共有している——の存続と自由は，国際社会における最高の価値」である．「ナチズムはとてつもない規模でその価値を貶めようとしたのだが，より小さい規模であっても，同じ種類の脅威であれば，同様の道徳的結論が引き出せよう．このような脅威にさらされたなら，われわれは必然のルールに従う（そして必然性の下ではルールなどない）」（ウォルツァー，2008，p. 467）．他方で，ウォルツァーは，「無辜の者の抹殺はその目的が何であれ，われわれの深奥における道徳的コミットメントに対する冒涜である」（ウォルツァー，2008，p. 479）とも述べている．しかしながら，極限的な事態では，共同体の自律がコスモポリタンな人権を凌駕すると言うのである．

では，「戦争への正義」に関するウォルツァーの見解は，どのような特徴をもっているだろうか．ウォルツァーにとって「戦争への正義」という観点から見た，受容可能な唯一の戦争の正当化理由は，侵略への応答としての国家主権の防衛である．なぜだろうか．侵略に関するウォルツァーの議論をかたち作っているのは，彼が「法律家のパラダイム」と呼んでいるものである．このパラダイムは，諸国家からなる国際社会における道徳秩序を，諸個人からなる一国内の社会秩序とのアナロジーに基づいて考えようとする「国内類推」という思考法によって嚮導されている（ウォルツァー，2008，p. 146）．「国内類推」によれば，諸国家は諸個人と類似しているのであって，国家間，個人間に適切な道徳的秩序は，それぞれ独立と自律というもっとも基底的な価値に立脚するものである．そうした基底的な価値は，国家間に受け入れられている慣習のなかでは，政治的主権，領土保全，自己決定への国家の権利として表現されている．

「法律家のパラダイム」に依拠することによって，ウォルツァーが引き出す「侵略の理論」は次のようにまとめることができるだろう．独立国家からなる国際社会が存在しており，それぞれの独立国家は，領土保全と政治的主権の権利をもっている．ある国家による他の国家に対する武力行使は，侵略という犯罪行為を構成するのであって，被害国とその他の国家による暴力的な応答を正当化する．それゆえ，戦争を正当化しうるのは，侵略のみである（ウォルツァー，2008，pp. 151-152）．

ウォルツァーによれば，「法律家のパラダイム」からは，国家は他国の内政に対して干渉すべきではないという「内政不干渉の原則」が導かれる．国際社会においては，不干渉が原則であり，干渉が正当化されるのは，この一般的ルールの特殊な例外にすぎない．「人道的介入が正当化されるのは，それが「人類の道徳的良心に衝撃を与える」行為に対する（成功の合理的見込みを伴った）応答である場合」（ウォルツァー，2008，p. 227）に限られると言うのである．

ところで，国家は，そもそも領土保全と政治的主権の権利をどこから得ているのだろうか．ウォルツァーは，「これら2つは国家に属するのだが，究極的には個人の権利から導出されたものであって，だからこそこの2つは実効的なの」（ウォルツァー，2008，p. 139）であると述べている．とすれば，侵略は，確かに現象としては，国家への攻撃なのだが，その犯罪性は，結局のところ，それが個々の市民の基本的な人権を攻撃しているという事実に由来していることになろう．しかし，ここには，厄介な問題が胚胎している．というのも，他国による侵略がそのような理由で犯罪なのだとすれば，自国の政府が自国の市民の権利を侵害している場合にも，それは同様に犯罪を構成すると言えそうだからである．

コスモポリタンであるC. ベイツが問題にするものまさにこの点――共同体の保全の価値を特権化し，人権を十分に尊重していないという点――である．共同体の自己決定の価値と個人の基本的な権利を守ることの価値が対立する場合は，十分に考えられる．そのような状況においては，後者を守るために前者を侵害する「人道的介入」が必要とされるかもしれないのである（Beitz，2010，p. 335）．しかし，ウォルツァーが与えている回答は，「個人の生命と共同体の自由という価値を擁護」（ウォルツァー，2008，p. 229）するとき，人道的介入は正当化されるというものであって，あたかもそのようなジレンマは存在しないかのようなのである．

これに対して，ベイツは，ウォルツァー自身，純粋形態の「法律家のパラダイム」を擁護しているわけではなく，例外的なケースとしてではあれ，人道的介入に道を開いているのだから，人道的介入の基準をコスモポリタンに受け入れ可能な水準まで寛大なものにすることを勧めている（Beitz，2010，p. 341）．

このような方向性を典型的に示すものとして，「エバンス・サハヌーン委員会」の報告書を挙げておくことができるだろう．同委員会は，国連事務総長の呼びかけに応えて，2001年に「保護する責任」という概念を提示している．伝統的なウェストファリア体制の下では，「主権国家は国際法によってその領土内での排他的かつ完全な支配権，管轄権を持ち，他国は相手国の内政に干渉しない義務を負っている」（エバンス／サハヌーン，2004，p. 92）とされていた．しかし，「人間の安全保障」といった概念の台頭に代表される人権意識の高まりによって，主権と内政不干渉原則が齟齬するケースが目立ち始めている．これまで，国家主権は，国内の民衆に関わる問題について決定を下す権限を意味していたが，いまでは主権には２つの責任が伴うという考えが受け入れられつつあるのである．すなわち，「対外的に他国の主権を尊重し，対内的に自国にいるすべての民衆の基本的な権利と尊厳を擁護する」責任である．そして，もし当事国が民衆を保護する意思も能力ももたないような場合には，国際コミュニティが「保護する責任」＝「介入する責任」を負うと言うのである．

このようにコスモポリタンは，ウォルツァーの「戦争への正義」論が，その基礎を個人の権利に置いていながら，結局のところ，侵略に対する道徳的批判において，国家の権利を上位に置くことの不整合を問題にするのである．「主権に対するフェティシズム」を批判するコスモポリタンに，ウォルツァーは，どのように応答するのだろうか．

まず確認しておかねばならないのは，ウォルツァーの言う個人の権利は，帰属する共同体と切り離されて考えられたものではなく，「共通の生を築き上げ」る権利とされている点である．国家の権利は，確かに，個人の権利に由来するのだが，その個人とは，歴史的な共同体のメンバーとして生き，メンバー間で実現された政治形態を通じて受け継がれた文化を表現する個人なのである．国家の侵略されない権利は，そのメンバーが作り上げてきた政治的アソシエーションを含んだ共通の生から派生しているのであって，「法的権原のあるなしではない」（ウォルツァー，2008，p. 141）．

いったん人民が政治共同体を築き上げたならば，彼らだけが，外部の介入から独立に集合的生活を維持したり，修正したりする権利をもっている．ウォルツァーは，「自助という厳格な教義」に固執するJ. S. ミルに強い共感を寄せている．ミルによれば，国家は，市民に政治的意思決定への参加を可能にする自由な制度をもっていないとしても，自決する共同体と見なさねばならない．そのような自由な制度が，もし外部からの介入によって作られたとすれば，その国家は自決を奪われている．政治共同体のメンバーは，自分たちの自由を自分たちの努力で手に入れなければならない．なぜなら，そのような困難な闘争こそが，自由な制度を維持するのに必要な徳を発達させてくれるからである（ウォルツァー，2008，p. 194）．

しかし，ここで注意しなければならないのは，実のところ，ウォルツァーの「議論の真の主題は，国家ではまったくなく，その基底にある政治共同体」（Walzer，2007，p. 220）だという点である．そして，この共同体には，「生ける者と死せる者，まだ生まれていない者」との間のバーク的な意味合いにおける契約に依存しているという性質が与えられている．共同体の基盤にある道徳的理解が，長い年月を経て具体化されてきたものであることが示唆されているのである．

このような国家と共同体の区別から，ウォルツァーは，いわば人道的介入のコミュニタリアン的正当化とでも言うべきものを引き出している．ウォルツァーによれば，国家が正統であるとは，「共同体と国家の間にある「適合」が存在している」（Walzer, 2007, p. 221）ということである．アウトサイダーは，歴史を知らず，直接的な経験もないのだから，国家と共同体が互いに「適合」しているかどうかを判定するのに相応しい立場にない．それゆえ，もし「適合」が存在しているなら，それが，民主的な――あるいはリベラルな――統治でないとしても，諸外国は，当該国家を尊重しなければならないのである．

もちろん，このように議論することを通じて，ウォルツァーは，専制国家を擁護しようとしているわけではない．政府の専制は，革命権を生じさせるとウォルツァーは考えている．しかし，革命権は当該国家の臣民や市民に保有されているのであって，誰もその権利を簒奪することはできない．「外国人は，政府と共同体の「適合」の欠如が根本的に明白でなければ，介入すべきではない」（Walzer, 2007, p. 223）のである．ここからは，ウォルツァーが擁護しようとしているのが，共同体の自己決定の権利であることが読み取れるだろう．通常のケースでは，不介入の原則によって，この権利はもっともよく保障される．しかし，介入しないことが，むしろ集合的な自己決定の価値それ自体を棄損する例外的なケースが存在し，その場合には介入が正当化されると言うのである．

ウォルツァーは，そのようなケースを3つ想定している．① 分離や民族の自由のための闘争は，介入を正当化する可能性がある．反乱がある規模に達すれば，政府と共同体の間の「適合」を仮定しえないからである．② 内戦が勃発し，ある外国勢力が一方の党派を支援して介入したとき，他の勢力は，もう一方を支援するために介入することができる．③ 政府が，自国民を大規模に虐殺したり，奴隷化している場合には，いつでも介入は正当化される（Walzer, 2007, p. 225）．

ウォルツァーから見れば，ベイツやJ. ドッペルトのようなコスモポリタンは，正義の戦争を，社会的に基本的な人権を守るための戦争と理解している．そして，この「社会的に基本的な権利には，外国の侵略者だけでなく，専制的な政府に対抗する安全の権利や，最低限の生活の権利が含まれている」（Walzer, 2007, p. 229）と考えている．しかし，これは権利についての単純すぎる見方だと言わなければならない．コスモポリタンは，個人の権利を「政治過程や社会環境を参照することなしに，人格や道徳的主体についてのわれわれの観念から引き出される」ものとして理解している．そして，守られるべき権利のリストを厳かに宣言し,「その執行のために軍人を探し求め」ようとしているのである．しかし，これは真実ではない．「権利は，それが集団的に承認されている政治共同体のなかでのみ執行可能であり, 人々が権利を承認するようになる過程は，政治のアリーナを必要とする政治過程なのである」（Walzer, 2007, p. 232）.

国家は，簡単に乗り越えられてはならない，なお重要な政治生活の領域であるとウォルツァーは考えている．なぜだろうか．理由は２つある．第１に,「もし特定の共同体のアリーナにおける政治過程の帰結が，しばしば非人道的なものであるとすれば, グローバルなアリーナにおける帰結もしばしばそうである」と想定しておいたほうが賢明だからである．しかも，後者には，もはや政治的な避難所も, 政治的な別の選択肢も残されていないのだから, その危険性はずっと高いと見るべきだろう．第２に，政治は,「共有された歴史や共通の感情，受け入れられた慣習といったものに依存している」（Walzer, 2007, p. 233）からである．グローバルな規模では，そうしたものは想像できず，政治は，単なる強制か，官僚的な操作に還元されてしまう可能性が高いのである．

以上のような行論は, 結局のところ, ウォルツァーは,「共同体の自律」と「個人の人権」の間で，前者を選びとったということを示しているのだろうか．コスモポリタニズムの立場に立つ論者たちは, そのように理解して, ウォルツァーの「主権へのフェティシズム」を批判したのであった．しかし，おそらくは，そうではない．ウォルツァーは，こう述べている．「国家の権利と個人の権利の区別は，単純であり，誤っている．外国人に対抗して，個々人は，自分の国家に権利をもっている．国家当局に対抗して，彼らは，政治的自由と市民的自由の権利をもっている．これらの権利の第１のものがなければ，第２のものは意味を失うのである」（Walzer, 2007, p. 233）.

ウォルツァーによれば，コスモポリタンが彼への批判のなかで，繰り返し表明しているのは，実のところ「政治に対する伝統的な哲学の嫌悪」である．これに対して,「私自身の議論は，政治の擁護としてもっとも適切に理解される」

(Walzer, 2007, p. 234). 本来的にはコスモポリタン的構成にフィットしやすい正戦論という枠組みに，論理的な破綻の危険性を冒してまで，執拗に，コミュニタリアン的モチーフを介入させることで,彼が守ろうとしているのは「政治」だったのである.

第4節　「政治的なもの」の擁護
――M. ウォルツァーとC. ムフ――

「哲学と民主主義」と題された論文のなかで，ウォルツァーは，哲学的知と政治的知を対比している.「われわれの共同体や政府にとって適切な構造は何か」という問いに対する正しい答えはあるだろうか.「諸々の共同体があるように，多くの正しい答えがあるだろうというのが真実である．しかしながら，共同体の外部では，ただ1つの正しい答えがある．多くの洞窟があっても，太陽は1つであるように，政治的知は，その性質において個別的であり多元主義的であるが，哲学的知は，普遍主義的であり，単一である」(Walzer, 2007, p. 15).

哲学者は，ただ1つの正しい答えを求めて，共同体からの英雄的な離脱を試みる．というのも，共同体に纏わりついている歴史や感情の紐帯は，哲学者の思考を汚染するからである.「原初状態」や「理想的発話状況」といった概念装置は，このような離脱の試みを示しているだろう.「そこでは，出席者は，自分のイデオロギーから解放され,言説の普遍化されたルールに従う．そして，彼は，もし人々が現実の政治秩序の創造に着手するならば，彼らが選ぶのはどんな原理であり，ルールであり，憲法的取り決めであるのかを問うのである」(Walzer, 2007, p. 10). このような概念装置の下で，もし完全な合意が得られたとしても,それは,出席者たちが哲学者が課した制約によって厳密にコントロールされているからではないか．ウォルツァーによれば，ここに見られるのは，政治的言説を装った哲学的論議なのである.

哲学的知による政治的知の簒奪の具体的な表れを，ウォルツァーは，司法積極主義のなかに見出している.権利のリストが哲学的な推論によって確立され，司法によって強制されるとき，そこに起きているのは，民主的な決定範囲のラディカルな縮減である.「普遍的な真理が確立されたところではどこでも，交渉や陰謀，闘争の余地はない．それゆえ，あたかも共同体の政治的生は，永遠に遮断されるべきであるかのように見える」(Walzer, 2007, p. 16). 哲学による政治の置き換えに抗して，ウォルツァーは，理性的な議論とは異なった複雑な相互行為の形態である政治を保存しようとしている．

『政治と情念』のなかで，ウォルツァーは，次のような診断をおこなっている．アメリカのリベラリズム理論においては，「権利の言説」から「決定の言説」へという展開が見られ，現在，討議的デモクラシー論が活況を呈している．しかし，そこには組織的に見落とされているものがある．それは，「民主的な政治過程とはどこまでも非討議的なもの」だという知見であると．

討議デモクラシーにおいては，共に理性を働かせることにこそ価値があるとされるが，「政治には，理性の他にも，しかも理性としばしば緊張関係に立つような，次のような価値がある．すなわち情念，コミットメント，連帯，勇気，そして競争である」．このような諸価値が重要な役割を果たす周知の政治活動として，「政治教育」，「組織形成」，「動員」，「取引」，「資金集め」等々といったものを挙げておくことができるだろう．確かに討議のために余地が与えられねばならないのだが，「その余地は，より適切な意味で政治的であるさまざまな活動のために私たちが与える，もっと広い空間のなかにある」（ウォルツァー，2006，p. 153）．討議は，市民がおこなうそれ以外の活動と切り離すことができないのである．

ウォルツァーによれば，民主主義的で平等主義的な政治を現実に推進するためにこそ，情念に鼓舞されてコミットする多くの人々が必要となる．リベラリズムは，すべての人が民主的で合理的な意思決定過程に参加することを望んでいたはずである．しかし，「それが情念に対していだいている不安と非難は旧来の政治的――哲学的伝統へとリベラリズムを後退させ」てしまっている．それは，「開明的な少数者が湧き溢れる非合理な大衆を不安の眼差しで眺め，大衆に属する者が受動的で，恭順を示し，政治的に無気力であったかつての時代を夢見る」（ウォルツァー，2006，p. 193）という伝統である．

「いかなる偉大な事柄も熱狂なしに達成されたためしはない」というR. W. エマーソンの言葉を，ウォルツァーは，共感を込めて引用している理性と情念が分離され，後者がただ解体のカオスをもたらすものとして忌避されれば，そこから帰結するのは，現状を肯定する「リスク回避のイデオロギー」にほかならない．あるいは，情念を全面的に忌避しないとしても，リベラリズムが受け入れるのはコントロールが容易な特定の情念に限られている．「リベラリズムが一方で愛着や闘争というより激しい形態の情念を排除しながらもなお一定の情念を受け容れるとき，それは利益を認めることによって可能となる．利益をいだく諸個人や競合する利益集団の政治は，抗争をもたらすとしても内戦にはいたらない．それは，明示的には戦闘的な情念を，そして暗黙裡には緊密な結びつきの情念を限度を越えたものとしてとらえ」（ウォルツァー，2006，p. 204）ているのである．

このようにリベラルの理論家たちは，討議的手続きを，情念を排除するかたちで彫琢しようとしているのだが，実際には，情念は利益を求めるときだけでなく，「味方を選んだり敵に立ち向かうときにも，社会的世界においてその正統な地位を占めている」．そうであるなら，「戦闘的な情念」や「緊密な結びつきの情念」も，「利益を求める情念」と同様に尊重される必要がある．そのような政治的情念を認めることによってのみ，「社会的な結びつきや社会的な抗争をよりよく説明し，あなたはどちらの味方なのかという不可避の政治の問いに対してより明瞭に，自覚的に答えるのが可能になる」（ウォルツァー，2006，p. 208）のである．

これまでの行論にすでにはっきりと表れているように，ウォルツァーの「基本的な考えは，互いに抗争しあう集団なしには，そもそも政治は存在しない」というものである．それゆえ，われわれがおこなう「決定的に重要な判断は，どのような意思決定が好ましいかについてではなく，いかなる集団に加わるべきかについてのもの」（ウォルツァー，2006，p. 211）だということになるだろう．

では，国内社会を念頭に置いて述べられたこのような議論は，国際社会にはどのように適用されるのだろうか．ウォルツァーによれば，リベラルの理論家たちは，一国内におけるリベラリズムの成功を次のようなかたちで，国際社会に拡張しようとする．個人の人権は普遍的に擁護されるべきなのだから，「リベラルな国家の機能の少なくとも一部……を担うことのできる国際機関に期待を託すべきである」．かくして，「リベラリズムの理論……は，あらゆる個人に等しい尊重と配慮をもって直接関わるようなグローバルな体制を支持する方向へとむかう」（ウォルツァー，2006，p. 220）のである．リベラルな理論は，ルワンダ人，クルド人，パレスティナ人であることは，「道徳的な観点から見て恣意的な」要素であると見なす．正義に適った世界秩序においては，それらは重要性をもたず，個人の権利だけが重視されなければならないと言うのである．

しかし，この議論には重大な見落としがあると言わなければならない．確かに，飢餓や大量虐殺といった極限的な状況は，外国の介入による救済を必要とすることは間違いないであろう．しかし，「長期的に見れば，彼らが最も必要としているのは力のある実効的な国家である．彼らはそうした国家を創設するために支援を受けるべきであるが，それを創設することは最終的には彼らの仕事にほかならない．この仕事は，道徳的観点から見て恣意的ではない」（ウォルツァー，2006，p. 224）．

善きグローバルな社会が，多元性を有することは，避けえないだけでなく，道徳的にも必要だとウォルツァーは考えている．なぜだろうか．それは，次のようなごく単純な事実に基づいている．すなわち，ほとんどの人は，自らの政治的，文化的アイデンティティに愛着を感じており，「ほとんどの人は，自らの仲間であると認めることのできる人々……によって自らが統治されるのを欲する」（ウォルツァー，2006，p. 226）のだから．

このようなウォルツァーの議論の含意をより明確化するために，われわれは，それを，「政治的なもの」をめぐるC. ムフの議論と照らし合わせてみたい．一般には保守的な含意をもつとされることの多いコミュニタリアニズムと，ムフに代表されるラディカル・デモクラシーとは，一見，対極に位置するように見えるのだが，少なくともウォルツァーの議論とムフの議論は，極めて親和性が高いと思われるからである．

ムフもウォルツァーと同様，討議デモクラシーの政治モデルが重大な欠落を抱えていることを指摘している．討議デモクラシー論者は，利益団体を主要なアクターとし，利害関係の調整を目的とするような経済中心の民主主義理解に反対し，「道徳や正義の問題を政治に導入することによって，民主主義的シティズンシップを異なる仕方で構想しようとしている」．しかし，利益計算を理性と合理的討論に——経済モデルを道徳モデルに——置き換えることは，結局のところ，別の仕方で「政治的なものの種差性を見落として」（ムフ，2006，p. 72）しまうことなのである．

これに対して，「政治的なもの」の中心に友／敵の区別があり，政治的アイデンティティのどのような形式も，つねにわれわれ／彼らの区別を伴うことを鋭く見抜いたのが，ムフが高く評価するC. シュミットであった．そして，この政治的アイデンティティの形成にあたって重要な役割を果たすのが，「情念」なのである．「昨今の民主主義政治の理論は，利害の合理的計算（利益集約モデル）

あるいは道徳的な討議（討議モデル）に依拠するので，「情念」の役割を，政治の領域で作動する主要な力の1つとして認識できず，情念のさまざまな表出に面と向かうならお手上げになる．これはまさしく，敵対性がつねに可能性として実在することを認めない態度と一致」（ムフ，2008，p. 43）している．しかしながら，ムフによれば，民主主義的な企図に向けて人々を動員するためにこそ，情念の働きが必要であり，だからこそ民主政治は党派性をもたねばならないのである．

シュミットは，人間社会には——共同体内，共同体間を問わず——，必ず敵対関係や権力関係が胚胎し，それを除去するのは不可能であることを強く主張したのであった．この洞察から見るなら，排除なき合意の可能性を仮定する討議デモクラシーのモデルは，「合意創出のまさに条件そのものが，公的領域からの多元性の除去であること」（ムフ，2006，p. 77）を看過しており，合意それ自体が，社会にとって包摂不可能な「構成的外部」をつねに生みだしていることに無自覚だと言わなければならない．

「政治的なもの」に関するこのような考察が国際社会の平面で展開されれば，それがコスモポリタニズムに対する強い批判を生むことは見やすい道理であろう．ここでも，ムフは，リベラルな構想の延長上にある世界国家の理念を退け，「政治的世界は単一的（universe）ではなく，複数的（pluriverse）であると主張」（ムフ，2006，p. 80）したシュミットに依拠しつつ，次のように論じている．どのような形態であれ，コスモポリタニズムが抱える最大の問題は，それが「政治的なもの，対立，および否定性を超えた合意型の統治形態を前提していることにある．それゆえに，コスモポリタン的な企図は，政治にそなわるヘゲモニーの次元を否定することになる」．しかし，どのような社会的客観性も権力作用を通じて構成されたものだと考えるムフにとって，あらゆる秩序は，つねにヘゲモニー的秩序なのである．「等しい権利と義務をもつコスモポリタンな市民からなるコスモポリタン的民主主義が可能であると信じること」が，「危険な幻想」であるのは，それが，「みずからの世界観を惑星の全域に押しつけ，またみずからの利益を人類の利益と同一視しながら，あらゆる不同意を「理性的な」リーダーシップに対する不正な挑戦とみなす支配的権力による世界大のヘゲモニー状態を意味する」（ムフ，2008，p. 156）からである．ヘゲモニーを超えた世界秩序などありえないとすれば，われわれに可能なのは，ヘゲモニーを多元化していく戦略だけだということになるだろう．

ところで，リベラリズムは，「政治的なもの」が孕む敵対性を理性に基礎づけられた合意の理論によって解消しようとする試みであった．では，シュミットに倣って敵対性が除去不可能だと考えるムフは，それを解き放とうとしているのだろうか．実はそうではない．ムフは，ここで「敵対性」と「闘技性」という区別を導入している．敵対性が互いに滅ぼすべき者——すなわち，「敵」——同士の闘争であるのに対して，闘技性は「対抗者」間の闘争である．「敵対関係は，われわれ／彼らが，いかなる共通の土台も共有しない敵同士の関係性であるが，闘技は，対立する党派が，その対立に合理的な解決をもたらすことなど不可能と知りつつも，対立者の正当性を承認しあう関係性」（ムフ，2008, p. 38）なのである．「対抗者」は「敵」とは異なり，自分たちが，対立の生起する「共通の象徴的空間」を共有しているのだとムフは述べる．確かに敵対性は解消不可能だが，友／敵の区別は，政治的なものを構成する敵対性の１つの——唯一のではなく——表現に過ぎない．かくして，ムフによれば，民主政治の課題は，敵対性の暴発を回避し，敵対関係を闘技関係へと変容させることなのである．

なぜこのような変容が可能だとムフは考えるのだろうか．おそらく，それは，次のような理由によっている．すなわち，社会的客観性それ自体がヘゲモニー的な構築物であると見なすムフからすれば，「「われわれの同質性と彼らの異質性」（原因）から「闘争」（結果）が生じるのではなく，「闘争」（原因）から「われわれの同質性と彼らの異質性」（結果）が生じる」からである．こう捉え直すことによって，「敵対性の発生は，運命によってもたらされた和解不可能なものとしてではなく，特定の偶発的な社会的配置によってもたらされたものとして，反省的に，したがって相対的に抑制可能なものとして，把握される可能性が生ずる」（白井，2010, p. 198）のである．

しかし，問題は，この操作を通して，「政治的なもの」はもはや「政治的なもの」でなくなってしまっているのではないかということであろう．ここで，ムフが，そもそも「政治的なもの」をどう定義していたかを確認しておこう．ムフは，ハイデガーの用語を借りて，こう述べていた．「政治は「存在的」レベルに関連するものであり，「政治的なもの」は，「存在論的」レベルにかかわるものである」．つまり，「存在的なものは，通常おこなわれている政治のさまざまな実践にかかわるものであり，存在論的なものは，社会が制度化されていくありかたそのものにかかわるもの」（ムフ，2008, p. 22）だと言うのである．「政治的なもの」を，H. アレントのように自由で公共的な討議空間に見出す理論家と，シュミットのように権力や敵対性の空間に見出す理論家のうち，後者の系譜にはっきりと自らを位置づけながら，ムフは，「政治的なもの」は敵対性の次元を意味し，「政治」は実践と制度の集合を意味するとしていたはずである．しかしながら，「敵対性」が「闘技性」に――「敵」が「対抗者」に――変容するにあたっては，その理路が示されることなく，「自由民主主義への倫理―政治的な支持を共有する点において，彼らと私たちはなんらかの共通の基盤をもつ」（ムフ，2006，p. 158）こと――自由や平等の意味や実現手段について見解を異にすることはあっても――が予め前提にされてしまっているのである．

これは，ムフの議論が，今日のいわゆる先進民主主義諸国の内部において，敵対性をどう取り入れるかということに考察の中心を置いているからなのかもしれない．S. ジジェクは，「政治的なもの」をめぐるムフの一連の仕事を民主主義と闘争精神を結合しようとしたものと性格づけて，次のように述べている．「この試みにおいてムフは，2つの極端な立場を両方とも退ける．すなわち，一方では，民主主義とその規則を中断させる大胆な闘争・対立を言祝ぐ立場（ニーチェ，ハイデガー，シュミット）を退け，他方では，規則に基づく無気力な競争だけが残るように民主主義的空間から真の闘争を追い出す立場（ハーバーマス）も退ける」（ジジェク，2010，p. 426）のである．しかし，この際どい試みは成功しているだろうか．

リベラルな理論が「情念」というモメントを構造的に排除するものであること，リベラルな理論の国際社会への拡張版であるコスモポリタニズムが「政治的なもの」――ウォルツァーの場合には「政治」という言葉が使われているが――を消し去ろうとしていることを鋭く批判する点で，ウォルツァーとムフは，同じ軌跡を描いている．しかし，「政治的なもの」のもつ「敵対性」の次元を取り扱うにあたって，それを「闘争性」に回収してしまうムフと，抗争を超えた内戦に至る可能性をも考慮に入れるウォルツァーとは相違を見せる．ウォルツァーの「政治」は，最終的には，敵対性を回避してしまうムフの「政治的なもの」以上に，「政治的なもの」の深淵を見据えているように思われるのである．ここには，コミュニタリアンの議論がもちやすい保守主義的な含意とは正反対の，ラディカル・デモクラシー以上にラディカルなウォルツァー理論のポテンシャルがあるのではないだろうか．しかし，同時に，それはパンドラの箱を開くものであるかもしれないのである.

参考文献

Beitz, Charles R.（2010）"The Moral Standing of States Revisited," *Ethics & International Affairs.*

ブル，ヘドリー（2000）臼杵英一訳『国際社会論——アナーキカル・ソサイエティ』岩波書店.

Doppelt, Gerald.（1978）'Walzer's Theory of Morality in International Relations,' *Philosophy & Public Affairs* 8, no.1.

エバンズ，ギャレス／サハヌーン・モハメド（2004）竹下興喜監訳「人道的悲劇から民衆を保護せよ」『フォーリン・アフェアーズ日本語版』第2号.

ハーバーマス，ユルゲン（2009）大貫敦子他訳『引き裂かれた西洋』法政大学出版局.

早川誠（2008）「ウォルツァー『正戦と非正戦』」『はじめて学ぶ政治学』ミネルヴァ書房.

川崎修（2010）『「政治的なるもの」の行方』岩波書店.

菊池理夫（2004）『現代のコミュニタリアニズムと「第三の道」』風行社.

————（2007）『日本を甦らせる政治思想——現代コミュニタリアニズム入門』講談社現代新書.

小林正弥（2010）「地球的コミュニタリアニズムに向けて——ウォルツァー正戦論を超えて」『コミュニティ』勁草書房.

松元雅和（2008）「訳者解題——ウォルツァー正戦論とその特徴」『戦争を論ずる——正戦のモラル・リアリティ』風行社.

ミラー，デイヴィッド（2007）富沢克他訳『ナショナリティについて』風行社.

Morrice, David（2000）"The liberal-communitarian debate in contemporary political philosophy and its significance for international relation," *Review of International Studies* 26.

Moszkowicz, David（2007）'Michael Walzer's Justification of Humanitarian Intervention: Communitarian? Cosmopolitan? Adequate?,' *Political Theology* 8, no.3.

ムフ，シャンタル（2006）葛西弘隆訳『民主主義の逆説』以文社.

————（2008）酒井隆史監訳『政治的なものについて』明石書店.

押村高（2008）『国際正義の論理』講談社（講談社現代新書）.

————（2010）『国際政治思想』勁草書房.

ロールズ，ジョン（2006）中山竜一訳『万民の法』岩波書店.

白井聡（2010）「民主主義とその不満——レーニン，フロイト，ラディカル・デモクラシー」『「物質」の蜂起をめざして』作品社.

シンガー，ピーター（2005）山内友三郎他監訳『グローバリゼーションの倫理学』昭和堂.

Shapcott, Richard.（2010）*International Ethics: A Critical Introduction*, Polity.

スガナミ，ヒデミ（1994）臼杵英一訳『国際社会論——国内類推と世界秩序構想』信山社.

杉田敦（2005）『境界線の政治学』岩波書店.

ウォルツァー，マイケル（1999）山口晃訳『正義の領分——多元性と平等の擁護』而立書房.
――――（2004）芦川晋他訳『道徳の厚みと広がり――われわれはどこまで他者の声を聴き取ることができるか』風行社.
――――（2006）齋藤純一他訳『政治と情念――より平等なリベラリズムへ』風行社.
――――（2008a）萩原能久監訳『正しい戦争と不正な戦争』風行社.
――――（2008b）駒村圭吾他訳『戦争を論ずる――正戦のモラル・リアリティ』風行社.
――――（2007）*Thinking Politically: Essays in Political Theory*, Yale University Press.
ジジェク，スラヴォイ（2010）中山徹他訳『大義を忘れるな――革命，テロ，反資本主義』青土社.

付記

上記の参考文献の内，次の2著に関しては，本章の原論文脱稿後，翻訳が出版されている.

ウォルツァー，マイケル（2012）萩原能久他監訳『政治的に考える』風行社.
シャプコット，リチャード（2012）松井康浩他訳『国際倫理学』岩波書店.

本来なら，それに合わせて，本文の引用も差し替えるべきなのだが，地の文との整合性を維持するために，そのままにせざるをえなかった．訳者の方々には，ご寛恕願いたい.

第10章　マイケル・イグナティエフと「より小さな悪」という倫理

第1節　テロとの戦争
――立憲主義に踏み止まるために――

1　9. 11後の世界

東側の自己崩壊によって実現した冷戦体制の終わりは，リベラルな民主主義を乗り越え不可能な最終イデオロギーだとする議論に一定の説得力を与えていた．しかし，声高な勝利宣言の十余年後に生じた「9. 11テロ」は，リベラルな民主主義の支柱とも言える立憲主義に大きな翳りをもたらした．ブッシュ政権下のアメリカで，大きな抵抗もないままに進行した，安全を盾に取った様々な市民的自由の制約が，それである．

G. アガンベンは，この事態を，例外状態の常態化と捉えて，次のように述べている．

> ブッシュ大統領の「軍事命令」の新しさは，一個人についてのいかなる法的規定をも根こそぎ無効化し，そうすることで法的に名指すことも分類することも不可能な存在を生み出した点にある．アフガニスタンで捕えられたタリバーンの兵士たちは，ジュネーブ条約に基づく「捕虜」（POW）についての規定を享受できないだけでなく，アメリカの法律にもとづいたいかなる犯罪容疑者としての取り扱いも受けることがない．囚人でもなければ，被告人でもなく，たんなる拘留者（detainees）であるにすぎない彼らは，純然たる事実的支配の対象であり，法律と裁判による管理からまったく引き剥がされているため，期限の点のみならず，その本性自体に関しても，無限定な拘留の対象なのである．（アガンベン，2007，p. 12）

「テロとの戦争」という「緊急事態」は，その政治的な効果として，法の統制を免れた権力の行使を可能にしたのである．

2　「国家緊急権」という問題

国家の存立それ自体が脅かされるような緊急事態においては，平常時の法を乗り越える――法が保障するはずの市民的自由を制約する――手段が用いられることもやむをえないとする考え方は，それほど特異なものではない．例えば，「安全は第一の法である」という古代ローマの格言は，法が守られたとしてもローマが滅びたのでは無意味なのであって，「背に腹はかえられぬように，法に国家はかえられぬ」（尾高，1943，p. 897）とローマ人たちが考えていたことを示している．

個人が急迫不正の攻撃を受けた場合に，「正当防衛権」を認められているのと類比的に，国家は不正な侵略に対して固有の「自衛権」を有する．緊急事態に行使されるこれらの権利は，「個人の正当防衛権はふつう国内法で，国家の自衛権は国際法上の理論と実際面で，実定法上の権利として認められているから，その超法規的性格は表面には出てこない」（小林，1979，p. 11）．一方，同じ「自己保存の原則」が，国内関係に適応された場合に現れる「国家緊急権」は，アガンベンの記述が示していたように，実定法を超えて発動されることがありうるのである．それゆえ，緊急権は，「合法性」を超えた「正当性」に依拠するという性質をもっていると言うことができるだろう．ここに生じているのは，立憲主義にとって由々しき事態である．なぜなら，「平常時における法＝立憲主義的法の本質が個人の権利・自由を保障する点にあるとすれば，非常事態ないしは非常事態法制における「法」は，これとは逆に，国家権力を平常時における法の拘束から解き放ち，個人の権利・自由を制限する点に本質をもつからである」（岩間，2002，p. 316）．

M. イグナティエフが，9. 11テロを受けて著した『より小さな悪』で立とうとしているのは，緊急事態が要請する市民的自由の制約を，一定程度，認めながらも，なんとか立憲主義の枠内に留まり続けようとする困難な立場である．

3　民主主義についての「プラグマティックな見方」と「道徳的な見方」

民主主義には，両極端とも言える２通りの見方がある．イグナティエフによれば，「プラグマティックな見方」と「道徳的な見方」が，それである．一方の，プラグマティックな見方によれば，民主主義の根幹をなすのは人民主権であって，集合的な利益がもっとも重視されるべきである．他方の，道徳的な見方によれば，民主主義は，単に多数者の利益に仕えるものであってはならない．個人の尊厳こそが重視されるべき価値であり，この尊厳は，共同体の権力を制限する権利の命令によって守られるのである.「論争の一方の側は，権利に関する過剰な配慮が民主主義の手を縛ることを憂慮している．これに対し，もう一方の側は，たとえ少数の個人であっても，権利が奪われるのならば，民主主義は自らのアイデンティティを裏切ることになると主張する」(Ignatieff, 2005, p. 6).

プラグマティックな見方は，例えば「憲法は自殺契約ではない」というJ. ジャクソンの言葉によく示されているが，市民的自由は共同体の死活的な利益を危険に晒さない限りにおいて認められると考える.「政府の強制に対抗する権利の目的は，(政府から) 多数者を守ること」(Purdy, 2006, p. 1507) なのだから，デュー・プロセスを無視した拘留や尋問といった例外的な措置も必ずしも法の支配に反するわけではない．なぜなら，法の目的は秩序と安全の維持にあり，デュー・プロセスはこの目的の道具と見ることができるからである．これに対して，道徳的な見方では，デュー・プロセスは，民主主義のもつ個人の尊厳という根源的な価値へのコミットメントを具体化したものなのだから，どのような緊急事態においてもそれは不可侵のものと考えられねばならないのである.

この２通りの見方は，とりわけ差し迫ったテロの脅威があるといった緊急事態においては，厳しい対立をもたらす．そこでは，「安全」と「自由」がトレード・オフの関係に置かれるからである．しかも，「トレード・オフは，われわれの自由とわれわれの安全の間にあるのではなく，われわれの安全と彼らの自由の間にある」(Ignatieff, 2005, p. 32) ために，多数者が，安全の確保のために，少数者の重要な権利を蹂躙しようとする誘惑は，極めて強いものと言わねばならない．実際，9. 11テロの後にわれわれが見たのは，この誘惑に屈したアメリカ社会の姿であった.

4　「より小さな悪」という規準

イグナティエフの提起する「より小さな悪」というアプローチは，このいずれの道をも排して，諸価値の間で困難なバランスを取りながら進もうとするものである.「民主主義は，多数者の安全と個人の権利の両方にコミットしている」(Ignatieff, 2005, p. 7) のだから，テロのもたらす緊急事態にあっても，何らかの価値を他を排する究極的な規準として用いることはできない.「権利，尊厳，安全は，すべて重要な原理であり，どれも切り札ではない」(Ignatieff, 2005, p. 9) のである．すべては，バランスのなかで，熟慮され，比較考量されなければならない．重要なのは，この比較考量においては，必ず何らかの原理が何ほどか毀損せざるをえないということである．イグナティエフが，自らのアプローチを「より小さな悪」と呼ぶのは，このためである．

「人は，それが悪であることを否定することなしに，……より小さな悪に訴えることを正当化することができる」(Ignatieff, 2005, p. 18)．確かに，われわれは，道徳的に完全とは言えない手段を選択することができるのだが，それは必要ではあっても悪であることが忘れられてはならない．「より小さな悪」に留まるよう厳密にコントロールされなければならないのである．こうして，イグナティエフは，テロとの戦争がわれわれに投げかける問題を，不毛な二項対立から，次のように転換する．「問題は，われわれが邪悪な行動を完全に避けうるかどうかではなく，われわれがより小さな悪の選択に成功したかどうかであり，それがより大きな悪になることを防ぎえたかどうかである」(Ignatieff, 2005, p. 18)．複数の原理にコミットする民主主義は，悲劇的な選択に立ち向かうことを回避できない．

緊急事態に用いざるをえない道徳的に不完全な手段をコントロールするために，イグナティエフは，政策決定者に次の6つのテストを提案している．①提案された強制手段が，個人の尊厳を冒すものでないかを問う「尊厳性テスト」．例えば，残酷な刑罰や拷問は，このテストにより排除される．②強制手段が，われわれの制度的遺産を決定的に棄損するものではないか，デュー・プロセスからの逸脱が本当に必要であるのかどうかを問う「保守性テスト」．例えば，人身保護令状の無期限停止のような措置は，このテストにより禁じられる．③テロに対抗する手段が，現在の危機に効果的であるだけでなく，長期的に見た場合に，市民の安全をより確かなものにするのかどうかを問う「有効性テスト」．④より強制性の低い手段が試され，うまくいかないことが確認されたのかどうかを問う「最終手段テスト」．⑤強制手段が，立法機関，司法機関，メディアによって，公開の場で，厳しく吟味されたのかどうかを問う「敵対的審査テスト」．⑥最後に，同盟国の意見だけでなく国際的義務も十分に尊重したかどうかも問われなければならない (Ignatieff, 2005, pp. 23-24)．

①，②は，「自由」に，③，④は「安全」に関する判断を規定するテストだと考えられるが，いずれも，現実には，不確定性を免れないだろう．実際，「より大きな悪になることを」防ぐにあたって，イグナティエフがもっとも重視しているのは，⑤のプロセスが適切に機能することである．正当化が自分に対し

てのみ必要であるのならば，われわれはほとんどあらゆる事柄を正当化することができるだろう．リベラルな民主主義の諸制度は，政府が，同胞市民の前で敵対的審査の十字砲火を浴びるよう設計されることによって，正当化をより難度の高いものにしているのである．ブッシュ政権の採る秘密主義――捕虜の名前や数を隠したり，アル・カイダと関係があるとして告発された人が弁護士と接触するのを妨げたりといった――は，到底，イグナティエフのテストにパスすることはできない．

5　緊急事態の倫理学

緊急事態において市民的自由が停止されるとすれば，それは法の支配の一貫性に亀裂を生むのであって，この矛盾をどう理解すればよいかが問題にならざるをえない．はたして「例外は，ルールを救うのか，それとも破壊するのか」(Ignatieff, 2005, p. 41)．イグナティエフによれば，この問いに対するC. シュミット（Carl Schmitt）の回答は，はっきりしている．すなわち，「例外を宣言する権力がなければ，法の支配は，生き延びることができない」(Ignatieff, 2005, p. 41)．法を政治から自立したルールの体系と考え，その不変性を擁護しようとした「法実証主義者」に反論して，シュミットは，法の創造の条件――法それ自体は，政治権力の創造物と考えざるをえない――を思い出させようとする．体制の存続が危機に瀕している場合には，その妨げとなる権利は停止されねばならない．こうして，シュミットは，「大統領を憲法の守護者として擁護することから，最後には，万難を排して独裁権力を擁護することへと行き着く」(Ignatieff, 2005, p. 42) のである．

民主主義者は，往々にして，大統領の権威と法の支配が，つねに両立可能であると考えがちだが，20世紀の経験がわれわれに教えるのは，むしろ逆のことであるとイグナティエフは述べている．「戦時において，ルーズベルトやチャーチルには，国家を救うために，司法の是認の上で，立法府から，独裁的権力が与えられた」(Ignatieff, 2005, p. 38)．こうした経験を肯定的に引用するイグナティエフにとって，自らの取る「より小さい悪」という「民主主義に関する特定の見方は，テロの場合に，緊急に権利が一時停止されることを禁じていない」(Ignatieff, 2005, p. vii)．それゆえ，先の問い――「例外は，ルールを救うのか，破壊するのか」――に対するイグナティエフの回答は，次のようになる．「私の立場は，例外は，もしそれが一時的であり，公的に正当化され，最後の手段としてのみ配備されたものであるのならば，ルールを破壊するのではなく，それを保存するというものである」（Ignatieff, 2005, p. viii).

この主張は，シュミットの見解とあまり変わらないものに見える．しかし，イグナティエフは，多数者が自らの安全に配慮するほどには，少数者の自由の剥奪には配慮しないことにも強い危惧を表明してはいなかっただろうか．実は，イグナティエフは，独裁権力を擁護するシュミットに抗して，立憲主義の枠内に踏み止まり，個人の権利を尊重するために，「プリコミットメント」論を興味深いかたちで，援用しているのである．

プリコミットメント論を，イグナティエフは，ギリシア神話のユリシーズとセイレーンの物語を用いて説明している．ユリシーズは，海路，故郷へ帰ろうとしているのだが，航海の途中で，どうしても魔女セイレーンの住む島の近くを通らざるをえない．しかし，セイレーンの魅力的な歌を聴いてしまえば，その者は，必ず船を座礁させてしまう．この難所を突破するために，ユリシーズは一計を案ずる．セイレーンの歌の魔力に抗しえないことを自覚しているユリシーズは，部下に命じて自らをマストに縛りつけさせる．そして，部下たちには耳を蜜蝋で塞がせ，自分が正気を失って，何を命じようが，それを無視するよう予め言い含めておいたのである．こうしてユリシーズは，見事に難所の突破に成功する．「自らをマストに縛りつけ，セイレーンの歌を聴くが，それに屈しないユリシーズのように，民主主義国家は，危機の時に，権利を剥奪することへの強い誘惑に駆られることを知っており，自らを権利の尊重へとプリコミットメントしているのである」（Ignatieff, 2005, p. 31).

通常，プリコミットメント論は，その非現実性を問題にされることが多い．例えば，R. ポズナーは，プリコミットメントが，迅速かつ強力な手段を取る必要のある緊急事態において，当局の手を縛ってしまう点を批判している（Ignatieff, 2005, p. 37)．緊急事態において例外的措置を認めるイグナティエフは，では，どのような意味で，プリコミットメントを捉えているのだろうか．

イグナティエフは，J. フィンに倣いながら，民主主義国家におけるプリコミットメントとは，いかなる場合にも法を変えない不変性へのコミットメント――「天が落ちようとも法は守られるべし」――ではなく，公共的な正当化へのコミットメントであると考える．プリコミットメントは，テロのような緊急事態に一時的に権利が停止されることを禁じているのではないが，政府が公共的に正当化し，司法審査に従う――このプロセスは「敵対的正当化」と呼ばれている――ことを求めているのである．「問題は，……そのような制限が秘密かつ恣意的に始められたのか，立法府の精査にさらされたのか，有権者に対して相応の理由で正当化されたのか，そして何より完全な司法審査にさらされたのかどうかである」（Ignatieff, 2005, p. 49）．それゆえ，諸々の情報が当局のみに秘匿されているのではなく，国会議員や有権者にも共有されていることが重要になる．もちろん，テロに対応する作戦が，即座に情報公開しえないものであることは，十分に考えられる．その場合には，秘密裡に事が運ばれるのも，正当化可能であるかもしれない．しかし，それは，あくまで一時的にのみ認められるのであって，永久的なものであってはならないのである．

一般に，立憲主義の視座においては，憲法は，もっぱら権力を制約し，専制を防ぐ役割を担うものと考えられている．しかし，憲法がもつであろう多様な機能を，反専制にのみ縮約してしまうのは，過度の単純化ではないだろうか．9. 11テロ以降，多くのアメリカ人が「権利章典」をテロリストを利する「トロイの木馬」と感じ始めている現状を踏まえつつ，S. ホームズは，憲法の機能を「専制の問題」への対応というよりは，「可謬性の問題」への対応として理解しようとしている．

> 民主的立憲主義の主要な特徴は，それが個人の権利を擁護するためのメカニズムではなく，公共政策の失敗を矯正するためのメカニズムであると強調することで，最もよく理解できるのではないかということである．この理論に従えば，憲法とは，たとえば意思決定者が反対意見を考慮しなければならない，あるいは意思決定者が閉じられた支配者サークルを超えて良識ある当事者たちと定期的に相談しなければならない，といったことを保障することにより，**意思決定における賢明さ**（intelligence）の**最大化を目的とし設計される組織的意思決定のためのシステム**である（ホームズ，2008, pp. 14-15）．

敵対的正当化のプロセスを強調するイグナティエフも，憲法のプリコミットメントを，ホームズと同様，可謬性へ対応することへのコミットメントとして理解しているのである．

6　クール・ダウンの必要性

テロリズムが民主主義に与えるダメージは，テロリズムそれ自体から来るものだけではない．むしろ，テロリズムに対する民主主義社会の対応から，より多くのダメージがもたらされるのである．「テロリズムは，主として市民の多数者に，彼らの自由は強さではなく，弱さの源泉であると信じ込ませることによって，民主主義を破損する」（Ignatieff，2005，p. 59）．

ワイマール期のドイツや帝政期のロシアといった事例を検討しながら，最終的にイグナティエフが与える結論は，次のようなものである．「歴史的な記録が示しているのは，民主主義はこれまでテロによって打倒されてはこなかったが，すべての民主主義は――主として自らの過剰反応によって――テロからダメージを受けてきたということである」（Ignatieff，2005，p. 80）．

かつて革命を目指したマルクス主義者たちは，革命に対する支持基盤が十分でないところで，革命のプロセスを加速させるためのよい方法を知っていた．すなわち，無差別的な暴力によって，立憲国家を挑発し，その「ブルジョワ的合法性の仮面をかなぐり捨て」させることである．同様に，テロの狙いも，その中心は，攻撃対象である社会の過剰反応を引き出すことに置かれている．そのことを例証する興味深い事例が，バスクでのテロの急増が，スペインがフランコによる独裁から立憲民主主義へと移行した後に――平和的解決への可能性が高まるなかで――起きているということである．「バスクにおいて，テロリズムは，平和的な憲法改正を未然に防ぐための戦略だったのである」（Ignatieff，2005，p. 71）．

テロの論理がこのようなものであるとすれば，立憲民主主義国家の応答は，その弱点に見えるものが，実は強さの源泉であることを見失わないこと，そして，過剰反応を避けることである．特別なことは必要ではない．「われわれに必要なのは，国家の安全は，個人の権利を廃棄するための白紙委任状ではないことを理解している裁判官であり，執行部が国家の安全を追求するために，抑えたり変更したりしたがる情報を探し出す自由な報道機関であり，国家の安全が，立法府が執行権力をチェックする機能を果たすことを妨げさせない立法府」（Ignatieff，2005，p. 80）なのである．

7　テロリズムと政治

イグナティエフは，暴力に訴えることそれ自体を否定しない．占領や植民地支配に対抗するための暴力の正当性は，国際法がそうであるように，否定しえないからである．考えてみれば，人権の原理それ自体が，「服従の倫理ではなく，闘争への呼びかけ」（Ignatieff, 2005, p. 91）ではなかっただろうか．人権という観念を育んだ西欧の政治的伝統は，「強者による不寛容な抑圧に対して反乱に決起する弱者の権利を予定していた」のである．同意に反して他者を支配することは，許されない．圧制に対抗するための暴力が正当化される最終的な根拠を，イグナティエフは，民主主義——その中心にある「自己決定」の権利——に置いている．

しかし，そうだとすれば，われわれは，次のような主張を真剣に考慮しないわけにはいかないだろう．すなわち，弱者は汚れた手段を用いて戦う権利をもつという主張である．なぜなら，それが許されなければ，つねに強者が勝利してしまうのだから．この議論の背景となっているのは，実は，「より小さな悪」という考え方である．すなわち，「不正義というより大きな悪を打ち倒すためには，弱者は，テロリストの暴力というより小さな悪に訴える資格をもたねばならない」（Ignatieff, 2005, p. 91）．では，イグナティエフは，この議論を肯定するのだろうか．

専制や抑圧に対抗する武力闘争は正当化されるとしても，非戦闘員——一般市民——に対する攻撃は戦争法に対する違反行為であり，許されないとイグナティエフは考える．よく知られているように，戦争法は，戦闘員と非戦闘員の扱いをはっきりと区別しており，残虐性が避けがたい戦闘のなかに，「何でもあり」ではない倫理性をかろうじて維持しようとしている．イグナティエフによれば——ここではM. ウォルツァーの議論が援用されているのだが——，非戦闘員に保護が与えられる根拠は，自己防衛の能力が非対照的であることにある．また，さらに言うなら，「兵役が自発的である社会においては，制服を着た人は，自分の自由意志において，そうしたのであり，かくして，そうした選択の代価を支払うことが予期される」（Ignatieff, 2005, p. 93）からである．非戦闘員の保護を蔑ろにすることは，不正義との戦いという大義の前では，あらゆる手段は肯定される——すべての人間は，高貴な目的のための手段となりうる——と仮定することである．そして，その先には，底なしのニヒリズムが待ち受けている．

キューバ革命からベトナム戦争まで，成功した解放闘争は，テロリストとの差別化に大いに意を用いてきた．なぜなら，「そのような運動は，国際的な支持と国内的な忠誠を手に入れるために戦っており，無差別的な暴力の回避は，両者を得るために，決定的に重要」（Ignatieff, 2005, p. 95）だからである．つまり，テロリズムを回避し，制限を引き受けることは，運動の成功のためにこそ要請されるのである．

なぜテロリズムは，「より大きな悪」をもたらすと言わねばならないのだろうか．イグナティエフの結論は，こうである．

> 悪は，暴力に訴えることそれ自体のなかにあるのではない．なぜなら，暴力は，抑圧や占領，不正義に直面した場合，最後の手段として，正当化しうるからである．悪は，平和的な政治を不可能にするために，最初の手段として，暴力に訴えることのなかに，そして第2に，非武装の市民を標的にし，彼らをその忠誠や民族性のために罰することのなかにある．これは，なすことによってではなく，何であるのか，何を信じているのかによって，彼らに死刑を宣告することである．最後に，テロリズムは，特定の犠牲者の生命と自由に対する攻撃であるだけでなく，政治それ自体，熟慮や妥協，非暴力的で理に適った解決の探究といった実践に対する攻撃なのである．テロリズムは，政治それ自身の死を目指す政治の一形態である（Ignatieff, 2005, p. 110）．

前政治的世界への退行を防ぐためにこそ――政治的世界を維持するためにこそ――，われわれは，テロリズムに立ち向かわねばならない．しかし，このことは，テロリズムへの対処にも一定の制約を課すことになるはずである．

8　ニヒリズムに抗するために

テロリズムに向かう動機づけが，不正義な現状に対する憤りにある――実質的に，それが「不満の政治」である――場合には，それに対する政治的な応答を構想することができる．ここで重要なのは，「テロリズムの正当性を認めることと不満の正当性を認めること」（Ignatieff, 2005, p. 101）の厳格な区別である．テロリズムを容認することはできないが，純粋に軍事的な手段のみによって対処することは成功をもたらさない．動機づけに対する手当てが，同時並行的に，なされなければならないのである．「もしテロリズムが実際に不満の政治であり，リベラルな民主主義がこうした問題の政治的解決にコミットしているならば，改革と発展のためにムスリム社会を支援する実践的努力への取り組みが維持」(Ignatieff, 2005, p. 101) される必要がある.

しかし，このような政治的応答が不可能なテロリズムが存在しているとイグナティエフは論ずる．ニヒリズムと化したテロリズムである．これには，2つの類型が考えることができるだろう．1つは，何らかの政治的目標――革命や解放――を達成するための手段であったはずの暴力が，利己的な目的――自己顕示欲，不死や名声の獲得――のための手段になってしまったものである．もう1つは，神聖な救済の義務の遂行が，暴力の行使を正当化するもの――一部のカルト宗教のように――である．しかし，この場合にも，宗教上の教義は暴力の行使を正当化するのに都合のよい部分のみが選択的に利用されることが多く，目的と手段の転倒が見られる.

いずれの場合にも，厄介な問題は，通常の政治的アクターのように効果に対する合理的計算がほとんど意味をもたない点である．では，どう対処すべきか．イグナティエフの回答ははっきりしている．「政治的な目標には，政治的に取り組むことができる．一方，黙示録的な目標とは，交渉することが不可能である．それらは，武力によって，戦うことができるだけである」(Ignatieff, 2005, p. 125).

しかし，重要なのは，その戦い方であるだろう．何よりも警戒しなければならないのは，テロとの戦争が，相互的なニヒリズムのダウン・スパイラルに陥ってしまうことなのだ．それゆえ，テロとの戦争は，テロリストが消去してしまった無辜の市民と正当な軍事目標との区別をあくまで遵守しなければならない．「無差別になってしまいがちな誘惑に，一線を守ろうとする戦いをおこなわないテロとの戦争は，確実に，政治的のみならず道徳的正当性も失う」(Ignatieff, 2005, p. 128) のである．大枠としてはこのような線引きが求められるとして，イグナティエフは具体的にはどのような判断を下しているのだろうか．いくつかのケースを瞥見しておこう.

テロとの戦争において，「より小さな悪」という倫理が試されるもっとも困難なケースが，拷問である．拷問を擁護する人は，それは無辜の人々の命を救おうとする動機づけに基づいたものであり，人間存在の価値を否定するニヒリズムとはまったく異なっていると主張する．他方，拷問を拒否する人は，多数者の利益を根拠とする拷問の正当化こそ，人間の尊厳を否定する究極のニヒリズムであると論じる．つまり，ここにおいては，「人間の尊厳の名において立てられた明確な禁止が，同じく人間の尊厳に基礎を置く功利主義的ケース――

無辜の生命を守ること――と衝突」(Ignatieff, 2005, p. 140) しているのである．イグナティエフは，まず，両陣営に，拷問が一般的には正当化しえないという点で，合意がある――例外的なケースについてのみ見解がわかれる――ことを確認した上で，次のように推論を続けている．「実際問題として，いったん国家が拷問を始めたら，強固な敵意を抱いた敵を一般人の間に解き放ってしまうという問題を解消するために，殺人が必要になることをすぐさま発見することになる」(Ignatieff, 2005, p. 142)．拷問は，拷問をおこなう者に耐えがたい選択の重荷を負わせるだけでなく，拷問を受けた者から生きていくのに必要な信頼を奪い取るのである．さらに，拷問への国家的なコミットメントは，その国家が人間を消耗品と見なしていることを示しており，「この見方は，どのような立憲主義社会の精神――その存在意義が，人間の尊厳や自由の名における，暴力や強制のコントロールにある――とも正反対である」(Ignatieff, 2005, p. 143)．かくして，拷問は絶対的に禁止されねばならないとイグナティエフは結論している．

では,テロとの戦争における先制攻撃は,「より小さな悪」という倫理からは，どのように判断されるのだろうか．イグナティエフは，「われわれは，大量破壊兵器の，国家からテロリスト集団への移転を防ぐことが，より大きな悪を阻むために必要なより小さな悪である可能性に開かれている必要がある」(Ignatieff, 2005, p. 164) と述べて，先制攻撃が肯定される場合のあることを認めている．もちろんのこと，それは，厳密な制限の下に置かれなければならないのだが．イグナティエフが挙げている制約条件は，次のようなものである．① 民主主義的な公開性が担保されているなかで，諸々の証拠が示され，国民から支持されていること．② 多国間における支持が得られるよう真摯な努力がなされること．③ 平和的手段を通じた武装解除の試みが失敗した後の最終手段であること．④ 先制攻撃が，それ以前より，事態を悪化させるものでないこと (Ignatieff, 2005, p. 166)．しかし，②は，あくまで努力目標である点に注意しておかねばならないだろう．イグナティエフは，「単純な慎重さは，どの国家も，武力行使の前に国際的な正当性を求めるべきであり，可能な限り多くの同盟国を確保すべきであることを示唆するのだが，どの国家も，他国や国際機構に国防に関する最終決定をおこなう権利を譲渡することはできない」(Ignatieff, 2005, p. 165) と述べて，実質的にユニラテラリズムを肯定している．

イグナティエフの提起する「より小さな悪」という倫理は，一見したところそう見えるように単純な功利主義的計算を求めるものではない．テロの脅威に直面した場合には，民主主義社会であっても——あるいは，民主主義社会であるからこそ——，少数者の権利の喪失よりも多数者の安全に重きをおく方向へ強く振れがちであり，功利主義的計算はそれを後押しするものであることに，イグナティエフは，注意を促している．「そのような計算は，また，あまりに短期的であって，権利の枠組みへの長期的な損失を無視しているのかもしれない」(Ignatieff, 2005, p. 29)．「より小さな悪」という倫理は，バランスの倫理であって，重要な諸価値——権利，尊厳，安全——のどれをも特権視することはない．そして，どのような政策決定も，何らかの重要な価値の棄損を避けえない「より小さな悪」にしかすぎないことの自覚だけが，かろうじてそのバランスを可能にするとイグナティエフは考えているのである．

第2節　インテルメッツォ
——I. バーリンという参照軸——

選択は，つねに，それ自体は正当なものである何らかの価値を犠牲しており，その意味で悲劇であるという認識を，イグナティエフは，彼の知的アイドルであるI. バーリンから得ている．イグナティエフの著書『アイザイア・バーリン』には，次のようなバーリンの言葉が引用されている．「私は信じる．もし人間に目的がたくさんあり，それらすべてが原則として互いに存立し合うのでなければ，人間の世界からは個人的にも社会的にも衝突あるいは悲劇の可能性はけっして完全に除去しえない」(イグナティエフ，2004，p. 248)．政治的選択にはつねに犠牲が伴うからこそ，バランスや妥協が必要となるのである．「より小さな悪」という倫理の前提となっている洞察の多くを，イグナティエフはバーリンから学んでいる．

人間が歩むべき唯一の正しい道があり，それさえ発見できれば，すべての矛盾が止揚されたユートピアが実現するはずだという信念——20世紀において，このような信念をもっとも強固に推し進めたのは，ソ連の共産主義体制だろう——が，その意図とは反対に，どれほどの悲惨を人類にもたらしたか．こうした歴史的経験が，諸価値の衝突は解消不可能であるとするバーリンの根本的な洞察を形成している．

そのような信念は，啓蒙主義にそのルーツを辿ることができる．啓蒙主義に対するバーリンの姿勢は，アンビバレントなものである．一方で，それは，確かに，肯定的なものをもたらした．「宗教的権威やドグマに対する攻撃，国家の専制に対して人権や個人的自由を守る運動，そして人間理性そのものに対する信頼」（イグナティエフ，2004，p. 220）が，それである．しかし，他方で，啓蒙主義的合理主義は，専制をもたらす大きな欠陥も抱えていたのである．啓蒙主義的合理主義は，人間にとっての真の価値を「人間の本性に関する事実」から客観的に導出可能であると見なした．諸価値の対立と見えるものは，実際には，「誤った教育あるいは不正義の遺産」であるにすぎず，真の価値へと人々を善導することによって，解消可能だと考えたのである．

ここに，１つの転倒が，生じる．「ルソー以前まで，自由は思想や行動の道筋に障害物が存在しない状態として，いつも消極的に意識されていた．ルソー，それからロマン主義者とともに，自由とは人間が最も内奥の本質を実現できるときだけ達成されるという考え方がやってきたのである」（イグナティエフ，2004，p. 221）．これが自由の意味だとすれば，理性によって発見された客観的な善を他者に強制することは，彼らを解放することにほかならない．後に大きな悲惨をもたらすことになる危険な幻想が，ここに胚胎している．「その幻想とは，十分な社会工学をもってすれば，人間の悪は絶滅でき，個々の人間はほころびのない社会的合意に幸せに同化されうる，というもの」（イグナティエフ，2004，p. 216）である．

しかし，バーリンにとって，「１人の人間を解放するということは，彼を障害物から――偏見，虐政，差別から――解放し，自分自身の自由な選択を行使させること」（イグナティエフ，2004，p. 221）でなければならない．自由をどのように使うのかは，どこまでも，その人自身によって決められなければならないのである．人間の目標はあまりに多様であり，豊かであるのだから，「何をなすべきか」という問題に関して，最終的な答えを与えることはできない．それゆえ，「擁護されなければならないのは，よいにせよ悪いにせよ選択をする個人の自由であって，人間の善についての何か究極的な姿ではないのだ．どんな決定も完全ではないのだから，どんな決定も最終的なものではない」（イグナティエフ，2004，p. 217）．

このようなバーリンの見解は，諸々の価値観の間には「共約不可能性」が存在しており，諸個人間であれ，諸社会間であれ，相互不干渉がもっとも好ましいのだとする相対主義に行き着くのだろうか．バーリンは，自らの立場を「多元主義」であるとして，相対主義と区別している．生き方，目的，道徳原則には，確かに，驚くほどの多様性が見られる．しかし，「いろいろの価値体系が互いにどれほど相違していようと，それらを人間のものと言うからには，いずれも明白に人間が必要とすること，目指すことに関連するものでなければならない」（イグナティエフ，2004，p. 308）．バーリンは，価値体系の多元性と同時に，人間の文化に共通する「ある種の究極的で，相対主義的でない評価基準」を認めているのである．

「選択する個人の自由」を何にもまして擁護されるべき重要な価値とする考えは，イグナティエフにも継承されており，人道的介入の是非を判断する規準として用いられることになる．

第3節　人道的介入の論理

1　コミュニタリアニズムとポストモダニズムを超えて

イグナティエフは，「リベラル・ホーク」と呼ばれることが多い．これは，従来の右翼／左翼の分割線をすり抜けるようなスタンスと言えるだろう．左翼が旗印に掲げる「人権」や「民主主義」といった原理を，軍事行動をも辞さない積極的な介入によって，グローバルな規模で擁護することの必要性を主張しているからである．

M. モーガンは，こうしたイグナティエフのコスモポリタニズムを，コミュニタリアニズムとポストモダニズムの両方に対立するものとして位置づけている．コミュニタリアニズムは，「倫理的義務の紐帯は，われわれを同胞市民にのみ結びつけると主張する」（Morgan，M，2006，p. 972）のだが，これに対して，コスモポリタニズムは，国際社会における正義を考える場合に，同胞市民と見知らぬ者を区別する線を消去しようとする．また，ポストモダニストは，相対主義的な立場を取り，「客観的な道徳性の規準が，国際的な事象について存在することを否定する」（Morgan，M，2006，p. 973）．この立場から見れば，普遍的な人権を擁護するコスモポリタニズムは，ヒューマニズムの名を借りた帝国主義にほかならない．

意外なことかもしれないが，初期の著作である『ニーズ・オブ・ストレンジャーズ』で，イグナティエフが考察の中心としていたのは，一民族国家の内部で見知らぬ他者同士を結びつける道徳的義務の問題であった.「わたしたちは自分自身のことをまず第1に人間という生き物として考えるのではなく,息子や娘,父親や母親,部族の一員,そして隣人として考えている」(イグナティエフ,1999a, p. 42). それゆえ,「世界良心といったものの気まぐれな庇護に頼ることはできない」(イグナティエフ,1999a, p. 84) のであって,「人びとの権利を保護しそのニーズを満たす最良の方法は,人びとに存続可能な自分たちの民族国家を与えることである」(イグナティエフ,1999a, p. 8). そこでは,こうした論点が強調されていたのである.しかし,このときすでに,イグナティエフは,次のことにも注意を向けている.すなわち,われわれが国家に強い帰属意識をもつのは,「国家こそが一個人のとしてのかれらの私的な運命を最終的に左右する裁定者であると信じ込んでいるから」(イグナティエフ,1999a, p. 192) であって,国家がそのような存在でなくなりつつあるいま,帰属の新しい対象として「地球」が浮上しているということである.

『仁義なき戦場』で,イグナティエフが,それまで「部族,言語,宗教,国家の境界線内」に閉ざされてきた人間の道徳世界が,その境界線を突破する契機として挙げているのは,ホロコーストの経験である.「苦しんでいる他人たちを当然自分たちが責任を持つべき対象と我々が考えるとすれば,それはユダヤ人を見捨てる結果になった国家,宗教,地域による道義的責任の割り振りを大量破壊の一世紀をへて我々が恥じるようになったからである」(イグナティエフ,1999b, p. 30).

道徳世界が拡張する契機が何であれ,重要なのは,イグナティエフが帰属意識の対象は可変性をもちうると考えている点である.考えてみれば,ホロコースト自体,「ある民族を,彼らがその民族であるというただそれだけの理由から抹殺しようとする企て」(イグナティエフ,1996, p. 282) であり,「自分がそういう民族に帰属するとは思っていなかったかもしれない」人々が,「民族という名でひとくくりにされた」悲劇ではなかっただろうか.それゆえ,イグナティエフは,『民族はなぜ殺し合うのか』のなかで,「民族国家」――「エスニック・アイデンティティという虚構に基づく」(イグナティエフ, 1996, p. 144) ――と「市民国家」――「民主主義理念への忠誠を基盤とする」――という理念型を構成し,はっきりと後者を支持している.前者において,帰属は,先天的に受け継がれるものである.他方,後者において,「社会の求心力となるのは,血や伝統といった共通の「ルーツ」ではなく,「法」である」(イグナティエフ, 1996, p. 15).

つまり，市民国家における帰属意識は，民主主義的な手続きや価値観に対する自覚的な選択──「理性的な忠誠」──によって，支えられているのである．

ポストモダニズム的相対主義に対しては，どのように応答すればよいのだろうか．確かに，多様な文化圏には，それぞれが育んできた善き生についての異なった構想があり，意見の一致は不可能と言わなければならない．しかし，「なにが耐えがたい，異論の余地のない悪であるかについては，意見は一致している」（イグナティエフ，2006，p. 105）とイグナティエフは述べる．どのような善き生の構想にとっても最小限必要な条件だけを同定する「希薄な理論」であることによって，人権は，「その普遍性の要請と生活様式の広範な多様性」とを両立させることができるというのである．バーリンは，相対主義ではないかという批判に対して，多元主義を対抗させるかたちで応じたのだったが，イグナティエフもここで，同一の理路を用いている．

では，「希薄な理論」が，人権として取り出すものは何なのだろうか．イグナティエフは次のような答えを与えている．「人権とは，個人に「当事者能力（エンパワーメント）」を付与する言語である．個人に当事者能力を付与することが望ましいのは，主体的行為能力をもつ個人は不正義から自分を守ることができるからである．同様に，主体的行為能力をもつ個人は，なにを目的として生き，なんのために死ぬかを自分で決められるからである」（イグナティエフ，2006，p. 107）．人権は，人間が，自分自身にとっての善き生を選択する能力をもち，そうする資格のある存在であると想定しており，それゆえ，「選択する権利，とりわけ選択が否定された場合に集団を**離脱する**権利」（イグナティエフ，2006，p. 124）を主張している．ここでは，明らかに個人主義が前提となっているが，それは必ずしも西洋的な個人観の他文化への押しつけではないとイグナティエフは主張している．なぜなら，道徳的個人主義は，諸個人が自分にとっての善き生として選択する多様な道を尊重するのだから，結局のところ，そこから帰結する道徳的多様性をも擁護することになるからである．

人間集団が，合意に基づくべきであること，そして，集団の拘束が耐え難い場合には，そこから離脱する権利が尊重されるべきこと．イグナティエフによれば，医療におけるインフォームド・コンセントと同じ規準が，人権介入の是非を判断する規準になる．「たとえば，ある宗教集団が，女性たちはその集団の儀礼の中では従属的な地位を占めるべきだと定めており，なおかつそのような従属的地位を当の女性たちが受け容れているとしよう．その場合には，平等という人権への配慮が損なわれているという理由でそれに干渉する正当な根拠は存在しないことになる」（イグナティエフ，2006，p. 56）．

イグナティエフの構想は，次のように整理することができるだろう．基底には「選択の自由」をもった個人が置かれている．そして，「希薄な理論」が課す個人の自己決定というルールの帰結として，その上に，多様な善き生のビジョンによって構成された多様な共同体が存立している．こうして，イグナティエフは，コスモポリタニズムとコミュニタリアニズムの対立を，共同体を再帰的に自己選択する個人によって媒介することで，解消してみせるのである．「人びとが望むようにみずからの尊厳を構築する権利こそが重要であって人びとがそれに込める内容が重要なのではない」（イグナティエフ，2006，p. 250）．

2　コスモポリタニズムの陥穽

しかし，考えておかなければならないのは，この基底的ルールが，本当に普遍性を主張しえるのかということであろう．S. ジジェクは，次のようなわかりやすい例を挙げて，この点を問題にしている．「選択の自由」の論理からすれば，イスラームの女性が被るヴェールは，それが家族や夫からの強制によるものであれば，大いに問題だが，自らの自由な選択によるものであるならば何も問題はないということになる．しかし，それが自由な自己決定によって選ばれた選択肢になるや否や，ヴェールを被ることのもつ意味は変化してしまう．すでに，それは，「イスラーム共同体に帰属する印ではなく，特異な個性の表現」（ジジェク，2006，p. 138）と化しているのである．

ここから得られる教訓は，選択とはつねに同時にメタ選択でもあって，選択するときには選択の形式それ自体も選択してしまっているということである．だとすれば，こう言わなければならないのではないか．宗教への本質的な帰属意識をもつ人は，「たとえ自分の信条を曲げずに済んでも，その信条は特異な個人的選択･意見として，〈許容〉されているにすぎない．自分の認識に沿って，信条を本質的な帰属意識として公的に提示するや否や，その〈原理主義〉を非難されてしまうのだ．／それならば，西洋の〈寛容な〉多文化主義における〈自由に選択する主体〉は，固有の生活世界から引き裂かれ，ルーツから切り離されるという，非常に暴力的なプロセスの結果としてのみ，出現することになる」（ジジェク，2006，p. 138）．

3　人権介入の規準／武力介入の規準

イグナティエフは，人権を本気で擁護しようとする政府やNGOは，戦争が残された唯一の処方箋であるような場合があることを認識しなければならないと述べている．では，先に挙げられた人権介入の規準が，そのまま武力介入の規準になるのだろうか．もちろん，そうではない．イグナティエフにとっては，どのような選択も，絶対的に道徳的なものではないのだから，人権を絶対的な善として定義し，その名においてなされるすべての行為を正当化してしまうような危険は，回避されなければならない．その場合，われわれはつねに「より小さな悪」の推論へと立ち戻る必要があるのである．

「人権侵害はそれだけでは軍事的介入を正当化しない」（イグナティエフ，2003a，p. 89）ことを認めるイグナティエフは，次のような4つの規準を与えている．①「人権侵害の程度が，自衛手段をなにひとつもたない多数の人びとを放逐ないしは根絶することを狙う用意周到な企てのレベルにまで達する」とき．②それが「隣国の平和と安全を脅かす」とき．③平和的な手段が尽くされた後の最後の手段であること．④武力行使が，報復や義憤の表明でなく，現実的な効果が期待できるものであること．

アフガニスタンやイラクは，軍事的介入の対象となったが，「アメリカは，ロシアや中国の人々の人権が危険に曝されているからといって，両国と軍事的な対決の危険をおかそうとはしない」（イグナティエフ，2003b，p. 143）．この非一貫性をシニシズムだとして批判する人に対して，イグナティエフは，「一貫性がどれほどの代償を要求するかを考える」よう求めるのである．

一方には，何もせず，そこにある残虐行為を座視することの危険性があり，他方には，軍事的介入それ自体がより大きな悲惨を生む危険性がある．イグナティエフのリベラルな介入主義は，「より小さな悪」というアプローチによって，この両極の間の困難な線を辿ろうとしている．

第4節　例外状態と「ホモ・サケル」

1　法秩序への回収？

イグナティエフは，テロの脅威という緊急事態にさらされたリベラルな民主主義国家が，「安全」の確保を求めて，とめどなく市民的「自由」の剥奪へと突き進むという悪循環を，立憲主義を独自のプリコミットメントとして読み替えることによって，食い止めようとしていたのであった.「より小さな悪」という倫理は，緊急事態を立憲主義の枠のなかに回収しようとするプロジェクトであると言うことができる．しかし，この回収作業は，成功するだろうか.

緊急事態は，法秩序の領域に包摂することができるのか，それとも，法秩序にとって外的なものなのだろうか．アガンベンは，「最高度緊急事態」＝「例外状態」に関するシュミットの議論を踏まえつつ，次のように述べている.「実際には，例外状態は法秩序の外部でも内部でもないのであって，その定義の問題は，まさに1つの閾にかかわっているのである．言いかえれば，内部と外部が互いに排除しあうのではなく，互いに互いを決定しえないでいるような未分化の領域にかかわっているのである」(アガンベン, 2007, p. 50)．周知のように，シュミットは，例外状態――法が棚上げされる――に関して決定する者を「主権者」と呼んだが，主権者はそうした決定をおこなう権限をその当の法から得ているのであった．このような主権者の位置は，パラドキシカルなものと言わざるをえない．アガンベンは，それと同様に，例外状態も，法秩序でも，アナーキーでもない，内と外がトポロジカルに反転する決定不能の閾にあると言うのである．そして，この例外状態に落ち込んでしまった存在が，「ホモ・サケル（聖なる人間)」である.

アガンベンによれば，古代ギリシア人は，われわれが「生」と呼んでいるものを，「ゾーエー」と「ビオス」に区別していた.「ゾーエーは，生きているすべての存在（動物であれ人間であれ神であれ）に共通の，生きている，という単なる事実を表現していた．それに対してビオスは，それぞれの個体や集団に特有の生きる形式，生きかたを指していた」(アガンベン, 2003, p. 7)．このような区別がおこなわれたのは，ギリシア人にとって，「生きているという単なる事実」ではなく，「政治的に質をもつ生（善く生きること（ト・エウ・ゼーン））」が最大の関心事だったからである．しかし，この古典的な思考のカテゴリーは，近代に至って，根源的に変容する．善く生きることは，個人の問題として政治の中心課題から除外され，もっぱら「単なる生ける身体としての種や個体がその社会の政治的戦略の目標となる」(アガンベン, 2003, p. 10）のである．ここにM. フーコーの言う「生政治」が誕生する．ゾーエー＝「剥き出しの生」が政治化されるのである.

このゾーエーとしての生のあり方を象徴的に示しているのが，古代ローマ法に現われるホモ・サケルである．諸々の悪質な犯罪行為を犯した者が，人民によってホモ・サケルと判定されるのだが，彼らは法によって罰されるのではなく，法の外へと放逐される．法の外にあるホモ・サケルは，それを誰が殺害したとしても処罰されることはない．しかし，興味深いことに，ホモ・サケルを神への生贄として犠牲に供することは禁じられていたのである．すなわち，「犠牲化不可能であるにもかかわらず殺害可能である生，それが聖なる生である」（アガンベン，2003，p. 119）．犯罪者が「聖なる人間」と呼ばれた秘密はここにある．ホモ・サケルは，人間の法にも，神の法にも属さないという点では，神と同類だからである．

この二重の例外化において，ホモ・サケルは例外状態と結びつく．「主権者がそのつど決定をくだす例外状態とはまさに，通常の状況にあっては社会的な数々の生の形式に結びついているとみえる剥き出しの生が，政治権力の究極の基礎として改めて明確に問いに付される状態のことである」（アガンベン，2000，p. 14）．主権的暴力は，「剥き出しの生を国家の内に排除的に包摂することを基礎としている」（アガンベン，2003，p. 152）のではないだろうか．これが，アガンベンの根源的な問いである．

2　法秩序の裏面？

イラク人捕虜が，アブグレイブ軍刑務所で，アメリカ軍兵士から，屈辱的な拷問を受けていることが発覚した際，G. ブッシュ大統領は，それがあくまで兵士たちの単独の犯罪であること，アメリカが依拠し，そのために戦っている民主主義，自由，個人の尊厳といった価値とは無関係であることを強調した．しかし，それが，偶々生じた逸脱ではなく，主権権力に構造的に付き纏うものであるとしたらどうだろうか．

ジジェクは，この点を，映画『ア・フュー・グッドメン』を使って巧みに説明している．仲間の兵士を殺害した廉で2人の海兵隊員が軍事法廷に告訴されることからドラマは始まる．故意の殺人だったとする検察官に対して，弁護側は，被告人が実は「コード・レッド」に従っていたことを証明する．コード・レッドとは，規律を破った同僚兵士に，夜間，制裁を加えることを是認する軍隊内部の不文律である．それは，集団の結束を固めるための，しかし，誰もが公には知らない振りをするコードなのである．映画は，制裁を命じた上官が，公の場でついに怒りを爆発させてしまう――それは彼の敗北を意味している――ところでクライマックスを迎える．このコードは，確かに共同体の明示的な規則に違反しているのだが，同時に，共同体の精神をもっとも純粋に代表している．

「明示された〈法〉は象徴的権威としての死んだ父（「父の名」）によって担保されるが，不文律（コード）は〈父の名〉の亡霊的補完によって，フロイトの言う「原初の父」という悍しく取り憑く亡霊によって担保されるのである」（ジジェク，2008，p. 256）．だとすれば，アブグレイブでの拷問は，直接，命じられた行為ではないが，個々の兵士の気まぐれな悪行ではないと言わなければならない．

> 〈法〉の水準では，国家権力が代表するのは，その主体（しんみん）の諸利害だけである．国家権力は諸主体（しんみん）に仕え，責任をもち，それ自体は主体（しんみん）の統制の下へ従属する．ところが超自我という暗部の水準では，責任をめぐる公的メッセージは，〈権力〉の無条件行使という悍しいメッセージによって補完されることになる．そのメッセージとは，法はじつはみずからを拘束せず，私は**私が望むどのようなことでも**諸君（しんみん）に仕掛けることができる．私がそう決めたら諸君（しんみん）を罪人として扱うこともできるし，私がそう言えば諸君（しんみん）を破滅させることもできる，というものである．この悍しい過剰は主権という観念に必然的な構成要素であり，その能記が〈主人（マスター）の能記（シニフィアン）〉である（ジジェク，2008，p. 261）．

『創世記』には，次のような興味深いエピソードが記されている．ともに献げ物をしたにもかかわらず，弟アベルの献げ物にだけ目を留められた神に対して，兄カインは激しく怒る．このとき神は，カインに次のように語るのである．「どうして怒るのか．……罪は戸口で待ち伏せており，お前を求める．お前はそれを支配せねばならない」．

この神の言葉は，人間世界から悪を取り去ることは不可能であり，人間はただそれを支配できるだけであることを示唆しているように見える．イグナティエフが語っているのも，われわれは悪を避けえないのだから，「より小さな悪」を選ぶことによって，それをコントロールすべきだということであった．

しかし，『創世記』は，神の忠告にもかかわらず，カインが弟アベルを殺してしまったことを伝えている．はたして，われわれは，悪をコントロールすることができるのだろうか．

参考文献

アガンベン，ジョルジョ（2000）高桑和巳訳『人権の彼方に』以文社.
————（2003）高桑和巳訳『ホモ・サケル』以文社.
————（2007）上村忠男他訳『例外状態』未来社.
ホームズ，スティーヴン（2008）河野勝訳「憲法は考える」『立憲主義の政治経済学』東洋経済新報社.
イグナティエフ，マイケル（1996）幸田敦子訳『民族はなぜ殺し合うのか』河出書房新社.
————（1999a）添谷育志他訳『ニーズ・オブ・ストレンジャーズ』風行社.
————（1999b）真野明裕訳『仁義なき戦場』毎日新聞社.
————（2003a）金田耕一他訳『ヴァーチャル・ウォー』風行社.
————（2003b）中山俊宏訳『軽い帝国』風行社.
————（2004）石塚雅彦他訳『アイザイア・バーリン』みすず書房.
————（2006）添谷育志他訳『人権の政治学』風行社.
Ignatieff, Michael（2005）*The Lesser Evil*, Edinburgh University Press.
岩間昭道（2002）『憲法破毀の概念』尚学社.
小林直樹（1979）『国家緊急権』学陽書房.
Minow, Martha.（2005）“What is the Greatest Evil?” *Harvard Law Review* 118.
Morgan, Michael.（2006）“Michael Ignatieff” *International Journal*.
尾高朝雄（1943）「国家緊急権の問題」『法学協会雑誌』第62号.
Purdy, Jedediah.（2006）“The Limits of Courage and Principle,” *Michigan Law Review* 104.
坂口正二郎（2008）「テロという危機の時代における「立憲主義」の擁護」『立憲主義の政治経済学』東洋経済新報社.
竹島博之（2007a）「アガンベン「ホモ・サケル」を読む」『名著から探るグローバル化時代の市民像』花書院.
————（2007b）「ポストモダン的思考を超えて」『ポスト・リベラリズムの対抗軸』ナカニシヤ出版.
ジジェク，スラヴォイ（2003）長原豊訳『「テロルと戦争」』青土社.
————（2006）岡崎玲子訳『人権と国家』集英社（集英社新書）.
————（2008）長原豊訳『ロベスピエール／毛沢東』河出書房新社（河出文庫）.

付記

上記の参考文献の内，次の著作に関しては，本章の原論文脱稿後，翻訳が出版されている.

イグナティエフ，マイケル（2010）添谷育志他訳『許される悪はあるのか？——テロの時代の政治と倫理』風行社店.

本来なら，それに合わせて，本文の引用も差し替えるべきなのだが，地の文との整合性を維持するために，そのままにせざるをえなかった．訳者の方々には，ご寛恕願いたい．

補　論　精神分析と政治学
──フロイト，ラカン，ジジェク──

第1節　フロイト
──啓蒙のプロジェクトとしての精神分析──

S. フロイトによって創始された精神分析は，20世紀以降の政治思想・政治哲学に無視することのできない影響を与え続けてきた．T. アドルノ，M. ホルクハイマー，E. フロム，H. マルクーゼといったフランクフルト学派やM. フーコー，G. ドゥルーズ／F. ガタリといった現代フランスの思想家たちに与えた影響は明らかだろうし，L. イリガライ，J. バトラーといったフェミニストたちにも，批判の対象としてではあれ，多大な影響を与えている．またより狭義の政治学においても，H. ラスウェルによるフロイトの援用はよく知られるところである．

しかし考えてみれば，これはいささか不思議な話ではある．というのも精神分析は，もともと臨床のための「心」の理論であって，社会を分析したり批判したりするための理論ではないように思われるからである．実際，文化論や社会論を遺してはいても，フロイトを政治思想家・政治哲学者と呼ぶことは難しいだろう．にもかかわらず，なぜ精神分析は，政治思想・政治哲学に大きな影響力をもちえているのだろうか．この補論では，フロイト，J. ラカン，S. ジジェクの思想を検討しつつ，その理路の一端を探ってみたい．

フロイトは，そのキャリアの出発点にあたるJ. ブロイアーとの共著『ヒステリー研究』（1895年）の冒頭で，次のような不思議な発見を記している．「誘因となる出来事の想起を完全に明晰な形で呼び覚まし，……そして，患者がその出来事をできる限り詳細に語りその情動に言葉を与えたならば，個々のヒステリー症状は直ちに消滅」（フロイト，2008，p. 10）する．しかしこの記憶の回復は容易ではない．患者は催眠術にかけられて初めて，思い出すことができるのである．ここからフロイトは，心のなかには不快な記憶を意識から追いやるメカニズムがあると考え，それを「抑圧」と名づけた．

フロイトの初期の研究では，無意識は主として抑圧から生じるとされ，意識には受け入れられない衝動や感情，記憶から成っているとされる．心を意識と無意識に分割するこのシンプルなモデルは，やがて『夢判断』（1900年）のなかで，「第1局所論」として定式化されることになる．様々な症状を引き起こし潜在的には働き続けているが，抑圧され「意識」のなかに入ってくることを妨げられている部分が「無意識」，いまは意識に上っていないが思い出そうとすれば容易に思い出すことができる部分が「前意識」である．こうして心は，表層の意識，中層の前意識，深層の無意識の3つの領域から成るものとして理解される．人間の心は単一ではなく，様々な力が渦巻く葛藤のなかにあるのである．

しかし後期になると，フロイトは第1局所論に不十分さを感じるようになる．というのも長椅子に横になり，自由連想をおこなっている最中の患者は，往々にして話題が抑圧されたものに近づくと連想を続けられなくなり，しかもそのことを指摘されても認めようとしないからである．この抵抗は，心の意識的な部分であるはずの自我から生じていると考えざるをえない．とすれば自我のなかにも無意識的なものがあるということになる．

こうして後期のフロイトは，より精緻化された新しい心のモデルとして，「自我」「エス」「超自我」から成る「第2局所論」を提起することになる．「エスは，欲動からのエネルギーで溢れかえっていますが，いかなる編成ももたず，いかなる全体的意志も形成せず，ひとえに快原理［快楽原則］に従いつつ欲動欲求を満足させることをめざすのみです」（フロイト，2011，pp. 96-97）．この混沌としたエネルギーの塊であるエスと外界から来る刺激との間を調節する機関として，エスから生まれたものが自我である．自我は「外界の影響をエスとその意図に反映させようと努力するのであり，エスを無制限に支配している快楽原則の代わりに，現実原則を適用させようと努める」（フロイト，1996，p. 222）．フロイトの卓抜な譬えによれば，「自我はエスに対して，自分を上回る大きな力をもつ奔馬を御す騎手のようにふるまう」（フロイト，1996，p. 222）のである．

大まかに言えば第2局所論におけるエスは，第1局所論の無意識に当たるが，自我は抑圧や防衛を無意識的におこなっているため，「自我にとって非常に重要な部分が無意識的なものでありうる」（フロイト，1996，p. 212）．また第1局所論では，無意識的なものは，意識によって抑圧された衝動や感情，記憶とされていたが，第２局所論では，そこに生命体としての人間の根底にある「欲動」の存在が仮定され，さらにこの欲動を，「性欲動」と自己を保存しようとする「自我欲動」に区分する欲動の二元論が導入されている（フロイト，1996，p. 22）．個体にとって危険な性欲動の解放に自我欲動が対抗しており，個体の生は両者の危うい均衡の上に成り立っているとされるのである．しかし最晩年には，性欲動と自我欲動は１つにまとめられて「生の欲動」とされ，それが，死や破壊を求め「生命体がかつて捨て去った状態［無機的な状態］に復帰しようと努力」（フロイト，1996，p. 162）する「死の欲動」と対置される新たな二元論へと改鋳されることになる．対抗的な働きをするはずの性欲動と自我欲動が統合される理路は明確ではないが，フロイトの発想の根幹には，つねに「人間のこころに亀裂があり，別々の自律性で働いている，人間のこころというのはそういうふうに絶えず２つ以上のものの相互作用，相互対話のなかで生まれている」（藤山，2008，p. 205）という考えがあることは確認できる．

超自我は，長期にわたる子供の成長過程で，両親の命令——両親が体現する社会規範——が主体の内側に取り込まれ，心の一部となったものである．それは理想でもあり，禁止でもある．「超自我は，精神分析において発見された審級であり，良心はこの超自我の１つの機能と考えることができる」（フロイト，2007，p. 272）．この超自我はどのようにして生まれるのだろうか．フロイトは次のように書いている．「超自我は２つの非常に重要な生物学的な要因によって生まれたものであることがわかる——人間の子供時代における長期にわたる〈よるべなさ〉と依存性，そして人間がエディプス・コンプレックスをもつという事実である」（フロイト，1996，pp. 237-238）．超自我は，「エディプス・コンプレックスの遺産」なのである．

いまやわれわれは，エディプス・コンプレックスへと向かわねばならない．よく知られているようにフロイトによるこのネーミングは，ソフォクレスの悲劇『オイディプス王』に由来している．「父を殺し，母と交わるであろう」という忌まわしい予言を避けようとしたオイディプスは，そのことによってかえって予言を実現してしまう．この運命に翻弄される男の物語になぞらえて，フロイトは次のように想定する．「幼い男の子は４歳か５歳頃に「男根」期に達するが，その頃には母親にたいして性的な関心を抱き，母親を独占したいと願い，そのために父親にたいして憎しみの衝動を抱く」（ストー，1994，p. 43）．

幼児はどのようなプロセスを経て，このエディプス段階に到達するのだろうか．フロイトは常識的な見解に逆らって，幼児にも性衝動があると考える．ただしこの場合の性欲動は，性器的な結合を目指すものではなく，身体の多様な部位と結びつくものである．生後1年間は，「口唇期」と呼ばれる．授乳を通じて，幼児は母親から栄養の補給を受けるが，しかしそれだけでなく口唇部に身体的な快感を得ているのである．1歳から3歳くらいにかけての時期は,「肛門期」と呼ばれる．この時期の幼児には「自分の好む時まで排便を引き延ばそうとする」様子が見られ,「排便の際には，苦痛感とともに愉悦感が感じられているに違いない」（フロイト，1997，p. 111）とフロイトは述べている．この後に幼児が到達するのが,「男根期」である．先に見たように男の子は4，5歳になると，母親に対して性愛願望を抱くが，すでに母親は父親との間に性愛関係にあるため，父親は嫉妬や憎しみの対象となる．しかし父親に逆らえば，去勢されてしまうかもしれないという不安感——同時に，父親を愛してもいるために生じる罪悪感——から，母親を自分のものにすることを断念する．こうして男の子は，父親を権威として受け入れ，それと同一化することによって，母親以外の女性との間で性愛願望を満たそうとする方向へと関心を向け変えるのである．この心の中に内的な権威として取り込まれた父親が，第2局所論で超自我と呼ばれているものである．

巧みに作られた——そして明白に男性中心的な——この発達のストーリーから，集団の学としての政治学はどのような含意を汲み取ればよいだろうか．精神分析家の藤山直樹はこう述べている．「別に父親がいない子どもだろうとお母さんがいない子どもだろうと関係ないんです．エディプス・コンプレックスは，人間が人間としている限り存在するんです」（藤山，2008，p. 161）．「母—子」の親密な2者関係に介入するのは，現実の父親である必要はない．「そんなことをすれば，お父さんに叱られるよ」という母親が語る父親——第3の審級——であればよいのである．とすれば抽象度を上げて，次のように言うことができるだろう．「父親が子どもの近親相姦願望を禁止し，子どもがそれを受け入れるという話は，言わば2者関係の甘えを脱し，社会のルールを受け入れる象徴的な物語として受け取る必要がある．……フロイトは人間が社会的存在となるプロセスを象徴的に示したのである」（竹田／山竹，2008，p. 168）．

もう1つの重要な含意は，幼児の性欲動が多形倒錯的であることのなかにある．「人間には根源的かつ普遍的に，あらゆる性的な倒錯への素質がそなわっている」(フロイト，1997，p. 119)．このような原初の多形倒錯的なあり方から，最終的に成人の正常な性生活が形成されるが，それは「快感の獲得が生殖機能に奉仕するものとなり，部分欲動は，単一の性感帯の支配のもとで，他者を性対象として選択しながら，性目標の達成を目指す強固な体制」(フロイト，1997，p. 129) が構築されてくるプロセスなのである．このプロセスを通じて，欲動は正常な男女の性交という文化的に承認された規範に適ったかたちへと整えられてくる．しかしこの秩序はあくまで文化的な形成物であって，自然のシステムのような必然性をもってはいない．それゆえ次のように言うことができるだろう．「フロイトの最大の発見とは，その性がじつは文化という秩序の一部にしかすぎないことを明らかにしたこと」(鈴木，1992，p. 92) にある．

すでに明らかだろうが，フロイトは文化を，欲動の満足に対して重い足枷を課すもの，本来的に抑圧的なものとしてイメージしている．「そもそも文化というものは，強制のもとで，欲動を放棄しながら構築されねばならないものではないのだろうか」(フロイト，2007，p. 14)．しかしそうだとして，このような欲動の放棄はどのようにして可能になるのか．というのも「個人の発達において重視されるのは利己的な営み，すなわち自分の幸福を実現しようとする努力なのであり，「文化的」と呼ばれる別の営みは，原則としてはそれを制約する役割しかはたさない」(フロイト，2007，p. 281) とすれば，欲動の放棄が簡単に起こるとは考えられないからである．それゆえ「個人の発達と文化の発展の2つのプロセスは敵対しながら，たがいにみずから領地を確保しようと努力している」(フロイト，2007，p. 282) ということになる．では文化は個人とのこの闘いに勝利するために，いかなる方法を用いるのだろうか．そのための「想像もできないほどに奇抜な」方法が，「この攻撃欲を内側に向け，内面化し，それが発生した場所，すなわち自分の自我に向ける」(フロイト，2007，p. 245) ことである．この自我へと向け直された攻撃欲が，超自我であり良心である．個人と文化との間の緊張関係はこうして個人の内面へと移し替えられ，超自我と自我との間に緊張関係が発生する．「これが罪の意識であり，これは自己懲罰の欲求として表現されるのである」(フロイト，2007，p. 246)．

だがこの「奇抜な」戦略は，成功するのだろうか．神経症の治療の経験から，フロイトはそれは不可能であると考える．「超自我は，……自我は自分のエスに無制限な支配を及ぼすことができることを前提としているのである．しかしこれは間違った考え方であり，いわゆる正常な人間においても，エスを無制限に支配することはできない」（フロイト，2007，p. 286）．もし過度な抑圧を強行するなら，待ち構えているのは，「反抗」か，「神経症」か，「不幸」である．フロイトにとって，文化は人間の生存のために必要不可欠なものでありながら，必ず個々人に何らかの傷を与え不満を残さざるをえないものなのである．

フロイトの局所論は，人間の心には亀裂が走っており，それぞれに固有の作動様式をもったいくつかの部分の相互作用のなかにあることを明らかにした．われわれは自分を世界を認識する単一の主体であり意識であると想定しているが，それが錯覚にすぎないことを示したのである．その意味では，「理性」や「意識」に対して「欲動」や「無意識」を重視した反啓蒙主義の思想家と言えるかもしれない．しかし『ヒステリー研究』がよく示しているように，フロイトの探求はつねに「意識しえないもの」を「意識する」ことに向けられていた．ここには1つのパラドックスがある．というのも「「無意識」とは，「意識されえないもの」のことだから，それが意識されたときには，もはや「無意識」とは言えなくなる」（竹田／山竹，2008，p. 24）からである．「科学がもたらしてくれないものを，もっと別のものが与えてくれると考えることこそが，幻想というものだろう」（フロイト，2007，p. 115）と語ったフロイトは，しかし啓蒙のプロジェクトの徹底した追求の果てに，そのリミットを指し示してしまったのである．

第2節　ラカン
――フロイトの再解釈としての主体の起源論――

フロイトは，人間主体は透明な自己意識のコントロール下にあるのではなく，むしろ無意識に従属する存在であることを思い知らせた．この主体の脱中心化というフロイトの発見のラディカルな含意を，その極限まで追求してみせたのがラカンである．

「鏡像段階」から始めよう．2歳くらいにならなければ，主要な神経経路は完成しないため，乳児は実際には身体的なまとまりが感じられない「寸断された身体」の状態にある．しかしラカンによれば，生後6カ月ころの乳児は，鏡に写った鏡像が自分であることを認識するようになり，先取り的に自分の全体像を手に入れる．これが鏡像段階と言われるものだが，重要な点は，人間は鏡像段階以前には，そもそも統一した自己像をもっておらず，自己を鏡像という一種の疎外において見出すということである（ラカン，1972，pp. 125-128）．イメージによって身体が構成されているこの幼児の置かれているような状況は，「想像界」と呼ばれる．イメージを通じた鏡像との同一化によって，まだ自我さえもたないただ「それ」としか言いようのないものから，イメージを通じた鏡像との同一化によって，自我と呼びうるものが得られることになる．しかし考えてみれば，この同一化が起こるのは，「鏡の中のイメージこそ，お前だ」と親が指し示すからである．「子どもにとって大切な人物がその鏡像を認可しないかぎり，鏡像が自我や自己感覚を形成するようにはならないのである」（フィンク，2008，p. 130）．それゆえ感覚や感情，イメージから成るこの想像的領域は，すでに何ほどか次に見る「象徴界」によって浸食されていると言うことができる．

象徴界こそ，精神分析的な意味における主体の誕生の鍵となるものである．言葉以前の茫漠としたイメージの地平である想像界は，「象徴的なものによって，つまり，両親が子どもをどう見ているか，それを表現するために使う語や句によって，再構築され，書き直され，「上書きされる」」（フィンク，2008，p. 130）．言語的秩序である象徴的秩序が，想像的秩序に取って代わるのである．ソシュール以降，われわれは世界それ自体を経験しているわけではなく，言語体系によって切れ目を入れられ，すでに分節化された世界を経験しているということは共通了解となっている．ここで重要な点は，すでに分節化されたシニフィエ（意味されるもの）にシニフィアン（意味するもの）があてがわれるわけではなく，他のシニフィアンとの差異によってのみ定義されるシニフィアンの体系が一気に世界を分節するのだから，シニフィアンが相互にかたち作る網目の形状には恣意性が刻印されていることである．

「すべての人間は言語との出会いによって〈自然〉的世界から引き剥がされ，〈文化〉的世界に参入することを余儀なくされる」（向井，2012，p. 180）．子どもは両親がすでに有している象徴的秩序へと登録されるのである．象徴的秩序への参入に伴って，子どもは自分の願望を，両親に理解可能な仕方で表現することを求められることになる．「子どもの欲望は，彼らが学ぶ言語や，あるいは記号言語や身振り言語という型にはめ込まれるのである」（フィンク，2013，p. 22）．ラカンの考えでは，「すべての人間は言語世界と出会った時に「存在を選ぶか，意味を選ぶか」という選択を突きつけられる」（向井，2012，p. 132）．しかしこれは実際には選択の余地のない「強制的選択」であり，結局のところ人間は後者を選んで，意味の世界に住まい主体となる（前者を選んだ例外的なケースが自閉症である）．私は，自らに先だって存在している象徴的秩序を通じて，主体として成型されるのである．言い換えれば，私は私ではないものによって主体となった．ラカンが人間の「言語における疎外」と呼ぶのは，このような事態のことである．この他なるものである象徴的秩序を「大文字の他者」と呼んでおくことができる．

ジジェクの卓抜な譬えを借りておこう．「ラカンにとって言語は，木馬がトロイ人にとって危険だったのと同じくらい，人間にとって危険な贈り物だ．われわれは無料で言語を用いることができるが，われわれがいったん言語を受け入れると，言語はわれわれを植民地化する．受け取ってもらうために「内容は無害」と書かれているその贈り物の中から出現するのは，象徴的秩序である」（ジジェク，2008，p. 31）．象徴的秩序へと登録された人間は，自らの欲望を言語を用いてしか表現できないのだから，主体の欲望とは，結局のところ大文字の他者の欲望であるということになるだろう．「人間は欲望することはできても，言葉によって欲望することしかできないために，真の欲望の対象に到達することはできないのです．ラカンにとって，人間の主体はこうして根源的に疎外されています」（藤山，2010，p. 223）．

ラカンのこのような象徴界をめぐる考察は，フロイトのエディプス・コンプレックスをめぐる思索と重ね合わせておくことができる．エディプス・コンプレックスとは，母親との性的関係を禁ずる法であった．子供はこの禁止の法を受け入れ――去勢され――，父親と同一化することによって，文化的世界へ参入し社会的存在になる．原初的な母子一体の２者関係に，第３項としての父が介入しそれを分断する．ラカンはこの第３項を「父の名」と言い換えているが，そのことからもわかるように，それは生物学的な意味での父親と直接結びつくものではない．「精神分析は，言語の構造を考えるにあたり「エディプス・コンプレックス」という分析理論の要となる概念を並置させ，両者の構造が同一のものであると見なしたうえで，エディプス・コンプレックスの成立によって言語も成立するのだと考える」（向井，2012，p. 55）のである．それゆえ象徴的秩序に組み入れられることによって疎外されることは，去勢されることと同一の事態である．

ところでこの象徴的秩序は，完全なものでありえるのだろうか．先にわれわれはシニフィアンの網目は本来的に恣意性を帯びていることを見た．とすれば

「シニフィエとシニフィアンの関係は常に流動的なものであり，常に解体せんとしている」（ラカン，1987下，p. 177）と言わなければならない．流動化を回避するためには，シニフィアンとシニフィエの対応を確定する少なくとも１つの固定点が必要になるだろう．この固定点をラカンは，「クッションの綴じ目」――あるいは「主人のシニフィアン」――と呼んでいる．「このシニフィアンを中心として，マットレスの布の表面にクッションの綴じ目によってできた小さな皺のように，すべてが放射線状に広がり組織化されるのである」（ラカン，1987下，p. 190）．クッションの綴じ目があるからこそ，言語活動の構造が確定される．だがしかしこのクッションの綴じ目が置かれる場所には必然性はない．それゆえこう言わなければならない．「ほかのすべてのことが，さらにはこの根本的意味の拠り所が疑問にさらされるのは，まさにこのボタンの綴じ（一種の結び目）が最初の場所に結びつけられているからこそである」（フィンク，2008，p. 138）．象徴界には穴が開いている．そしてこの穴が「現実界」へと通じているのである．

ラカンの考える人間がつねに同時に経験している３つの次元のうち，最後のものである現実界（現実的なもの）は，それとしてポジディブに指し示すことができるようなものではない．「現実的なものを最もよく理解できる言い方は，いまだ象徴化されていないもの，象徴化されずに残っているもの，あるいは象徴化に抗うもの，といったもの」（フィンク，2013，p. 48）なのである．しかしこの言い方にも，なお誤解の余地が残されている．注意しなければならないのは，現実的なものは実体として理解されるべきではないということである．「それは象徴的ネットワークに捕まることに抵抗する外的な物ではなく，象徴的ネットワークそのものの内部にある割れ目」（ジジェク，2008，p. 126）なのである．

ラカンは意図的にわれわれの日常的な「現実」という言葉使いに対抗するかたちで，現実界という語を用いている．「ラカンの用語法においては，現実存在existenceは言語の産物である．言語は物事を現実存在させる」（フィンク，2013，p. 48）．とすればわれわれが日常的な「現実」として経験しているものの方が，むしろつねにすでに言語を媒介にして構造化された一種の「虚構」と言わなければならない．ここには極めてラディカルな転倒がある．「現実そのものが〈現実界〉との遭遇からの逃避として機能しているのかもしれない」（ジジェク，2008，p. 101）のである．

現実界について見たところで，「対象a」という重要なラカンの概念を導入しておこう．仮説的な母子一体状況の下で，子どもは母親の愛情を独占したいと願う．しかし母親の欲望は子どもだけに向かっているわけではないので，２者の間で，欲望の完全な同一性を保つことはできない．母子一体には亀裂が入り込むのである．「対象aはここで，仮説的な母子一体が崩れたときに生産される残余reminderとして，すなわち母子一体の最後の痕跡，母子一体を想起させる最後のものreminderとして理解できる」（フィンク，2013，p. 94）．この対象aに執着することによって，主体は幻想のなかで全体性の錯覚を維持することができるのである．

「人間の欲望の最終目的は〈他者〉である母親の欲望を満足させて「享楽」を得ることだ」というラカンの公理は，母子一体の無媒介な関係に「享楽（ジュイサンス）」が伴っていたことを想定している．象徴的秩序が創設される以前，言葉によって切り取られる以前の「存在それ自体」との一体化がもたらす通常の快楽をはるかに超える強烈な体験――それゆえそれには快感だけでなく，強い苦痛も伴う――が享楽である．しかし「この享楽（J_1）は，父性機能の操作によって削除され，シニフィアンに道を譲る．……その一部は，幻想のなかで，すなわち主体と象徴化の遺物や副産物との関係のなかで，再び見いだされる（文字以後の享楽としてのJ_2）．これが対象aである」（フィンク，2013，p. 95）．いわば享楽の名残が対象aなのである．

ここまでの議論から，ラカンにとっての精神分析が，自我心理学がそうであるような個人が社会的現実に巧みに適応して行くための処方を与えるものではなく，むしろその社会的現実それ自体がどのように成立してくるのかを明らかにするものであることがわかるだろう．ここにはすでに政治学への重要な示唆が含まれているが，後期のラカンは，よりラディカルな政治的含意をもつであろう象徴的秩序を超えて行く通路を思考しようとしていた．そのような通路の１つが「幻想の横断」である．

先にわれわれは対象aへの執着によって，主体は幻想のなかで全体性の錯覚を維持することを見た．この対象aによって，主体の欲望は喚起される．ネーミングとは裏腹に，対象aは欲望の原因であって対象ではない．「欲望の対象は，たんに欲望される対象のことであるが，欲望の原因は，対象の中にあるなんらかの特徴であり，その特徴ゆえにわれわれはその対象を欲望する」（ジジェク，2008，p. 119）．このときラカン派の分析家が目標とするのは，「被分析者の幻想の布置を揺さぶり，主体と欲望の原因との関係，つまり対象aとの関係を変えること」(フィンク, 2013, p. 97) である. つまり主体が, 自らの存在の外来性の原因である対象aを主体化し, 自分自身のものとすること——主体が原因のポジションを引き受けること——が目指される.「幻想の横断とは, ……享楽に対する責任を引き受けるプロセスなのである」(フィンク, 2013, p. 98). このプロセスを通じて,「幻想の横断は去勢の向こう, 神経症の彼岸, いまだほとんど探求されていない領域に主体を導く」(フィンク, 2008, p. 282) のである.

象徴的秩序を超えて行くもう1つの通路は, 意外なことに, 反動的と解されることも多い「性別化」に関するラカンの定式のなかにある. フロイトのエディプス・コンプレックスという概念は, 生物学的な意味における男性をモデルにして, 去勢されることによって社会化された主体が生み出される過程を説明するものであった. しかしそのラカン的な読み換えである「象徴的去勢」は, 象徴的秩序へと疎外されること——享楽を断念すること——を意味しているのだから, 生物学的な性別とは無関係だと言うことができる. 言語のなかで完全に疎外されており,「象徴的去勢に完全に従属している」(フィンク, 2013, p. 153) 者が, ラカン的な意味での男なのである. これに対してラカン的な意味における女とは, シニフィアンに完全には支配されていない者である.「女は, 疎外されてはいるものの, 象徴的秩序へと完全に従属しているわけではない」(フィンク, 2013, p. 154). それゆえ男は, ラカンが「ファルス的享楽」と呼ぶ象徴化の副産物へと限界づけられているのに対して, 女は, ファルス的享楽だけでなく, ラカンが「〈他なる〉享楽」と呼ぶもう1つの享楽を経験することができるのである.

フロイトは,『文化とその不満』(1930年) のなかで, エスを無制限に支配することはできず, 人間の文化への包摂は何ほどか人間を神経症にすると述べていた. ラカンにおいても, 神経症は,「父性機能の設立. 言語活動の本質的構造への同化」(フィンク, 2008, p. 164) によって特徴づけられる. そしてラカンが女の構造を有する者に見出した「〈他なる〉享楽」は, それを通じて,「神経症の彼岸」へ向かうもう1つの通路を指し示している. ラカンの理論的営為は, 所与の象徴的秩序を超えて,「私たちが別の仕方で生きていくための技法, 実践, 思想」(小倉, 2018, p. 306) を描き出そうとしているのである.

第3節　ジジェク
──「政治的なもの」の奪還──

ジジェクは自身の仕事の意味を，ラカンの精神分析理論を「おそらく啓蒙主義の，もっとも根源的な現代的ヴァージョン」(ジジェク，2000，p. 16) として洗練させることだと述べている．ジジェクにとってラカンは，ポストモダニストなどではなく，デカルトやカントに連なる啓蒙主義の極北なのである．ジジェクのキャリアがイデオロギー批判──『イデオロギーの崇高な対象』(1989年)──から始まっていることは，啓蒙の継承者としての自負をよく示していると言えるかもしれない．

L. アルチュセールから始めよう．イデオロギーは，一般には誤った信念体系として理解されている．だから典型的なイデオロギー批判は，ブルジョワ的な自由の観念は，実際には労働者を搾取する資本家の自由にほかならないといった風に行使される．しかしアルチュセールは，むしろ観念を生み出す様々な制度や実践──学校，教会，家族など──に着目することを教え，それらを「国家のイデオロギー装置」と呼んだ．そしてこの国家のイデオロギーによる「呼びかけ」に応じることを通じて，個人は主体となっていくと言うのである (アルチュセール，2010，pp. 74-104)．アルチュセールのこの議論は，象徴界に関するラカンの議論から多くを学んでいる．しかし「アルチュセールはラカンの現実界を自らの理論に取り入れた形跡はない」(十川，2000，p. 105) のである．

アルチュセールのイデオロギー論においては，イデオロギーは「呼びかけ」という操作を通じて，主体を完全に飲み込んでしまうように見える．しかし主体は完全にイデオロギーに同一化してしまうわけではなく，ある残余が残されるのではないか．ジジェクにとって，ラカンの精神分析の到来すべき場所はここである．「つねに積み残し，残滓がある，つまり外傷的な非合理性や無意味性が染みのようにそれに付着している．この残滓は，主体がイデオロギー的命令に全面的に服従するのを邪魔するどころか，その前提条件にほかならない」(ジジェク，2000，p. 70)．

実のところアルチュセールのイデオロギー論は，「彼らは，自分たちがその活動においてある幻想に従っているということをよく知っている．それでも彼らはそれをやっている」(ジジェク，2000，p. 54) という事態をうまく説明できない．

だが母国ユーゴスラビアにおいてジジェクが見出したのは，まさにこのような事態であった．誰もが公式のイデオロギーが嘘であることを知っており，誰もそれを信じていない．しかしこの蔓延するシニシズムは現状への忠誠に何の影響も与えないのである．かくしてジジェクは，アルチュセールの考察を乗り越え，イデオロギーはむしろイデオロギーに対する反省的な距離を通じて維持されると主張する．どんな犠牲を払っても見かけは保持されねばならない．「この見かけは本質的なものである．もし壊れると――たとえば誰かが「王様は裸だ」（誰も支配的イデオロギーを本気では信じていない）という明白な事実を公に口に出したら，ある意味でシステム全体が崩壊する」（ジジェク，2000，p. 299）からである．なぜだろうか．「もちろん1つの一貫した答えがある．大文字の〈他者〉だ．……イデオロギーの「幻想」によって欺かれなければならないのは，具体的な個々人ではなく〈他者〉」（ジジェク，2000，p. 299）なのである．主体は大文字の他者が社会秩序を保証し，そのことを通じて各主体に社会的なアイデンティティを割り振っているのだと想定している．それゆえ大文字の他者を消し去ってしまえば，自分たちのアイデンティティの基盤そのものも失われてしまう．「私は，個人的にはイデオロギー的「たわ言」には取り込まれていないのだが，私が本当に信じていると想定している大文字の他者を通じて信じている」（Sharpe/Boucher，2010，p. 55）のである．こうして政治的権威に関する自覚的なシニシズムは，政治的順応主義と完全に一致することになる．

ところで象徴的秩序には，それを内側から解体しかねない現実界の亀裂が走っているのであった．大文字の他者は，諸主体がそれとの関係で自らのアイデンティティを形成するときに想像するような一貫性のある全体としては存在していない．言い換えれば，大文字の他者は，享楽の欠如をめぐって構造化されているのである．そしてイデオロギーは，この大文字の他者のなかにある欠如，失われた享楽を隠蔽するように機能する．どのようにしてか．われわれが差し控えてきた享楽へのアクセスをもち，われわれの享楽を盗み取っていると想定される他者についての幻想を構築することによってである．だからジジェクはこう述べるのである．「社会とそれ自身との完全な同一性を妨害しているようにみえるものは，じつはそのポジティヴな条件である．社会の有機体に分裂と対立をもたらす異物の役割をユダヤ人に押しつけることによって，整合的で調和的な全体としての社会の幻想＝イメージが可能になるのだ」（ジジェク，2001，pp. 143-144）．

われわれの象徴的秩序の統一性への暗黙のコミットメントが，「享楽の盗み」という無意識のメカニズムを通じて，われわれを排除の政治へと導いている．それゆえ初期のジジェクは，イデオロギー的幻想を横断し，「大文字の他者は，存在しない」ということを把握することによって，主体は，「周辺化された他者を排除せよ」という超自我の命令を拒絶する象徴的秩序の形態へと至りうるのだということを示そうとするのである．ここには啓蒙の継承者としてのジジェクの姿がよく表れている．初期のジジェクにおいて，その「仕事を活性化していた政治理念は，自律という近代的概念である．すなわち社会的・政治的な大文字の他者へのわれわれの依存的で他律的な従属とは対照的な，自ら立法する諸個人による合理的な自己決定である」（Sharpe/Boucher, 2010, p. 62）．そしてジジェクにとって，そのような象徴的秩序こそが，ラディカル・デモクラシーの政治であった．というのもラディカル・デモクラシーは，象徴的秩序のなかにギャップがあること，敵対性が政治生活の解消不可能な一部であることを認め，社会の調和というイデオロギー的幻想によってそれを糊塗するのではなく，敵対性とともに生きることを提案しているからである．

デモクラシー社会は，自分自身の解体の契機をそのなかに組み込んでいる．『イデオロギーの崇高な対象』においてジジェクが注目するのは，選挙——ジジェクは，それを「現実界の侵入」を表わすものと理解していた——である．「「民主的な社会」とは，その制度構造が，その「正常」で「規則正しい」生産物として，社会的・象徴的な絆がばらばらになる瞬間，すなわち〈現実界〉が侵入してくる瞬間を内包しているような社会と言うことができよう」（ジジェク，2000, p. 228）．デモクラシー社会は，主人のシニフィアンのポジションを形式的に空虚なままに保つ．特定の人にそのポジションが委託されるとしても，それはあくまで一時的であって，全体主義のようにイデオロギーの根底にある享楽が１人の人物に固着してしまうことは妨げられているのである．

しかしやがてこの理解は撤回されることになる．というのも選挙が現実界の侵入なのだとすれば，それは定期的に訪れるコントロール可能なものにすぎないからである．また初期のジジェクは，デモクラシー社会では主人のシニフィアンが不在だと主張しているように思われる．しかしそうだとすれば，大文字の他者も存在せず，集団的な混沌があるばかりということになりそうだが，これは明らかに事実ではない（Kotsko, 2008, p. 39）．

ラクラウとムフが推進するラディカル・デモクラシーのプロジェクトは，確かにデモクラシーを自由市場経済を前提とした議会戦術や利益集団の交渉への縮減から解き放ち，それを深化させることに成功した．しかし「真のディレンマは，支配的な自由民主主義の想像界をどう扱うか……である．ラクラウとムフの「ラディカル民主主義」は，この自由民主主義的想像力をたんに「ラディカルに」したものにあまりに近く，その地平のなかにとどまっている」（バトラー／ラクラウ／ジジェク，2002，p. 427）．ラクラウは，ヘゲモニー闘争に参入するあらゆる要素を原理的には等価なものと見なしている．しかし「いくつもの闘争（経済，政治，フェミニスト，エコロジー，民族……）のなかに，鎖の一部であるのに，ひそかに地平そのものを重層決定するものがいつもある」（バトラー／ラクラウ／ジジェク，2002，p. 421）のではないか．それが，多様なヘゲモニー闘争が戦われるアリーナそれ自体をかたち作っているのではないか．ジジェクに萌したのは，ラディカル・デモクラシーは，結局のところ資本主義の再自然化をもたらしているのではないかという疑念なのである．それは「資本主義を「街で唯一のゲーム」として受け入れ，現存する資本主義リベラル政体を乗り越えようとするどんな試みも拒絶している」（バトラー／ラクラウ／ジジェク，2002，p. 130）．ジジェクにとって，現代社会におけるイデオロギー的幻想の核心は，資本主義なのである．

多文化主義に対するジジェクのよく知られた批判も，リベラル・デモクラシーの裏面を暴露するという作業の一環を担っており，彼が何を現代のもっとも重要な課題と考えているのかをよく示している．批判のポイントは２つである．１つは多文化主義とレイシズムがその特徴を共有しているという点である．多文化主義の純粋形態は，世界は，それぞれ離れて住み，他と混合されるべきでない独自の生活様式をもった諸集団に分離されるべきだと考える．だとすれば，「アパルトヘイトは，人種間の緊張関係や紛争を防止するという努力において，究極の反レイシズムの形態である」（Bjerre/Laustsen，2010，p. 67）ことになるとジジェクは主張する．そして，もう１つは，われわれの社会が，ポスト政治的なリベラル資本主義の世界大の拡張のなかにあるという，より根本的な問題を不可視化してしまうということである．多様性は，このもっとも基本的な政治秩序を問題化しない限りにおいて，称揚される．「多文化主義は，もはや真の政治問題はなく，現在の秩序が「政治的に中立」であるという確信を正当化する」（Bjerre/Laustsen，2010，p. 70）のである．こうしてわれわれの目は，犯罪やテロのような派手な「主観的暴力」にのみ向けられ，「円滑に作動する経済的，政治的システムが引き起こす，多くの場合破滅的といえる事態」（ジジェク，2010b，p. 11）――「客観的」，「システム的」暴力――は，目に見えないものとなる．いまや，「資本主義――リベラリズムはそのイデオロギーである――は，実際に普遍的であり，もはや特定の文化ないし「世界」に根づいていない．……資本主義は，ある「文明」につけられた，ある特定の文化的・象徴的世界につけられた名前ではなく，……真にニュートラルな経済的――象徴的機械に付けられた名前であるということ――資本主義の普遍性は，この事実のなかに存在する」（ジジェク，2010b，pp. 191-192）．

しかしリベラル・デモクラシーとグローバル資本主義における「歴史の終わり」に抗そうとするとき，すぐさま送り付けられてくるのが，「リベラルの脅迫状」である．それによれば，この現状を批判する者は，「テロリスト」か「ファシスト」か「全体主義者」である．ジジェクが用いるラカン的な視点――社会関係を構造化する4つのディスクール（主人，ヒステリー，大学，分析家のディスクール）――からする政治体制のタイポロジーは，リベラルの脅迫状が行使するこの乱暴な決めつけに抗する興味深い問題提起となっている．

ジジェクの考えでは，リベラリズムと完全に対立する「全体主義」という単一の統治形態があるわけではない．そもそも「ファシズム」と「スターリニズム」は，区別されなければならない．それらは，まったく異なったディスクールに属する政治的実践なのである．

ファシズムは，専制君主制において支配的であった「主人のディスクール」を再興しようとするプロジェクトとして性格づけることができる（ジジェク，2010，p. 531）．イデオロギー的幻想の最重要の役割は，象徴的秩序の内的な分断を外部化し，それを隠蔽することにあった．ナチがスケープゴートとして利用した「ユダヤ人の陰謀」はこのような役割のこれ以上はない実例である．そしてそのような敵を名指すことのできる人物こそが指導者である．指導者（主人）は他の人々と異なり，象徴的な去勢に服していてはならない――そのことは，注意深く隠されねばならない．指導者に服従しなければならないのは，ただ彼が指導者だから――合法性といったその他の理由からではなく――である．この意味でファシズムの支配は，原理的に「例外状態」――法の外――に基礎を置いているのである．ここで興味深いのは，ジジェクがファシズムを抑圧的なイメージで捉えるのは誤りだと考えている点である．指導者のメッセージはこうだ．「もしおまえが従うのならば，おまえは，法や道徳の通常のルールを破ることができる（そして，それを奨励される）し，名指された敵への攻撃を遂行することができる」(Sharpe/Boucher, 2010, p. 95)．ここに働いているのは，「公のイデオロギーのテクストのレベルと，その「いかがわしい」超自我の補助のレベルの関係」（ジジェク, 1999, p. 92）である．実はナチ自身にとってもホロコーストは，「いかがわしい汚れた秘密」であった．しかしそのことは，ホロコーストの遂行の妨げにはならない．というのも「まさに「みんな一緒」という自覚，みんなで同じ違反をしているという自覚が，ナチの集合的凝集にとっての「セメント」の役割を果たした」（ジジェク，1999，p. 92）からである．

他方，スターリニズムは，「大学のディスクール」の政治的実践である．大学のディスクールにおいては，支配的なポジションを占めるのは知である．主人のディスクールがそうであったように盲目的な意志が君臨するのではなく，知が最終的な権威の場所を占める．スターリン個人に何らかの権威があるように見えたとしても，それは歴史法則が彼を通じて語っているからにすぎない．ファシズムとスターリニズムの根本的な差異は，次のような細部に明瞭に現れている．「ファシズムの指導者は，自分が演説を終え，聴衆が喝采すると，その喝采は自分に向けられているものと思う……のに対して，スターリニズムの指導者……は，自身が立ち上がり，拍手しはじめる．……人民の拍手が真に向けられているのは指導者その人ではなく，〈歴史〉という大文字の〈他者〉であり，指導者もそれに奉仕するささやかな装置にすぎないからである」（ジジェク，1999，p. 94）．

ジジェクのタイポロジーが挑戦的な意味合いをもつのは，それが西欧の消費社会を，スターリニズムと同型の大学のディスクールの政治的実践と見なしている点である．ジジェクによれば，現代の消費社会では，厳格な禁止を命ずる「父権的な」超自我（プロテスタント倫理が示すような）は，われわれに「享楽せよ」と命じる「母権的な」超自我に置き換えられている．確かに消費社会の「ナルシシスト的な主体」は，象徴的法を自らのうちに取り入れるのではない．しかしこの「父親の権威の失墜」は，「それとは比べものにならないくらい抑圧的なこの審級の復活を隠蔽するにすぎない」（ジジェク，1995，p. 193）のである．重要なのは，消費社会において支配的なポジションを占めているのが，客観的な知識であることである．だから広告はつねに科学的知識――「このスープはかくかくの量のコレステロール，カロリー，脂肪を含んでいます，など」（ジジェク，2006，p. 415）――に訴えかける．禁止は合理的知へと還元される．「前提抜きのダイレクトな命令を中立的とされる情報に置き換える態度の背後に，超自我の命令……である「享楽せよ！」が存在」（ジジェク，2006，p. 415）しているのである．

リベラル・デモクラシーの支持者は，どのようなものであれラディカルな解放の政治的プロジェクトは，必然的に何らかの形態の全体主義（原理主義）的支配をもたらすと主張する．ジジェクは，ファシズム，スターリニズム，消費社会にラカン的なタイポロジーを適用することによって，今日支配的な「リベラリズムか，さもなくば全体主義か」という二者択一の袋小路への追い込みを覆そうとしている．

「亡霊のように実体の見えない〈資本〉の存在は，大文字の〈他者〉の似姿で立ち現れ，あらゆる種類の伝統性が包括された象徴的な大文字の〈他者〉が崩壊したのちにも生きながらえ，活動を停止しないばかりか，その崩壊劇そのものをもたらす直接的な原因でもある」（ジジェク，2007，p. 226）．いまや資本主義は，象徴的な大文字の他者の現代的な後継者となっているのである．そして「われわれはもはや，社会を想像する地平の果てに，資本主義がやがては崩壊の時を迎えるというイメージを抱いて，あれこれと思案に耽ることができなくなってしまっ」（ジジェク，2005，p. 389）た．しかし「何らかの内容を部分的に取り出して，「政治的ならざるもの」として中立化しようとする行為とは，どんなものであれ，何にも増して政治的な態度」（ジジェク，2005，p. 341）なのである．

ジジェクの診断では，われわれの眼前に広がっているのは，ポスト政治の状況であり，政治はいまではテクノクラートによる社会の技術的なマネジメントに縮減されてしまっている（ジジェク，2005，p. 353）．このような苦境を脱しようとするのならば，「これらの苦境が意味をなす地平や〈象徴界〉を根底から変えるしかない」（マイヤーズ，2005，p. 107）．必要とされるのは，「政治的なもの」を取り戻すことである．ジジェクはこうして，真正の政治的行為――古い社会的幻想を新しい社会的幻想で置き換える全面的な革命――を要請する．

ジジェクは，ラカンの理論的構築物の全体を「欲望／〈法〉の倫理，ずれを維持する倫理と，〈物〉への致命的／自殺的没入という，２つの選択肢の間に引き裂かれ」（ジジェク，1999，p. 354）たものとして特徴づけている．初期のジジェクは，この前者の立場を取り，「命取りになる深淵のまわりを，それに飲み込まれることなく回るという経験を生き延びる人為的な工夫をおぼえる」（ジジェク, 1999, p. 354）よう促していた．しかし近年の革命主義者としてのジジェクは，後者の立場を取り，現実界への果敢な――あるいは，致命的な――飛び込みを敢行しているように見える．「どうして自殺が特権的な行為なのか．……行為の中で，主体は消滅し，その後で生まれ変わる……．その名に値するすべての行為は，根本的に説明不能であるという点で「狂っている」．……行為は「犯罪」であり，私が所属している象徴的共同体の限界の「侵犯」である．……われわれはその行為によってどうなるかを知らないだけでなく，その行為の最終的結果は結局のところどうでもいいのであ」（ジジェク，2001，p. 78）る．精神分析的啓蒙を遂行するラディカル・デモクラットのジジェクから，ロマン主義的に現実界の暗闇への跳躍を敢行しようとする革命主義者のジジェクへ．あるいは「幻想を横断」し，主体の欲望を自由にしようとするジジェクから，死の欲動に入り込み，主体の欲動を自由にすることを求めるジジェクへ．ここに見られる「欲望と欲動の対立は，かくて，「侵害せず」，〈他者〉の秘密を尊重し，ジュイサンス［享楽］）の命取りになる領域の手前で止まる姿勢と，「まっすぐに目的に向かい」，「病的」考察とはいっさい関係なしにその道をたどる無条件の執着の姿勢との対立である」（ジジェク，1999，p. 354）．近年のジジェクの転回が，ラカンの「性別化」の公式とも関係していることに注意しておこう．ラカンの公式は，女が現実界の論理を反映していることを語っていたのではなかったか．「女のなかには何か，男との関係，男根のシニフィアンへの言及を逃れるものがあり，……ラカンはこの過剰を「すべて――ではない」女性的享楽の概念によって捉えようとした．……「それ自身として」，つまり男との関係の外で，捉えられた女は死の欲動を具現化している．その死の欲動とは，いっさい妥協しない執着，つまり「……に関して諦めない」姿勢の，根源的で最も基本的な倫理的態度である」（ジジェク，2001，p. 226）．

こうしてジジェクとともにリベラル・デモクラシーの提示する二者択一をすり抜けたわれわれは，もう１つの二者択一に至り着いたように思われる．すなわち全面的な社会の転換を受け入れるか，倒錯した資本主義社会に加担し続けるかという二者択一である．

ジジェクの精神分析的啓蒙は，「歴史の終わり」に立つわれわれが行き着いた袋小路を見事に描き出している．ところでM. ウォルツァーによれば，かつてR. W. エマーソンは，こう述べたことがある．「いかなる偉大な事柄も熱狂なしに達成されたためしはない」．確かにそうなのだろう．しかし問題は，この先にある．というのも「いかなる恐るべき事柄も熱狂なしに達成されたためしはない」のだから．

精神分析は，もともと語りえないものを言語化し，意識されえないものを意識化しようとする試みだった．だからそれは，紛れもなく１つの啓蒙のプロジェクトだったのである．しかしそれは同時に，言語化されないもの，意識化されないものを措定し続けるプロジェクトでもあった．その意味で，この啓蒙のプロジェクトはどこまで行っても失敗を運命づけられていたと言うことができるだろう．ジジェクに見られる啓蒙の両義性も，結局のところ，ここに根ざしているように思われる．すなわち啓蒙の論理は，解放の論理として完成することができず，言語化，意識化をすり抜けるものの前に挫折を余儀なくされる．そしてこの語りえないものは，啓蒙の悲劇の源泉として残されるか，さもなければそこに新たなもはや啓蒙を超えた解放の源泉が求められてゆくのである．フロイト，ラカン，ジジェクには，このような思考の行方が共有されているのではないだろうか．

参考文献

バトラー，ジュディシュ／ラクラウ，エルネスト／ジジェク，スラヴォイ（2002）竹村和子他訳『偶発性・ヘゲモニー・普遍性』青土社．

Bjerre, Henrik Joker/Laustsen, Carsten Bagge（2010）*The Subject of Politics: Slavij Žižek's Political Philosophy*, Humanities-Ebooks.

Kotsko, Adam（2008）*Žižek and Theology*, T &T Clark.

Sharpe, Matthew/Boucher, Geoff（2010）*Žižek and Politics*, Edinburgh University Press.

ジジェク，スラヴォイ（1995）鈴木晶訳『斜めから見る』青土社．

―――（1999）松浦俊輔訳『幻想の感染』青土社．

―――（2000）鈴木晶訳『イデオロギーの崇高な対象』河出書房新社．

―――（2001）鈴木晶訳『汝の症候を楽しめ：ハリウッドVSラカン』筑摩書房．

―――（2006）酒井隆史他訳『否定的なもののもとへの滞留』筑摩書房（ちくま学芸文庫）．

―――（2005/2007）鈴木俊弘他訳『厄介なる主体：政治的存在論の空虚な中心』上･下，青土社．

―――（2008）鈴木晶訳『ラカンはこう読め』紀伊國屋書店．

―――（2010）山本耕一訳『パララックス・ヴュー』作品社．

アルチュセール，ルイ（2010）西川長夫他訳『再生産について　イデオロギーと国家のイデオロギー諸装置』下，平凡社（平凡社ライブラリー）．

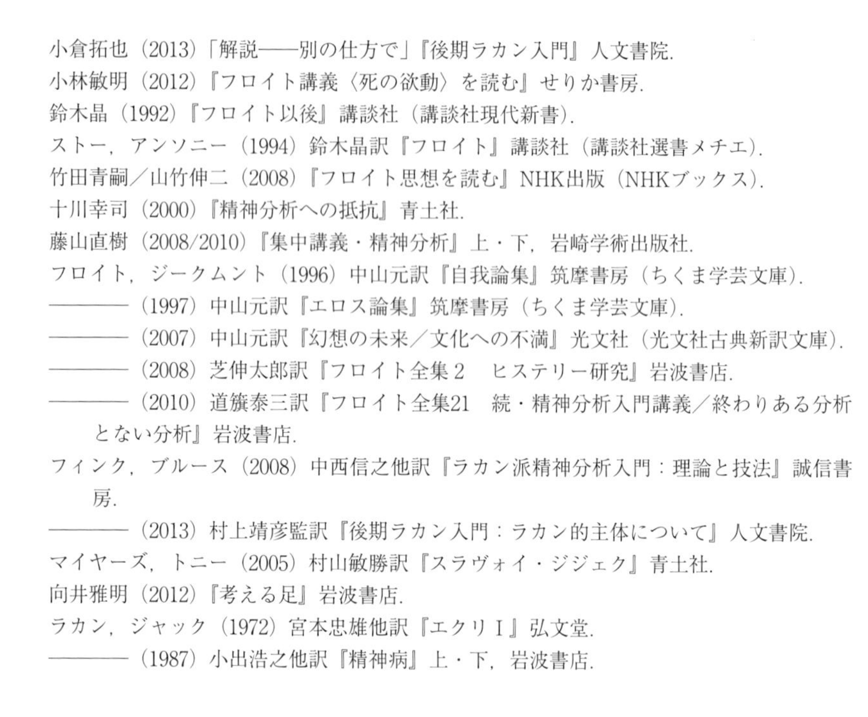

小倉拓也（2013）「解説――別の仕方で」『後期ラカン入門』人文書院.

小林敏明（2012）『フロイト講義〈死の欲動〉を読む』せりか書房.

鈴木晶（1992）『フロイト以後』講談社（講談社現代新書）.

ストー，アンソニー（1994）鈴木晶訳『フロイト』講談社（講談社選書メチエ）.

竹田青嗣／山竹伸二（2008）『フロイト思想を読む』NHK出版（NHKブックス）.

十川幸司（2000）『精神分析への抵抗』青土社.

藤山直樹（2008/2010）『集中講義・精神分析』上・下，岩崎学術出版社.

フロイト，ジークムント（1996）中山元訳『自我論集』筑摩書房（ちくま学芸文庫）.

――――（1997）中山元訳『エロス論集』筑摩書房（ちくま学芸文庫）.

――――（2007）中山元訳『幻想の未来／文化への不満』光文社（光文社古典新訳文庫）.

――――（2008）芝伸太郎訳『フロイト全集２　ヒステリー研究』岩波書店.

――――（2010）道籏泰三訳『フロイト全集21　続・精神分析入門講義／終わりある分析とない分析』岩波書店.

フィンク，ブルース（2008）中西信之他訳『ラカン派精神分析入門：理論と技法』誠信書房.

――――（2013）村上靖彦監訳『後期ラカン入門：ラカン的主体について』人文書院.

マイヤーズ，トニー（2005）村山敏勝訳『スラヴォイ・ジジェク』青土社.

向井雅明（2012）『考える足』岩波書店.

ラカン，ジャック（1972）宮本忠雄他訳『エクリⅠ』弘文堂.

――――（1987）小出浩之他訳『精神病』上・下，岩波書店.

付記

本補論の原論文作成にあたって，川崎修氏から貴重なアドバイスを頂戴した．記して感謝したい．

初 出 一 覧

第Ⅰ部　アフター・リベラリズムの問題圏

第1章　問い直されるリベラリズム――終焉の終焉に向かって――
『法学研究』第70巻第2号，1997年，297-322頁.

第2章　リベラル・デモクラシーの臨界――中立性の神話を超えて――
鷲見誠一・蔭山宏編『近代国家の再検討』慶應義塾大学出版会，1998年，145-175頁.

第3章　ラディカルな政治のスタイル――ローティ，ライシュ，アンガー――
『法学研究』第76巻第12号，2003年，273-298頁.

第4章　「アーキテクチャ」の問い直しと民主主義――レッシグとアンガー――
有賀誠・伊藤恭彦・松井暁編『ポスト・リベラリズムの対抗軸』ナカニシヤ出版，2007年，104-123頁.

第Ⅱ部　法と政治の境域

第5章　批判的法学研究とは何か？
原題「批判的法学研究――「法の支配」の行方――」有賀誠・伊藤恭彦・松井暁編『ポスト・リベラリズム　社会的規範理論への招待』ナカニシヤ出版，2000年，180-98頁.

第6章　「法の支配」は可能か？――リベラリズムと批判的法学研究の係争の行方――
『防衛大学校紀要（社会科学分冊）』第94輯，2007年，279-290頁.

第7章　ロベルト・アンガーの法＝政治学――スーパーリベラリズムの可能性と限界――
原題「スーパーリベラリズムの可能性と限界――アンガー政治学における「神話破壊という神話」――」『法学研究』第65巻第7号，1992年，25-54頁.

第Ⅲ部　正義の戦争と不正義の戦争の狭間

第８章　マイケル・ウォルツァーと正戦論という問題
村井友秀・真山全編『現代の国際安全保障』明石書店，2007年，14-32頁.

第９章　コミュニタリアンの正戦論？――ウォルツァー再考――
『防衛大学校紀要（社会科学分冊）』第107輯，2013年，23-52頁.

第10章　マイケル・イグナティエフと「より小さな悪」という倫理
慶應義塾大学法学部編『慶應の政治学　政治思想』慶應義塾大学出版会，2008年，１-31頁.

補　論　精神分析と政治学――フロイト，ラカン，ジジェク――
川崎修編『岩波講座　政治哲学６　政治哲学と現代』岩波書店，2014年，103-126頁.

あとがき

一書をまとめるにあたって，自分の過去の論文を，脱稿以来，初めて，それなりの時間をかけて読み直した．確かに自分の署名のある論文なのだが，かなり昔に書いたものも含まれているためか，まるで他人の論文を読むような気持ちで読むことになった．「これは私の書いたものなのだろうか」という奇妙な感覚に捕らわれたのである．

この感覚には，生物学的な理屈づけを与えることができるのかもしれない．私たちは，普通，生物を内燃機関のようにイメージしている．つまり，内燃機関がガソリンを燃やしてエネルギーを得ているように，生物も食物を燃やして生命活動のエネルギーを得ているというわけである．しかし，生物学者の福岡伸一によれば，このイメージは誤っている．安定的な内燃機関であるはずの生物体それ自体が，分解された食物と分子レベルで入れ替わり続けている．「分子のレベル，原子のレベルでは，私たちの身体は数日間のうちに入れ替わっており，「実体」と呼べるものは何もない」．生命体は，絶え間なく解体と再構築を続ける「動的平衡」のなかにあるのである．だから，生物学的に自己同一性を確定することは困難であり，私たちは，結局，それを自分の記憶のなかに求めるほかない．しかし，「脳内のすべての活動もその分子の相互作用によって織りなされていることに思いをはせれば，記憶の永続性，不変性，同一性に完璧さを求めることは，はなから無理なこと」なのである．

さらに言うなら，このような感覚は，過去に書いたものについてだけでなく，リアルタイムで書いているまさにそのときにおいてさえ，生じるもののように思う．少し長いものを書いた経験のある者なら，おそらく誰もが，「これを書いているのは私なのだろうか」という疑念を抱く瞬間があるのではないだろうか．例えば，私たちは，調子よく書けているときに，それを「筆が進む」と表現するが，それは文字通り，私が意識的にコントロールしているというよりは，筆が勝手に動いているという経験なのではないだろうか．また，論文を書き出す前には，何らかの青写真を頭のなかで立てており，一応はそれに基づいて書き始めるのだが，論理の流れによって，当初の予定とは違った方向に導かれてしまうといったことは誰もが経験することだろう．考えてみれば，用いている言語それ自体も，文法も，論理も私のものではなく，借りものなのだから，そうしたことは，別段，不思議なことではないのかもしれない．

『私という現象』という謎めいた書名をもつ三浦雅士の著作がある．若い日に大きな影響を受けた本なのだが，そこには次のような理路が示されていた．私たちは，差し当たって，自己を思考の起点に置いて考え始めるほかはないのだが，すでにそこには1つの転倒がある．自立した個人が，事後的に集って社会を形成したという社会契約論の「語り」は，やはり1つの「騙り」なのだ．「自己意識にしても，まず共同体レベルでの自己意識の形成が共同体を共同体たらしめたのであり，それが個の意識にまで波及したと考えるべきなのである．自己という現象すなわち私という現象は社会の側から来たのであって，その逆ではない」．このように述べて，三浦は，ベッテルハイムの次の言葉を引いている．「自己というものは1つの状態ではなく，生成する過程のことである．自己そのものになるということは世界における他者と交わることである」．

論文には，一般に，引用がつきものだが，ベッテルハイムの言葉が正しいとするなら，いわゆるカッコつきの引用のみならず，「私」が書いたはずの地の文それ自体も，ある意味で引用と言えるのではないだろうか．というのも，書いている「私」自身が，様々な他者との交わりや影響の交点に仮現する「引用の織物」とでも言うべき存在だからである．すでにお気づきの方も多いと思うが，「私という現象」という書名それ自体が，宮澤賢治の詩集『春と修羅』の序の冒頭「わたくしといふ現象は／仮定された有機交流電灯の／ひとつの青い照明です／……」からの引用なのだ．

およそ「あとがき」に相応しくないことを長々と書き連ねているのには訳がある．「あとがき」には，当該書物を書くにあたって，お世話になった方々への謝辞が書き記されるのが慣例だが，慣例に倣おうとして，そのリストが，止めどなく長いものになってしまうことに気づかされたのである．著書から学ばせてもらっている方々，学会や研究会で様々なアイデアを教えてくださった方々，もはや自分でも意識化することのできないそれこそ無数の影響力の交点に「現象としての私」があるのだとつくづく思う．

本来なら，それらすべての方々への感謝が記されねばならないのだが，それは原理的に不可能なので，個人的に親しくさせていただいてる方々（と一匹）のお名前のみを挙げさせていただく．若い日に薫陶を受け，亡くなったいまも深い影響を受け続けている奈良和重先生，兄弟弟子としてつねに刺激を与え続けていてくださる萩原能久先生，向山恭一さん，志半ばで逝った石丸徹さん，孫弟子にあたる松元雅和さん，「現代規範理論研究会」という脱領域的な研究会の世話役を共に長く続けてきた伊藤恭彦さん，松井暁さん，研究会仲間の菊池理夫先生，田上孝一さん，研究会に集ってくださる若手研究者の皆さん，職場の同僚で経済学の視点から鋭い批判の矢を放ってくれる武藤功さん，そして，最後に，本へのフェティッシュな愛着を植えつけてくれ，本書の出版を誰よりも喜んでくれたはずの亡き父寛，子供たちのためにはどのような支援も惜しまず，いまも元気でいてくれる母冨美子，人生という難事業の同労者であり，夕食の後は書斎に籠ってしまうことの少なくない身勝手な夫に寛容でいてくれる妻みゆき，その書斎を自分の部屋だと決めているらしく，いつも傍らにいる愛犬カノンに，心から感謝したい．

なお，本書は平成29年度の「慶應法学会出版助成」を受けて刊行されることになった．ご尽力いただいた関係者各位にも衷心より感謝している．

どのように取り繕ってみても，本を出版するということの背後には，強い自己顕示欲があることは否めないだろう（私は現象であるはずなのに）．しかしまた，そこには，何かを読者にパスできるのではないかという思いも確かに存在している．だから，九分の含羞と一分の希望をもって，この貧しい一書を読者に差し出したいと思う．

2017年12月

有賀　誠

人名索引

〈ア　行〉

〈カ　行〉

〈サ　行〉

〈ヤ　行〉

〈ラ　行〉

《著者紹介》

有賀　誠（ありが　まこと）

1960年　大阪府生まれ

1990年　慶應義塾大学大学院法学研究科博士課程単位取得退学

現　在　防衛大学校人文社会科学群公共政策学科教授

主要業績

ヤニス・スタヴラカキス『ラカンと政治的なもの』（翻訳，吉夏社，2003年）

『ポスト・リベラリズムの対抗軸』（共編著，ナカニシヤ出版，2007年）

『岩波講座　政治哲学6　政治哲学と現代』（共著，岩波書店，2014年）

『政府の政治理論』（共編著，晃洋書房，2017年）

『徳と政治』（共編著，晃洋書房，2019年）

臨界点の政治学

2018年2月28日　初版第1刷発行
2020年4月15日　初版第2刷発行

＊定価はカバーに表示してあります

著　者　有　賀　　誠 ©

発行者　植　田　　実

印刷者　西　井　幾　雄

発行所　株式会社　晃　洋　書　房

〒615-0026　京都市右京区西院北矢掛町7番地

電話　075(312)0788番(代)

振替口座　01040-6-32280

装丁　尾崎閑也　　印刷・製本　㈱NPCコーポレーション

ISBN 978-4-7710-2993-4